本研究得到教育部人文社会科学研究青年基金项目“困境与探索：思想政治教育人学研究取向分析”（项目编号：15YJC710054）及南京医科大学学术著作出版资助项目（项目编号：KY117NJMUCB17003）资助，致以感谢！

思想政治教育公共性研究

陶 磊 著

东南大学出版社
SOUTHEAST UNIVERSITY PRESS
·南京·

图书在版编目(CIP)数据

思想政治教育公共性研究 / 陶磊著. — 南京：东南大学出版社，2018.11

ISBN 978-7-5641-7465-1

Ⅰ. ①思… Ⅱ. ①陶… Ⅲ. ①思想政治教育-研究-中国 Ⅳ. ①D64

中国版本图书馆 CIP 数据核字(2017)第 264457 号

思想政治教育公共性研究

著　　者　陶　磊
责任编辑　陈　淑
编辑邮箱　535407650@qq.com

出版发行　东南大学出版社
出 版 人　江建中
社　　址　南京市四牌楼 2 号(邮编:210096)
网　　址　http://www.seupress.com
电子邮箱　press@seupress.com

印　　刷　江苏凤凰数码印务有限公司
开　　本　700mm×1 000mm　1/16
印　　张　14.5
字　　数　288 千字
版　　次　2018 年 11 月第 1 版　2018 年 11 月第 1 次印刷
书　　号　ISBN 978-7-5641-7465-1
定　　价　49.00 元

经　　销　全国各地新华书店
发行热线　025-83790519　83791830

(本社图书若有印装质量问题，请直接与营销部联系，电话:025-83791830)

前言

思想政治教育专业设立以来，思想政治教育学科边界不清晰、内涵不明确、研究对象不确定等问题一直是思想政治教育从业人员的“心病”。不论是思想政治教育博士点招生方向设置的杂乱，还是思想政治教育专业博士生、硕士生选题的“天马行空”；不论是思想政治教育本质规定的纷争，还是思想政治教育学科定位模糊，都说明经历了三十年发展的思想政治教育学科仍未能进入“而立之年”。思想政治教育学科该向何处去，是继续走当前理论体系过多地对教育学理论资源移用的老路子，还是走一条思想政治教育学科自主发展的新路子；是继续将政治教育、思想教育、道德教育、心理健康与法制教育置于思想政治教育这一学科的大锅中“一锅煮”，还是将政治教育、道德教育等内容从思想政治教育学科中予以分流等等，是关系到思想政治教育学科发展甚至是生死存亡的问题。

思想政治教育公共性是在学科发展将近三十年发展之际提出的。虽经过近三十年学科发展，思想政治教育学科的独立性仍远远不足。思想政治教育公共性直面着对什么是思想政治教育、思想政治教育向何处去等重大问题的追问。从本体论层面来说，思想政治教育公共性更是包括对公众精神世界的关切，这种关切恰恰是现代性政治所带来的。随着中华帝国政治统治的解体，政治生活逐渐从封闭的宫廷政治走向开放的公共政治、从专制政治走向民主政治、从以暴力为主导的政治观念走向以理性言说为主导的政治观念。在这种情况下，一定的政党、集团、社会组织等为了获得政治统治，必须要在公共性政治生活中展开意识形态的较量与争锋，从而说服民众，继而赢得民众的政治认同，获得政治合法性。即是说现代性民主政治为思想政治教育及其公共性的产生和发展提供了可能。中国共产党新民主主义革命斗争时期的思想政治教育公共性表现得较为充分,团结和教育了民众,为建立新中国作出了重要贡献。从历史上看,新民主主义革命时期的思想政治教育公共性又为新时期思想政治教育公共性的实践推进提供了丰厚的历史遗产。众所周知,1978 年的改革开放使中国开始了一场"总体性"大转型。社会结构的变迁与转型,社会阶层的分化和"两新"组织的出现,使阶层间利益冲突直接表征为话语间的争辩。世俗理性的高涨催生私欲的过度膨胀,转型期大众政治诉求急剧上升而表达渠道的狭窄;涌现多种社会思潮与纷争等,这些都构成了新时期思想政治教育公共性实现过程中面临的新挑战。思想政治教育学科自身的公共性不足,对于思想政治教育公共性的实现而言无疑是雪上加霜。

思想政治教育公共性问题的研究,旨在突破当前微观思想政治教育学研究视域的狭窄,重新论证思想政治教育学科存在的合法性基础,增强学科自主性。长期以来,思想政治教育学科将其对象主要集中于高校大学生,对于企事业单位、社会组织成员的思想政治教育缺少关注,从而使思想政治教育的社会辐射面日益窄化、思想政治教育从业人员对社会热点问题鲜有回应,等等。思想政治教育公共性问题的提出,回答了思想政治教育为何存在、何时存在、存在何为等重要问题。本书从思想政治教育学科的基本问题的反思入手,讨论了"思想政治教育及其公共性是什么"这一重要理论问题。并且在此基础上,对为什么要研究思想政治教育公共性作了深入的剖析,即从政治观念文明、政治主体多元、政治空间开放的角度来分析思想政治教育公共性的产生和发展的"土壤"。进而从思想政治教育公共性产生和发展的"土壤"出发,基于历史唯物主义方法论,梳理并比较了中国共产党三大历史时期的思想政治教育公共性的表现。结合思想政治教育公共性的时代境遇,对思想政治教育系统要素的公共性创新作了分析,进而讨论了思想政治教育公共性的实践推进问题。

目录
Contents

第1章 绪论

1.1 问题的缘起

自1978年以来，中国逐渐告别了革命时代的政治狂热，进入了一个务实的现代化建设时期。若将这一时期的现代化运动放在中国近现代史上来看，它应属于始于19世纪60年代的自强运动（即洋务运动）的第三次发展模式大转换[①]。中国的现代化运动虽和同属东亚的日本同时启动，但中国的现代化运动却比日本的现代化运动曲折得多，“革命型的波浪式推进，多次出现模式的转换”[②]，反映出中国现代化运动的极不平稳性。从19世纪下半叶到20世纪初的现代化初始阶段，即旧王朝体制下探索资本主义发展取向的自上而下的改革时期（主要从自强运动经过维新运动到立宪运动），从1911年辛亥革命到1949年革命的近40年，即内忧外患同时加深、半边缘化与革命化同步发展的时期，在这两个阶段的现代化过程中，第二个时期在中国近现代史上又意味着一个新的开端。因为，革命在中国近现代史中是一种典型意义上的“现代性”自我确证。这正如阿伦特之见：“革命是唯一让我们直接地、不可避免地面对开端问题的政治事件。”[③]当代中国的第三次现代化运动则将这一确证推向了一个新的时代境遇之中，正如我们所感受到的，当代中国社会正在经历着一场“总体性”的大转型，即由自给半自给的自然经济社会向社会主义市场经济社会转型；由农业社会向现代工业社会转型；由乡村社会向城镇社会转型；由封闭半封闭社会向开放社会转型；由同质单一性社会向异质多样性社会转型；等等[④]。思想政治教育作为一定历史时期的一种政治实践活动，自然要随着这场“总体性”的大转型作出调整和变革。可以说这场“总体性”的大转型既构成了思想政治教育出场的历史大背景，也是思想政治教育发展所赖以立足的土壤。换言

---

① 罗荣渠. 现代化新论——世界与中国的现代化进程[M]. 北京：商务印书馆，2006：497－502.

② 罗荣渠. 现代化新论——世界与中国的现代化进程[M]. 北京：商务印书馆，2006：497.

③ 阿伦特. 论革命[M]. 陈周旺，译. 南京：译林出版社，2007：10.

④ 袁方，等. 社会学家的眼光：中国社会结构转型[M]. 北京：中国社会出版社，1998：30－44.

之，思想政治教育能否取得实效与这一大转型所开辟的新的历史条件紧密相关。然而，试图对这一大转型加以明确界定是一件颇为困难的事，但我们可以借助许多不同的标识和描述，来追踪这场“总体性”大转型的表征，以勾勒出思想政治教育公共性的时代背景。

1.1.1 “复调社会”时代的来临为思想政治教育公共性提供了新的历史舞台

“复调”一词最初是音乐中的一个专业名词。“复调音乐”(polyphony)是相对于“主调音乐”而言的，后专指几个旋律性声部在运动中按照对位法则(counterpoint)结合在一起的多声部音乐，这些旋律性声部之间既对比又协调。到了19世纪，复调音乐的内涵由按照对位法则多声部音乐转变为个性的张扬。1929年苏联小说家巴赫金首次将“复调”创造性运用到其出版的《陀思妥耶夫斯基诗学问题》一书中，提出了“复调小说”。巴赫金认为，陀思妥耶夫斯基“建立了一个复调世界和打破既定的、基本是独白型(主调)的欧洲小说形式”①。作者和小说主人公之间不再是支配与被支配、统摄与被统摄的关系，而是和作者处于平等的地位。“主人公的话语具有特殊的独立性，它仿佛同作者的话语并行，并以特有的方式同作者的话语和其他主人公同样具有充分价值的声音结合在一起。”②可见每一个人都是“不可完成的自我”，作者和小说主人公之间总是保持着未完成性和开放性。

在巴赫金的复调理论中，不仅指作者和小说主人公之间的平等对话关系，而且还包括小说主人公和主人公之间的对话性关系。“不是众多的性格和命运同属于一个统一的客观世界，按照作者的统一意识一一展开，而恰恰是众多地位平等的意识及其各自的世界结合为某一事情的统一体”，“众多独立而不相容的声音和意识纷呈，由许多各有充分价值的声音(声部)组成真正的复调”③。实际上，巴赫金的复调理论意义并不仅仅局限于文学小说领域。应该说，作为文学小说领域的哥白尼革命的复调理论，对于我们把握当下中国的这场大转型同样不乏重要的启示。

当代中国正经历的这场“总体性”的大转型，同样具有巴赫金意义上的复调色彩。大转型一方面带来了国家与社会之间的分离，另一方面也导致了一个“多元的社会”，即社会是由多个相互独立的领域、期待或者力量所构成。在大转型中，这种“多元的社会”显然不是静止式的存在。由于不同的社会阶层在大转型中变迁的步伐不尽一致，自然使不同的社会领域的主体的期待或价值诉求、关注的焦点不尽一致。正是这一“多元社会”不同领域主体之间的对话和斗争，或者对话、协商之间的复杂的关系塑造出了复调。不论我们将大转型所带来的社会变迁称之为多元社

---

① 巴赫金文论选[M]. 佟景韩，译. 北京：中国社会科学出版社，1996：5.

② 巴赫金文论选[M]. 佟景韩，译. 北京：中国社会科学出版社，1996：4－5.

③ 巴赫金文论选[M]. 佟景韩，译. 北京：中国社会科学出版社，1996：3.

会,还是复调社会,一个显而易见的事实是,这一社会再也不是只有一种价值观而存在,即广大社会成员的思想不再是单一的,而是呈现为“复数”式的存在。更重要的是,这种“复数”式的思想不是隐性的存在,而是直接表征为一种显性的利益诉求或价值诉求。作为直接以人的思想为出发点的思想政治教育,必须要直面这种“复数”式存在的思想。

毋庸讳言,“总体性”的社会大转型已经为思想政治教育提供了新的舞台。问题是,思想政治教育理论研究者、实践工作者是否同样准备好在这个新的舞台上进行演出了呢?令人担忧的是,我们似乎很难听到作为主流意识形态代言人的思想政治教育者在这个舞台上发出的声音,遑论看到他们在这一舞台上的精彩演出。当思想政治教育者们主动抑或被动地从社会公共空间中退却时,又如何能够保障“宣传文化战线是党的一条主战线”“宣传思想文化领域是践行科学发展观的一个主阵地”的实现?实际上,思想政治教育本来具有直接面向广大人民群众的公共性的萎缩,不仅表现在广大思想政治教育从业人员在社会公共空间中失声、遁迹,更表现在绝大多数的思想政治教育理论研究者旨趣、关注的焦点等是远离社会公众的。据笔者对2000—2011十一年来的思想政治教育发表的主要论文、出版或主编的主要著作、教材等方面文献的不完全统计,不论是从研究的主要问题,还是从研究的视角,思想政治工作主要还是集中在高校领域。在这种情况下,思想政治教育公共性作为一个时代课题凸显出来也就不觉得奇怪了。因为,这一问题确实反映了思想政治教育广大从业者理论与实践上的焦虑。

1.1.2 中国共产党由革命党向执政党的转变,凸显了思想政治教育公共性问题研究的紧迫性

虽然说从1949年开始,中国共产党就取得了对整个国家的领导权,成为了一个具有全国性的执政党,但在很长的时间范围内持有的仍是革命党的理念,总体上未能突破“苏共模式”的局限。改革开放以后,中国共产党才逐渐突破“苏共模式”的局限,逐渐从“无产阶级专政下的继续革命”中走了出来。应该说,正是改革开放和逐步明确实行社会主义市场经济为中国共产党由革命党向执政党转变提供了现实的可能性。作为执政党,显然不能用斗争的逻辑来进行执政。在革命年代,因为要取得国家政权,推翻旧的社会制度和旧的国家制度,所以必须要同代表旧势力的一切势力展开无情的斗争。但随着中国共产党已经成为领导人民掌握国家政权并长期执政的执政党,意味着剥削阶级政权已经推翻。虽然阶级斗争还在一定范围内存在,但阶级矛盾已经不是社会的主要矛盾。因此,执政党的执政方式需要从斗争的逻辑转向和谐的逻辑。和谐的逻辑意味着在人民的根本利益一致的基础上追求各方的和谐与共赢。

要实现由斗争逻辑向和谐逻辑转变,不仅要贯彻科学发展观,更要发挥党的思

想政治教育工作优势。当中国共产党从革命党向执政党转变时，党的思想政治教育工作自然需要从过于强调阶级性向公共性转变。但是，需要指出的是，党的思想政治教育的阶级性向公共性转变并不是说思想政治教育不再具有阶级性，恰恰相反，党的思想政治教育公共性不但不会削弱阶级性，反而能维护并更好地实现这种阶级性。因为，党的思想政治教育公共性不但意味着党的意识形态生产、传播更具有包容性和开放性，而且包含对大众的公共精神的培育，以使广大人民群众适应社会主义民主政治的时代要求，从而更好地维护和实现党所代表的广大人民群众的根本利益。党的思想政治教育公共性之所以能实现执政方式的转变，同样是由其内在要求所决定的。即党的思想政治教育工作要尊重不同的社会主体的意见表达、利益诉求、价值诉求，重视与社会成员进行思想沟通，解答他们的思想困惑，减少因思想上的困惑而产生的社会冲突。

实际上，党的思想政治教育公共性研究的紧迫性不仅仅缘于执政党的执政方式的转变，更主要的是缘于执政党科学执政的需要。众所周知，执政党要实现科学执政首先要对其进行科学定位。质言之，执政党需要在国家和社会之间重新定位。在现代政治社会中，公民、政党、国家是构成现代政治社会的三个基本要素。这里的公民不仅是指公民个人，还包括由一个个公民个人组成的公民社会，其中包括各种非营利性组织和利益集团。政府作为国家权力的载体，在此意义上政府和国家之间是等同的。中国共产党作为执政党关键是要处理好国家与社会之间的关系。在现代民主政治中，民众的政治参与、政治呼吁以及对政府的监督最后都要通过政党来实现。也就是说，政党是公民与国家之间的纽带和桥梁。中国共产党作为执政党，要科学执政自然要处理好民众与公共权力之间的关系。在此意义上，党的思想政治教育公共性极为重要。因为思想政治教育不仅面向民众，同时也面向政府官员。显然，党的思想政治教育在实现民众与公共权力拥有者之间的沟通、互动，以及最终促成政治共识中扮演着极其重要的角色。

1.1.3 全球化时代需要中国的思想政治教育“走出去”

冷战结束后，新的世界关系从意识形态的冲突的阴影中释放出来，世界各国之间的经济交往、政治交往、文化交往在不断加深。“现代世界，在某种全新的意义上，已经成为一个互动的体系，而我们对此却知之甚少。”[①]当代世界日益全球化的经济和文化关系，并没有导致民族国家的消亡。相反，当今全球化的经济过程仍然以民族国家作为其政治保障。民族国家改变了其传统功能，全面地介入到当代世

① Abu-Lughod. Before European Hegemony: The World System A. D. 1250－1350[M]. New York: Oxford University Press, 1989.

界的社会关系之中。从介入的方式看,已经主要不是以武力为主,而是以文化交往为主。各民族国家之间的文化交往又导致各国之间关系的一种新的紧张。阿帕杜莱将这种紧张概括为:"今天,全球互动的中心问题是文化同质化与异质化之间的紧张关系。"①问题是,该用什么样的方式来消除这种同质化与异质化之间的紧张?是继续使用冷战的方式,还是采用积极的对话?

全球化使各民族国家卷入或被卷入到现代世界的公共性政治中,1978 年的改革开放使中国重新进入到这样一个广阔的背景之中。在这种情况下,中国既需要了解世界各国,世界各国同样也需要了解中国。简言之,中国需要积极地参与到世界各民族的交往中去。随着中国三十多年来的经济高速增长,"中国威胁论"的声音再一次在西方世界沉渣泛起。要减少乃至消除世界上其他国家对中国的误解、偏见等,中国自然需要向全球其他国家作一次政治营销。众所周知,思想政治教育具有传播国家主流意识形态的功能。因此,思想政治教育在传播国家意识形态,在向世界上其他国家建构一个负责任的大国形象方面作用甚大。实际上,思想政治教育在国际舞台上扮演的角色还远不止于此。作为以政治性为本质特征的思想政治教育,它毫无疑问地在国际舞台中要为本国的国家利益进行辩护,由此,国际政治才能走向真正的"公共性"。因为与传统的世界秩序只体现少数发达国家的利益诉求不同,新时代的世界秩序则要求体现更多的"公共性"。一言以蔽之,中国的软实力需要思想政治教育在世界公共政治舞台上发挥更大的作用。

在全球化大背景下,不同的国家、地区相互之间的文化传播、渗透、融合自然不可避免。思想政治教育作为一种文化存在,既需在世界公共政治舞台上传播本国文化,也需要在引进外来先进文化中发挥重要作用,更需要在不同的文化碰撞、冲突中保存本国民族优秀的传统文化,这也是增强本国民众对民族国家认同的基础所在。显然,全球化时代为思想政治教育公共性提供了新的空间、内容,中国的思想政治教育只有面向世界,积极地走出去,才能展现中国的思想政治教育公共性的特色和魅力。同时,中国的思想政治教育走向世界,与世界人民交流和沟通,又为更好地实现本国思想政治教育提供了基础。

1.2 研究目的和意义

在"泛性主义"研究热兴起的浪潮中,思想政治教育公共性的研究目的又何在?仅仅是要弄清楚思想政治教育的一种特殊的属性,还是别有深意?思想政治教育

① 阿帕杜莱. 全球文化经济中的断裂与差异[M]//汪晖,陈燕谷. 文化与公共性. 北京:生活·读书·新知三联书店,2005:527.

公共性的研究虽不敢说是别有深意，但至少可以说是有一些特别的意义。具体来说，思想政治教育的公共性研究，主要有以下四个方面的目的与意义。

1.2.1 思想政治教育公共性研究有助于加快思想政治教育学科建设的步伐

这主要表现在三个方面：一是有助于提高学科知识生产在社会公共空间的认可度。自 1984 年南开大学等高校开设思想政治教育本科专业以来，思想政治教育专业取得了迅猛发展，进入 21 世纪，思想政治教育专业更是取得了跨越式的大发展。但这种跨越式更偏重于学科外延发展。一方面，我们在高层次人才培养方面发展迅速，2005 年全国共有 66 所高校获得了思想政治教育二级学科博士授权点，硕士点可以说更是不计其数；另一方面，思想政治教育的硕士点和博士点的边界却没能够得以厘清，学科队伍虽然庞大但水平不高①。由于水平不高，使思想政治教育作为一门学科，它的知识生产的成果还难以得到公众的认同。就此而言，加强思想政治教育公共性研究有助于学科建设，因为这是明确学科生产什么样的知识，以及如何生产公众所认可的知识的关键所在。

二是思想政治教育公共性的研究对于学科的人才培养同样意义重大。思想政治教育作为一门学科，意味着其在现有的高等院校中获得了独立的建制，应该说这为学科的知识生产和人才培养提供了坚实的基础。但从思想政治教育公共性的视角看，思想政治教育学科目前培养的人才目标同社会要求之间还存在着不小的差距。譬如，高等院校在思想政治教育专业的简介中，几乎无一例外地写着本专业培养的人才就业选择余地较大，就业去向不仅涵盖了学校，还有企业和事业单位、民办非企业，等等。即是说思想政治教育专业培养的人才能在社会公共空间中广受欢迎，但即便是从目前颇有公共性职位的公务员考试的职位表中来看，却是很少招用思想政治教育专业毕业生的。因此，加强思想政治教育公共性的研究，才能真正提高本学科培养人才在社会公共空间中的竞争力。

三是思想政治教育公共性的研究不论是对于拓展思想政治教育研究领域的广度，还是推进思想政治教育的深度研究都有着重要的作用。近年来，思想政治教育研究领域有日益窄化的趋势，其集中表现为对微观领域的关注，即“它关注的是作为一种具体教育活动的思想政治教育，关注的是教育者、教育对象、教育内容、教育方法等之间的矛盾运动，关注的是个体如何内化社会的思想品德要求，成为具有相应思想政治品格的人”②。即是说思想政治教育缺少对社会公共空间的关注。理

---

① 汪勇. 论思想政治教育的泛化、危害及应对[J]. 河南师范大学学报(哲学社会科学版)，2010(2)：257.

② 沈壮海. 论思想政治教育理论研究的新范式与新形态[J]. 思想理论教育导刊，2007(2)：42. 应该说，沈壮海洞察了现代思想政治教育研究中重微观、轻宏观的问题，故提出要加强“宏观思想政治教育学”研究，但他没能进一步追问的是，为什么思想政治教育研究出现了重微观、轻宏观的现象。笔者以为，重视微观思想政治教育学的研究是教育学范式的思想政治教育发展的必然，详见本书第 2 章的讨论。

论上的短见致使实践上的窄化，当下社会公共空间中鲜有思想政治教育者的声音即是这种窄化的一大表征。重视思想政治教育公共性的研究，不仅有助于实现思想政治教育研究视角转换，拓展思想政治教育的研究领域，而且，它也是为思想政治教育学科寻找自己的家园的关键。长期以来，思想政治教育学科虽然已经取得了学科建制，但学科的定位仍然较为模糊，如有人将其视为什么都能装的口袋学科，有人则视其为一种教育活动，有人则又视其为一种政治活动，还有人视其为一种针对人的思想的教化活动。这些问题表明，学界对什么是思想政治教育的认识仍未能取得实质性的共识。姑且不论什么是思想政治教育，有一点是毫无疑问的，思想政治教育学科都需要在社会公共空间中对当下人们所关注的问题发出独有的声音，这显然是思想政治教育证明自身存在的重要方式。在此意义上，思想政治教育公共性的研究是一次寻求其"根"的尝试。

1.2.2 思想政治教育公共性研究是提升社会主义政治文明水平的关键所在

毫无疑问，社会主义政治文明比资本主义文明要优越得多。这种优越不论是从社会主义政治文明的价值取向来看，还是从社会主义政治文明所赖以存在的政治制度来说，都是对资本主义政治文明的全面超越。从政治文明的价值取向上看，社会主义政治文明反映了社会绝大多数人民群众的意志和愿望。在政治制度上，社会主义否定了人剥削人、人压迫人的政治制度，使被剥削、被奴役的无产阶级和广大人民群众上升到了统治的地位，建立了人民当家作主的国家政权。但是，我们也要客观地看到，中国正处于社会主义的初级阶段，社会主义政治文明建设的任务还相当艰巨。

因此，党的十六大报告明确指出要不断促进社会主义的物质文明、政治文明和精神文明的协调发展。要推进社会主义政治文明，最为根本的是要坚持党的领导、人民当家作主和依法治国的有机统一。思想政治教育公共性显然有利于执政党自身的建设，因为执政党作为思想政治教育的主体，其思想政治教育要在社会公共空间中产生真正的影响力，执政党就必须加强党自身的建设，只有始终做到立党为公、执政为民，才可能有公信力。不仅如此，思想政治教育公共性在党的领导和人民当家作主之间也发挥着极其重要的作用。党的思想政治教育不仅始终面向人民群众，而且要接受并重视人民群众对党的思想政治教育所传播的内容、方式方法提出的意见、看法等。也就是说，思想政治教育是党和人民群众在社会公共空间中进行沟通的媒介。这一媒介不只是党向人民群众作单向度的灌输，而且是一个双向的交流、互动过程。恰恰是在党和人民群众之间的互动过程中，思想政治教育发挥了重要作用。具体而言，主要有两个方面：一方面，思想政治教育通过舆论的引导，促进人们理性地思考；另一方面，思想政治教育促成一种共同的行动，即党和人民群众的讨论、交流有其结论:它不只是凝聚成舆论、集体的判断,更终极地说,这舆论渐渐地也不可避免地成为正当性的原则。正是在这一互动过程中,思想政治教育公共性才不断得以实现,同时也在推进社会主义政治文明的发展。

1.2.3 思想政治教育公共性研究有助于提高思想政治教育的有效性

近年来,思想政治教育的有效性一直是困扰着思想政治教育理论研究者和实践工作者们的问题,思想政治教育公共性问题的提出正是对当下思想政治教育解题能力不高的回应。思想政治教育的解题能力不高,不仅是指思想政治教育在解决现实问题时的低效,而且也包括思想政治教育解题领域的狭窄。正是思想政治教育解题低效,使思想政治教育解题领域日益狭窄。思想政治教育公共性问题的提出,有助于摆脱当前思想政治教育理论研究者的目光仅局限在高校思想政治教育之中的现状,将理论研究者的目光引向更为广阔的社会领域,如机关、社区、企业、广大农村等都需要思想政治教育工作。加强这些领域的研究,即主要加强思想政治教育公共性的研究,有助于提高当代思想政治教育的有效性。因为加强作为社会活动的思想政治教育公共性研究,将大大拓展思想政治教育研究领域和创新空间。

毋庸置疑,思想政治教育公共性的研究将大大拓展思想政治教育解题领域。但问题是,思想政治教育如何在社会公共空间加以拓展?从工具论层面看,思想政治教育公共性并不是一种空洞的理念。即是说思想政治教育公共性必然包含它如何在社会公共空间中布展。思想政治教育公共性只有在社会公共空间中转换为实际的操作层面,它才可能避免陷入一种空洞的理念。但这里必须要指出的是,思想政治教育公共性对于提升思想政治教育有效性而言,不是仅仅靠载体、方法、内容的变化来提高。在更深层上,它是思想政治教育理念的一种变化,即不再是一种单向的、自上而下的意识形态的教育、政治动员。因为从培养人的角度来说,思想政治教育公共性的目标主要是培育公共精神的人。在这个意义上,思想政治教育公共性对于思想政治教育有效性的提升,既是工具理性,又蕴含价值理性。

1.2.4 思想政治教育公共性研究有助于推进社会管理创新

胡锦涛总书记在2005年2月21日提出了社会管理问题,“要适应社会主义市场经济发展和社会结构深刻变化的新情况,深入研究社会管理规律,更新社会管理观念,推进社会建设和管理的改革创新,尽快形成适应我国社会发展要求和人民群众愿望、更加有效的社会管理体制”①,随后在2006年10月中国共产党第十六届中

① 胡锦涛.胡锦涛在中共中央政治局第二十次集体学习时强调:加强调查和研究着力提高工作本领 把和谐社会建设各项工作落到实处[N].人民日报,2005-2-23(1).

央全会第六次会议上通过的《中共中央关于构建社会主义和谐社会若干重大问题的决定》中明确指出："加强社会管理，维护社会稳定，是构建社会主义和谐社会的必然要求。必须创新社会管理体制，整合社会管理资源，提高社会管理水平，健全党委领导、政府负责、社会协同、公众参与的社会管理格局，在服务中实施管理，在管理中体现服务"①。毫无疑问，加强思想政治教育公共性的研究在社会管理创新中起着重要的作用。因为没有公众的培育，没有社会成员的公共精神的培育，没有社会成员对政治国家的认同，提高社会管理水平就将成为一句空话。具体而言：

其一，社会管理水平的提高归根结底要靠广大具有公共精神的公民来实现。这里我们首先要厘清的一个问题是，社会管理的主体是谁？或者说，我们所言的"社会管理"，到底是"管理社会"，还是"社会管理"？如果是前者，管理的主体无疑是政治国家，社会成了管理的客体。就主客体关系来说，作为管理之主体的国家具有外在性，而作为管理之客体的社会则居于"被管理"的地位。如此，社会管理很难摆脱既有管理模式的窠臼，社会管理的主体仍然是各级政府，其管理目标仍是一个"泛政治化的社会"，并无公众参与的痕迹。虽然政府通过其权力去建构社会机构，去扶植社会组织，但也正因为这些组织与机构仍是来自政府的授意，而缺乏社会组织应有的公众参与性，所以只能导致对自发的社会空间的压缩。如果是后者，社会管理模式就面临着一个巨大的转变。社会管理的主体是公民及其所属的社会组织，这一主体是一个由深具公共意识的公民所组成的社会自组织的自然发育和成长过程。在这一社会管理创新模式中，政治国家并非无所作为的旁观者。相反，政治国家要做的事情很多。应该说，它的首要任务是通过思想政治教育来培育具有公共精神的公民，从而培养宽松的政治文化环境，从而使社会组织获得天然的成长条件，这样社会自治的程度才能得以提高，维护社会的公平正义内在动力才更为持久。因此，只有植根于深厚的民间文化土壤，培养具有公共意识的公民，社会管理水平才能真正得以提高。

其二，社会成员对政治国家的认同，是推动社会管理创新的着力点。在当下的中国，公民意识极其薄弱。因此，社会管理创新必须重视对公民意识的培养。因此，社会管理创新需要从培养公民意识入手。但必须要指出的是，对公民意识的培养不等于大搞运动式的思想政治教育，更不是一个简单的道德灌输和空洞的政治说教所能实现的，而是要结合社会组织与制度建设，让公民在参与自组织建设的实践活动过程中，以亲身体验的方式，感悟作为具有权利意识与社会责任感的公民。

① 中共中央关于构建社会主义和谐社会若干重大问题的决定[EB/OL]. [2006-10-18]. http://news.xinhuanet.com/politics/2006-10/18/content_5218639.htm.

1.3 思想政治教育的公共性研究现状综述

公共性问题虽在政治学、社会学、哲学等领域引起了较多的关注，但思想政治教育学科对这一领域的关注甚少，据笔者所查阅的资料来看，在思想政治教育学领域中，直接关于思想政治教育公共性研究的专著和论文极其稀缺。严格来说，思想政治教育公共性问题还没能真正进入到思想政治教育学科研究者的视野之中。换言之，以思想政治教育公共性为题进行系统研究是一个富有挑战性的工作。不过，令人欣喜的是，综观国内外的思想政治教育公共性的研究成果，仍不乏一些洞见。

1.3.1 国内研究现状综述

综观国内外学界对这一问题的研究，与这一主题直接相关的文献甚少。据笔者查阅的资料来看，只找到一篇直接以思想政治工作公共性为题的论文，且主要讨论的是企业思想政治工作。另外，还找到一篇 2007 年中国青年政治学院刘保的硕士学位论文:《论思想政治教育在公共领域的拓展》。与本课题相近的研究同样甚少。所谓与本课题相近的文献，主要是指包含公共领域中的德育工作、德育的公共性、思想政治教育公共性等这些关键词的文献资料。因此，这里只能就与本主题相关度较大的研究作一梳理。大致些说，这些研究主要集中在以下三个方面。

第一，关于企业思想政治工作和企业文化有何不同？新的时代条件下，如何使思想政治工作这一党的传家宝再次在企业中焕发生命力？对于这一问题，金林南和管志明两位学者作了比较深入的研究。他们认为:“公共性与私人性——企业思想政治工作与文化建设的本质分野。”[①]他们作出这一判断的依据主要有三个方面:第一，企业思想政治工作的主体是企业党组织，它的根本立场是党和国家的立场，而企业文化的主体是企业家及其管理人员，他们的根本立场是提高企业经营管理的效益，具有“私人性”。第二，企业思想政治工作和企业文化虽有着共同的目标，但二者的目标差异则是主要的，“在一些特殊的情况下，如面对战争，面对自然灾害，面对思想领域的激烈斗争，这时思想政治工作压倒一切的任务是政治稳定，其目标就会与企业文化建设分离；一些经营不善的企业，可能谈不上企业文化建设，但更需要企业党组织代表人民群众的利益，做好困难企业、困难员工的工作”[②]，等等。简单来说，企业思想政治工作的目标要超越企业文化的目标，这归根结底又是由二者不同的立场所致。第三，

① 金林南，管志明．创制思想政治工作的公共性——通过与企业文化建设的比较[J]．江西师范大学学报，2004(4):47.

② 金林南，管志明．创制思想政治工作的公共性——通过与企业文化建设的比较[J]．江西师范大学学报，2004(4):48.

企业思想政治工作不仅从企业利益出发,更是从社会利益角度出发来提高员工的公民素质。因此,“广义的企业思想政治工作的内容可以适用于每一个企业员工和公民”,而企业文化建设的是企业精神,弘扬的是企业的个性,故很难照搬到别的企业。金林南、管志明进而分析了企业思想政治工作的公共性遭到消解的原因,认为:“思想政治工作公共性的特征被消解只有被放置在当代中国社会及公共权力领域发生的整体性转换中才可以获得有效解释。”①具体而言,改革开放和市场化的进程使国家掌控的资源下放给了社会,使各类组织和个人开始真正拥有自主的权力。随着社会转型的深入,社会阶层的分化不可避免地导致利益和价值诉求的多样化。可以说,大转型使国家、社会和个人的关系发生了深刻的变革。因此,“思想政治工作作为执政党行使意识形态权力的重要形式之一,如果不能确认并尊重当代中国社会与公共权力领域正在发生的变化和趋势,仍然按照计划经济时代思想政治工作的观念和模式运行,受到不同程度的拒绝和消解是可以得到合理解释的”②。

这两位学者不仅分析了企业思想政治工作公共性特征的消解的原因,而且提出了在新的时代条件下如何建构企业思想政治工作公共性特征。他们认为:“要建构其公共性特征,一方面要能够找到真正回应社会的整体诉求,另一方面要在制度层面建构法理依据。”③具体来说,主要包括四个方面:一是确立以“执政为民和依法执政”为核心的执政理念;二是设定与现代民主政治相契合的新时期思想政治工作价值目标;三是加强制度创新,使新形势下思想政治工作在运行机制上具有合法性的制度边界与保障;四是明确思想政治工作的职能边界。

第二,关于思想政治教育为何要在公共领域拓展,思想政治教育在公共领域拓展的依据何在,思想政治教育通过何种方法、渠道、载体在公共领域中加以拓展等方面的研究。这些问题可以说与本课题直接相关。中国青年政治学院刘保的硕士学位论文中对这些问题都作了一些回应(下面简称刘文)。笔者以为,这种回应目前来看虽不够成熟,但由于这种研究是开创性的,所以对这种开创性研究我们要首先予以肯定。刘文指出“公共领域需要引导”,并认为公共领域“只有在引导和建设中才能把其构建成为社会主义和谐社会的一环”。该文认为“公共领域是一把双刃剑”,如果对公共领域的政策、法规、教育引导得当,公共领域就有利于增强政权合法性;反之,公共领域就可能成为政权和政府政策的消极批评者而不是积极建设

---

① 金林南,管志明.创制思想政治工作的公共性——通过与企业文化建设的比较[J].江西师范大学学报,2004(4):49.

② 金林南,管志明.创制思想政治工作的公共性——通过与企业文化建设的比较[J].江西师范大学学报,2004(4):49.

③ 金林南,管志明.创制思想政治工作的公共性——通过与企业文化建设的比较[J].江西师范大学学报,2004(4):49.

者，甚至会走到政府的对立面，危害社会团结与稳定。正是从这一问题出发，该文指出了思想政治教育在公共领域拓展的必要性。该文认为思想政治教育在公共领域的拓展就其本质而言，“就是通过主流思想意识的供给和引导，使思想政治教育的政治合法性论证功能、引导和激励功能、促进人的全面发展功能在公共领域得以实现”①。此外，一方面公共领域的形成和发展具有自发性，另一方面思想政治教育是在党的指导下的计划下教育实践，具有相当的主动性和目的性，两者间正好构成了锁合关系。

思想政治教育在公共领域中加以拓展的依据，刘文认为，马克思的人的全面发展理论正是思想政治教育在公共领域拓展的首要原因。刘文指出中国现代化建设、市场经济发展以及信息技术的进步，为人们提高科学文化素质、全面参与社会事务、自由获取信息和交流思想等创造了良好的条件。作为整体，由政治话语中的“人民”成为民主政治中的公民，是人的发展全面的巨大进步。作为个体，公民的主体意识、自由意识、平等意识和竞争意识等自主性格不断增强，是人的全面发展的具体体现。但刘文认为公共领域虽然有利于满足参与者获取信息、交流思想、表达观点的需求，但同时不能忽视社会主流价值观念和意识形态对其的要求，可能出现极端个人主义等不利于社会主义现代化建设的情况。而思想政治教育既是对公共领域中信息和思想的引导，也是对公共领域主流思想和信息的供给。而从现实的依据来看，则是国家与社会关系的嬗变、城市化的发展和社会流动的加速、信息传播的数字化和网络化趋势、社会经济组织和社会组织的多元发展。

刘文主张建构对话思想政治教育模式，以实现思想政治教育在公共领域的拓展，提出对话思想政治教育模式与公共领域特征相契合，并对在公共领域中构建对话式思想政治教育模式拟出了具体建议：一是营造自由的参与环境；二是建构开放的话语模式；三是着力于公共领域里议程设置；四是民主、法治建设良性互动。对思想政治教育在公共领域中拓展的实践路径提出了要与非政府组织合作，并把非政府组织作为思想政治教育主要的主体。要拓展思想政治教育在公共领域中的载体、渠道等。应该说这些建设也是很有针对性的，也是目前国内学界对本课题研究的直接相关的最新理论成果。

第三，关于思想政治教育社会化的研究。一般认为，思想政治教育社会化是指“思想政治教育在适应外在社会要求的过程中，也同时在主体的共同参与下，改造与发展社会的过程，它体现了思想政治教育与社会的变化发展保持一致的必然要求”②。有学者不满足于思想政治教育社会化这一定义，又在这一定义的基础上作

① 刘保. 论思想政治教育在公共领域的拓展[D]. 中国青年政治学院，2007.

② 蓝江. 思想政治教育社会化研究[M]. 武汉：湖北人民出版社，2005：6.

了更精细的研究，提出了思想政治教育目标、主体、功能、载体的社会化。实际上是从系统论视角出发对思想政治教育社会化作了更细致化的解释。应该说，思想政治教育社会化研究已经注意到了传统思想政治教育载体的变化，试图突破单位、部门的依赖，将原来以单位为系统的思想政治教育突破到社会范围内来运作。但显然又对当代中国社会结构所发生的变化加以漠视。在一定意义上可以说，这种思想政治教育社会化的研究实质上还是没能社会化，因为社会并未能真正进入到这些研究的视野之中。关于思想政治教育社会化研究的路径，研究者一般认为，要寻找有效推进思想政治教育社会化的载体、回归社会本体、形成齐抓共管的思想政治教育新格局等。也有学者提出类似的路径实现的观点：思想政治教育要联系社会实际、思想政治教育要服务社会大众、思想政治教育要融入社会生活、思想政治教育要契合社会心理、思想政治教育要依靠社会力量①。从这些研究大致趋同的思想政治教育社会化路径来看，这一路径具有很强的渗透性，这反映出了思想政治教育现代转型趋向。有学者对思想政治教育社会化过程中两种错误的倾向作了深刻的批判。这两种倾向是指泛生活化的误区和孤立化的误区。所谓泛生活化是一些研究者针对思想政治教育游离于生活这一情况提出了要通过社会生活来达到教育效果，让思想政治教育成为无主导性和无目的性教育。该学者认为思想政治教育体现着国家和社会的根本利益，是主流意识形态对人们思想产生深远影响的可靠途径，提倡思想政治教育社会并不等于从本质上完全取消思想政治教育，而是在更高层次上，更有效地实施思想政治教育。针对泛生活化所容易导致的思想政治教育取消论，又有一部分人提出思想政治教育活动要与社会生活的其他方面严格区别开来，他们一方面试图在思想政治教育之内建立起一套思想政治教育学科体系，将思想政治教育研究完全脱离社会生活；另一方面在思想政治教育实践中不擅长从实际出发，紧密联系受教育者的思想实际和社会发展实际，有的教育者甚至不能言行一致，在对受教育者时，说一套，做一套②。显然，不论是思想政治教育孤立化还是泛生活化都与思想政治教育社会化背道而驰。此外，蓝江指出思想政治教育社会化既是一个适应社会也是一个改造与发展社会的过程。具体些说，一种是由外及内的社会化路线，即强调现实社会对思想政治教育活动的影响，思想政治教育活动必须以社会的变化发展为根本导向，不断在自身活动内部作出相应的调适。另一种是由内及外的社会化路线，这个路线的社会化主要强调参与思想政治教育活动的能动方面，并通过对思想政治教育活动的改造而影响整个社会，这是一种积

① 王滨，宋劲松. 论思想政治教育社会化的实现路径[J]. 学术论坛，2010(2)：44.

② 张耀灿，等. 思想政治教育学前沿[M]. 北京：人民出版社，2006：474－476.

极的社会化[①]。

不难看出，国内学界对思想政治教育公共性问题已经作了一些研究，但这一问题并未真正引起思想政治教育学者的重视。不论是企业思想政治工作公共性，还是思想政治教育向公共领域拓展的研究，都还较多地停留于工具论层面讨论思想政治教育公共性。更重要的是，这些研究成果所揭示出来的问题并没有引起思想政治教育学科领域的讨论。从这些研究成果来看，思想政治教育公共性的一些根本性问题还没能有效厘清。如思想政治教育公共性是什么？思想政治教育公共性产生的社会基础是什么？思想政治教育公共性到底要解决何种问题？思想政治教育公共性又经历了怎样的历史发展过程？等等。若要说这些研究最大的不足是什么，应该说主要还是研究者未能保持研究的方法论自觉。

从目前思想政治教育公共性的研究成果看，这些研究者还较为缺乏方法论的自觉。学术研究如果没有方法论自觉，就会容易丧失立场，对于思想政治教育公共性问题而言更是如此。因为不论是自由主义，还是共和主义、资产阶级，抑或无产阶级，都有自己的公共性理论学说，于是这就涉及我们需要有一个明确的立场。没有这一立场，就很可能将中国共产党的思想政治教育公共性和资产阶级的思想政治教育公共性混为一谈。没有这一立场，思想政治教育公共性的研究很可能就会陷入非历史性的泥潭。如将资产阶级的思想政治教育公共性不是看作历史的一个阶段。换言之，看不到资产阶级思想政治教育公共性的历史局限，进而将西方的公共性理论简单地比附于中国当下的思想政治教育公共性研究，从而使中国的思想政治教育公共性研究失去“中国气派”。当然，这并不是说不能大胆地借鉴西方的学术理论，更不是视西方的公共性理论为洪水猛兽。

概言之，国内学界对思想政治教育公共性的研究存在着三个方面的不足：一是理念不足。目前思想政治教育公共性的研究似乎只立足于工具论层面对思想政治教育的这一本质属性加以探讨，缺乏对思想政治教育公共性的本体的追问与反思。当然，应该肯定的是，以政治社会化的名义展开的思想政治教育公共性，有很好的学理意识。但如果忽视政治社会化中的社会，则只能是政治的传播方式、载体、介体等操作层面的社会化，即关心的仍然是工具论层面。但这种忽视却是致命的，因为它遮蔽了思想政治教育公共性的社会视野。二是目前的思想政治教育公共性实现手段仍是单向的、自上而下的。即仍然单向度地靠执政党、政府自上而下的政治教化，而忽视了教育对象或受教育者在思想政治教育公共性实现过程中的作用。实际上，如果轻视甚至漠视了受教育者在思想政治教育公共性中的地位，这种公共性肯定是不完善的。三是历史维度的缺失。历史维度的缺失致使思想政治教育公

① 张耀灿，等．思想政治教育学前沿[M]．北京：人民出版社，2006:460－466．

共性的内涵失去了具体的、历史的规定，即陷入了形而上学的泥潭。

1.3.2 国外研究现状综述

西方关于思想政治教育公共性的研究中，葛兰西、阿尔都塞、托克维尔的相关论述都是需要加以重视的。之所以要重视他们三位人物，主要是缘于他们的研究视角、研究旨趣、研究内容。不论是葛兰西，还是阿尔都塞和托克维尔，他们都对资本主义社会作了深入研究，既考察了资本主义社会结构各阶层的生活状况，又考察了资本主义社会成员的思想观念。特别是考察了资产阶级社会的主流意识形态在这一社会中是如何生产和传播的。显然，这些问题都是和思想政治教育公共性紧密相关的。

(1) 葛兰西非常重视国家概念。应该说，葛兰西发展了传统的马克思主义国家理论。在《狱中札记》中，葛兰西实际上是将自己的思想建立在组织化资本主义社会的基础上。他从福特主义出发，对国家的“市民社会”特征进行了说明。葛兰西认为国家已经不是传统意义的政治与司法体制组织，而是存在于市民社会之中，即国家与市民社会已经由过去的分离逐渐走向了融合。社会的这一转型，使原先出现自由竞争的资本主义经济利益转换为政治利益，经济领域的斗争也就转换为政治领域的斗争。和自由竞争时期的资本主义相比，政治合法性主要不是依靠暴力，而主要有赖于强制与说服结合，即只有在组织化资本主义时代，强制与说服同时成为强化经济结构合法性的工具，这时才能真正地提出霸权问题①。“资产阶级自视为不断运动的有机组织，可以吸收整个社会，把它纳入自己的文化和经济范围之内。国家的职能因此得到彻底的改变，成为一个‘教化者’，等等。”②从葛兰西的论述中不难看出，福特主义兴起，国家虽然还保持着强大的政治和司法功能，但国家的伦理教育功能变得越来越重要。葛兰西国家的论述既不再只是统治阶级的暴力工具，还具有了黑格尔所说的理性的调节能力，而这是以通过教育等方法获得被统治者的赞同为前提的。因此，葛兰西指出，对福特主义资产阶级国家的颠覆，仅通过暴力性的短兵相接是难以完成的，还包括了霸权的斗争。

需要指出的是，葛兰西的霸权既与经济领域相关联，又与政治社会和市民社会相关联。因为霸权一方面有助于解释国家机器或政治社会——被特定的经济组织所支持也支持着这些经济组织——通过它的法律制度、警察、军队与监狱，能够迫使社会各阶层认同现状；另一方面，霸权有助于理解政治社会，特别是市民社会，以及从其教育、宗教、家庭到日常生活实践的微观结构，如何有助于意义和价值的生产，而这种意义和价值生产，指向并维系着各阶层“自发”认同现状③。

---

① 葛兰西. 狱中札记[M]. 曹雷雨，译. 北京：中国社会科学出版社，2000：201.

② 葛兰西. 狱中札记[M]. 曹雷雨，译. 北京：中国社会科学出版社，2000：216.

③ Renate Holub. Antonio Gramsci：Beyond Marxism and Postmodernism[M]. London，1992，p. 6.

葛兰西的霸权概念是与有机知识分子的讨论联系在一起的。葛兰西的有机知识分子是相对于传统知识分子概念而言的。他的有机知识分子概念具有以下特征:第一,有机知识分子是具有专业特征的知识分子,他们渗透在经济生活的各个层面中,这种知识分子与资本主义社会联为一体;第二,有机知识分子通过其专业分工,承担起组织整个社会的职能,并使社会成为一个整体;第三,有机知识分子不再停留于言辞上的侃侃而谈,而是作为建设者、组织者和劝说者积极地参与生活①。葛兰西认为,有机知识要想成功地建构霸权,就必须要与其所体现的社会集团之间达到有机性的统一。这种有机性的统一在于,代表者与被代表者之间获得了普遍的同意,知识分子作为代表者,体现的是普遍的利益,从而获得大众的认同,也就是说,知识分子最终要跳出专家意识形态,将大众的共同意志聚集起来,使之投向更高的目标。

虽然葛兰西是基于实践哲学对资本主义所作的批判,但不论是他的国家思想,还是有机知识分子与霸权理论,对于我们认识西方资产阶级由自由竞争到福特主义阶段后的思想政治教育公共性都有着重要价值。因为不论是国家,还是知识分子,他们都是思想政治教育公共性的重要主体,而葛兰西所考察的福特主义的历史背景,实质上是资产阶级思想政治教育公共性的生产环境。

(2) 阿尔都塞对葛兰西的国家学说作了发展,提出了意识形态国家机器概念。阿尔都塞将传统马克思主义的监狱、警察、法庭等称为强制性的国家机器,以区别于他提出的意识形态国家机器概念。当然,这并不是说意识形态国家机器不存在强制性,但这两种强制性状态存在着质和量的差异。一是强制性国家机器高高在上,每个人都意识到它的存在和必须服从的权威性,与之相比,意识形态国家机器则以不起眼的、弥漫的方式而存在着。二是强制性国家机器通过"暴力"发生作用,而意识形态国家机器则通过"观念"发生作用。阿尔都塞在对意识形态国家机器论述的基础上,还提出了支配性意识形态和支配性意识形态国家机器的新概念。所谓支配性意识形态就是掌握国家权力的统治阶级意识形态,而支配性意识形态国家机器就是支配性意识形态的载体。阿尔都塞认为,正是通过支配性的意识形态的协调,才使得强制性国家机器和意识形态国家机器之间、各种意识形态国家机器之间的诸多摩擦甚至冲突得以化解。阿尔都塞指出:"在我极为宽泛地考察过的前资本主义历史时期中,极为清楚的是,存在着一个支配性的意识形态国家机器——都会(the Church),它不仅集中地发挥着宗教的功能,而且也在相当程度上发挥着教育的、'文化'的功能。"②而在成熟时期的资本主义,同样有一种支配性的意识形

① 仰海峰.实践哲学与霸权——当代语境中的葛兰西哲学[M].北京:北京大学出版社,2009:199-200.

② 陈越.哲学与政治——阿尔都塞读本[M].长春:吉林人民出版社,2003:56.

态国家机器。阿尔都塞认为:"作为运用强有力的政治和意识形态方面的阶级斗争的手段反对旧的支配性的意识形态国家机器的一个结果,已经被确立起来了,它就是教育的意识形态机器。"①

(3) 托克维尔在《论美国的民主》一书中,讨论了社团对美国公民生活的影响。托克维尔指出,美国居民虽然对社会主管当局投以不信任和怀疑的眼光,但他们却有着高度的凝聚力、遵守法律的意识、团结自治的精神等。这是因为他们从上小学时就开始重视这种精神的培养。"孩子们在学校里游戏时要服从自己制定的规则,处罚由自己制定的犯规行为。这种精神也重现于社会生活的一切行为。假如公路上发生故障,车马行人阻塞不通,附近的人就会自动组织起来研究解决的办法。这些临时聚集在一起的人,可以选出一个执行机构,在没有人去向主管当局报告事故之前,这个机构就开始排除故障了。"②说得更明白些:"在今天,教会作为支配性意识形态国家机器角色,已经被学校所取代。"③托克维尔指出,正是通过社团,把多数人的精神力量集结在一起,促使他们精神饱满地奔向由它指明的唯一目标。而且,美国的社团和欧洲的社团组织有着很大的不同。"在欧洲,社团差不多总把自己看成是无法发表意见的人民的立法机构和执行机构,并凭着这种想法去行动和发号施令。而在人人都认为社团只代表人民中的少数的美国,社团只靠说理和恳求。"④因此,欧洲的社团内部具有军事生活的习惯和准则,它们尽量集中领导自己的下属,把一切权力交给少数几个领袖。而美国的社团中则承认个人的独立,每个人就像在社会中一样,同时朝着一个目标前进,但并非都要循着一条路走不可。没有人放弃自己的意志和理性,但要用自己的意志和理性去成就共同的事业⑤。

综观这三位颇具代表性的学者的研究,他们都从不同角度对西方资产阶级的思想政治教育公共性展开了讨论。应该说,葛兰西是在马克思主义领域内对思想政治教育公共性展开的讨论,是马克思的历史唯物主义理论在意识形态领域的创新性运用,而且这一阐释是极其深刻的。葛兰西为思想政治教育公共性与马克思理论的公共性理论之间建立了联络,提供了最为重要人——有机知识分子,洞察了思想政治教育公共性真正的主体,即广大无产阶级为了夺取国家政权,必须要高度重视意识形态霸权战略。因此,葛兰西提出了要把从事意识形态博弈作为夺取政权的革命性手段,因此他将目光聚集于有机知识分子身上。但葛兰西没能对马克思的市民社会与国家的分离进行重视,特别是对资产阶级的物质生产领域缺乏应

① 陈越.哲学与政治——阿尔都塞读本[M].长春:吉林人民出版社,2003:61.
② 陈越.哲学与政治——阿尔都塞读本[M].长春:吉林人民出版社,2003:65.
③ 托克维尔.论美国的民主(上册)[M].董果良,译.北京:商务印书馆,1988:211.
④ 托克维尔.论美国的民主(上册)[M].董果良,译.北京:商务印书馆,1988:220.
⑤ 托克维尔.论美国的民主(上册)[M].董果良,译.北京:商务印书馆,1988:221.

有的重视,致使葛兰西在这一纬度没能展开应有的讨论,结果使葛兰西将他的希望几乎全部放在知识分子身上。阿尔都塞则是敏锐地抓住了国家政治在现代社会中发生的重大变化,即国家不仅有硬的一面,还有软的一面。如果说政治权力的运行等属于国家中硬的一面,那么政治观念等则属于国家中软的一面。阿尔都塞的论述最重要的是将思想政治教育公共性提升到国家层面,而不是只局限于政党层面。托克维尔则注意到资产的思想政治教育公共性实现的一个重要的载体——社团组织。他不仅对社团组织的功能作了分析,而且从美国的民主政治生活入手,对影响美国人民的政治观念的意识形态国家机器作了详细的描述。但由于托克维尔的论述是建立在资产阶级抽象的人性论基础上,致使其将资产阶级的政治生活看作永恒的,而忘记了不同时代有着不同的公共性要求。

1.4 研究思路和研究方法

1.4.1 研究思路

厘清研究思想政治公共性的思路,是进行这一研究的逻辑前提。本书研究思路主要从以下三个方面展开。

第一,通过对思想政治教育公共性研究的理论基础的梳理,厘清思想政治教育公共性研究的理论支撑。进而主要从这些研究的理论基础出发,对思想政治教育公共性本体作了探析,不是仅仅停留在思想政治教育公共性是什么层次的追问,而是进一步对为什么要重视研究思想政治教育公共性问题予以追问,说到底是对思想政治教育公共性的本体加以探讨,继而剖析了思想政治教育公共性问题产生和发展的根源。

第二,通过诉诸思想政治教育公共性的历史,考察思想政治教育公共性的产生、发展及演变。具体些说,主要是通过"追溯法"来厘清思想政治教育公共性这一时代课题,但是对思想政治教育公共性这一时代课题的追溯不是没有条件制约的,只有先行地对当下思想政治教育公共性的认识获得批判性的识见,乃是我们理解革命时代中国共产党思想政治教育公共性的钥匙。正如马克思所说:"基督教只有在它的自我批判在一定程度上,可说是在可能范围内准备好时,才有助于对早期神话作客观的理解。同样,资产阶级经济只有在资产阶级社会的自我批判已经开始时,才能理解封建的、古代的和东方的经济。"[①]也就是说,"追溯法"不是无原则地为诉诸历史而诉诸历史,它的历史起点是"阐思想政治之今",而不是"叙思想政治

① 马克思恩格斯全集(第46卷上)[M].北京:人民出版社,1979:44.

教育之古”。弄清楚这一点我们才能更加明确诉诸历史的目的。

第三，基于历史唯物主义方法论，对思想政治教育公共性的时代境遇加以剖析，进而研究如何突破当下思想政治教育公共性的困境。具体而言，鉴于现实中思想政治教育理论工作者和实践工作者之间的两张皮、教育者和教育对象之间的断裂与错位现象①，这一现象实际上反映了思想政治教育公共性的现实困境一个重要方面。但问题在于，究竟是什么原因导致了思想政治教育公共性的困境？对这一问题作系统分析是很有必要的。具体而言，一方面需要从思想政治教育公共性系统出发；另一方面要从思想政治教育公共性系统所处的社会大系统出发，即是说将思想政治教育公共性系统和思想政治教育公共性所处的社会系统相结合，对这一问题作系统分析。

1.4.2 研究方法

研究内容决定研究方法，反之，研究方法制约着研究内容。由此可见，采用合适的研究方法在思想政治教育公共性问题中是极为重要的。思想政治教育公共性问题因牵涉内容的广泛性和复杂性，需要采用多种研究方法，才能有助于深化该问题的认识。具体来说，有以下几种研究方法：

一是历史唯物主义的研究方法。思想政治教育公共性问题的研究离不开对其历史的研究，问题是思想政治教育公共性的历史是已经过去的存在，由于在认识历史的活动中，认识主体不可能直接接触认识客体，于是能否认识历史以及如何认识历史似乎成了现代历史哲学中的“哥德巴赫猜想”。马克思的“从后思索法”为认识思想政治教育公共性的历史提供了切实可行的路径。“从后思索法”，即“对人类生活形式的思索，从而对它的科学分析，总是采取同实际发展相反的道路。这种思索是从事后开始的，就是说，是从发展过程的完成的结果开始的”②。即是说对思想政治教育公共性历史的追问，恰恰是从当下的语境中出发的。据历史唯物主义方法，一定物质生产方式直接决定着思想政治教育公共性的产生和发展，而且只有从直接的物质生产出发才能阐明思想政治教育公共性的产生过程。但对这种物质生产方式并非是孤立的，即需要“把同这种生产方式相联系的、它所产生的交往形式即各个不同阶段上的市民社会理解为整个历史的基础，从市民社会作为国家的活动描述市民社会，同时从市民社会出发阐明意识的所有各种不同理论的产物和形式，如宗教、哲学、道德等等，而且追溯它们产生的过程。这样当然也能够完整地描述事物(因而也能够描述事物的这些不同方面之间的相互作用)”③。众所周知，改

① 卢岚.当代思想政治教育的困境、归因与超越[J].理论与改革，2011(1)：114.

② 马克思恩格斯全集(第23卷)[M].北京：人民出版社，1972：92.

③ 马克思恩格斯选集(第1卷)[M].北京：人民出版社，1995：92.

革开放以来，国家与社会的分离、市民社会的兴起已是不争的事实，使用历史唯物主义研究方法研究思想政治教育公共性问题，正是要从市民社会这一中介来追溯思想政治教育公共性的产生过程①，从而系统地描述思想政治教育公共性。

二是系统论的研究方法。思想政治教育作为一项范围广阔的社会活动，不能离开社会系统孤立地讨论思想政治教育问题。同样，对公共性问题的研究也不能离开现代社会。实际上，公共性正是现代社会发展的产物。我们知道，主体性是现代社会人普遍具有的特征，可以说，主体性是现代人的最主要特征。但由于主体性的过分膨胀，每个人都成为绝对化的主体，致使社会危机和生态危机的发生。西方学者开始对主体性展开了猛烈的批判，当然这种批判不是取消主体性而回到前主体性，而是用“主体际性”取代狭隘的、极端的主体性。众多的主体在社会的互动进一步形成了公共性。因此，思想政治教育公共性问题要放到社会系统中进行考察。这正如戴维·伊斯顿所言：“系统分析现在仍然是研究一般理论的唯一通览全局的方法和高屋建瓴的视角。”②不仅如此，思想政治教育公共性作为一个系统，还需要进一步考察思想政治教育公共性系统内部各要素之间的结构。由于思想政治教育系统内部各要素之间的结构的考察又是与社会系统紧密联系的，所以用系统论分析方法对思想政治教育公共性问题作一研究，是总体上把握思想政治教育公共性问题的关键所在。

三是知识社会学的研究方法。知识社会学不仅是种理论，而且还是种研究方法③。就其作为一种研究方法的旨趣而言，它向来重视的是观念赖以生成的社会——历史根源，即观念源起的社会——历史条件。思想政治教育作为在一定的思想领域展开的政治实践，决定了我们不能仅仅就思想而讨论思想，更要关注不同社会阶层思想观念产生分歧的根源，这就需要进入到思想观念的历史情景、背景条件之中。因为，“不是人们的意识决定人们的社会存在，相反，而是人们的社会存在决定人们的社会意识”④。只有将社会公共领域的各阶层的思想观念深入到社会背景中考察，并与历史情景结合，才能推进思想政治教育公共性的实践。

---

① 长期以来，生产力与生产关系、经济基础与上层建筑之间的关系被化约为“决定与被决定”“作用与反作用”，这种简略的概括使唯物史观丧失了结构的层次性和辩证逻辑的中介，唯物史观蜕变为干瘪瘪的“决定论”。据日本学者望月清司对马克思的唯物史观的研究，生产力与生产关系、经济基础与上层建筑都需要通过一定的中介才会发生互动作用。在望月看来，前者通过生产方式，后者通过市民社会。离开了这一具体的中介，生产力与生产关系、经济基础与上层建筑只能是抽象的彼此直接对立，或者说只是作为理论思维的范畴的对立，而不是作为现实范畴的对立。进一步情况可参阅望月清司. 马克思历史理论的研究[M]. 韩立新，译. 北京：北京师范大学出版社，2009：16－39.

② 戴维·伊斯顿. 政治生活的系统分析[M]. 王浦劬，译. 北京：华夏出版社，1999：6.

③ 卡尔·曼海姆. 意识形态与乌托邦[M]. 黎鸣，译. 北京：商务印书馆，2000：233.

④ 马克思恩格斯选集(第 2 卷)[M]. 北京：人民出版社，1995：82.

第 2 章　思想政治教育公共性研究的理论基础

要展开对思想政治教育公共性问题的讨论，我们首先需要明确的是这一问题讨论的理论基础何在。如果不明确研究课题的理论基础何在，即便思想政治教育公共性的理论体系的大厦得以建构，但也容易使人有足够的理由怀疑，这一大厦真的是思想政治教育公共性的吗？或者说，这一大厦何以能被称为是思想政治教育公共性的呢？

思想政治教育公共性所涉及的理论可能有很多，如人的自由全面发展理论、交往行动理论等。但要说构成思想政治教育公共性的理论基础的，显然是和思想政治教育公共性联系最紧密，最不可或缺，而能满足这一条件的主要是政治文明理论、马克思的公共性视域、公共性理论和社会空间理论。

2.1　政治文明理论

毋庸置疑，思想政治教育公共性命题是和政治文明紧密相关的。正是因为政治文明的发展，思想政治教育公共性才真正作为一个问题而浮出了水面。如果在一个较为低级的政治文明阶段，讨论思想政治教育公共性问题显然是可笑的。因为在政治文明的低级阶段，政治生活中弥漫的主要是暴力，而不是理性的说服。政治生活是封闭的，而不具开放性。在家国同构的中华帝国时代，显然不可能存在资产阶级意义上的公共领域。虽然中国古代早就有茶馆、酒楼、祠堂、书院、戏园、书场等公共场所，但这样的场所在近代以前并不具有公共性。在近代以前，茶肆酒楼中“群集谈论之事，亦不过邻家之盗劫窃案而已。邻舍城市外，虽有揭天之大事业，而彼犹醉生梦死，毫末不知”[①]。至于祠堂作为宗族、家族祭祀祖先、上灯修谱、调处族内纠纷、决议族内重大事务活动场所，不对族外之人开放，更是具有很强的封闭性。上述场所转变为具有资产阶级意义的公共领域，或者说成为自律性交往场所，即由独立的“私人”结合而成的社会公众实现公共交往社会批判的活动空间，则是近代以来的事情。政治生活由封闭走向开放、由赤裸裸的暴力下的同意走向主

① 修真. 阅报之有益[N]. 党民，1904-7-8.

要靠理性的说服，正是政治文明发展的结果。所以说，思想政治教育公共性的讨论是离不开政治文明的，但要更明确这一点，我们还需要对政治文明的内涵、结构、特点作一阐述。

2.1.1 政治文明的科学内涵

“政治文明”一词，马克思早在 1844 年《关于现代国家的著作的计划草稿》中就已经明确提出。但在我国较为频繁使用“政治文明”一词不过是 20 世纪 90 年代以来的事情。特别是江泽民在 2001 年在全国宣传部长会议的讲话中使用了“政治文明”概念以后，国内理论界掀起了对政治文明讨论的热潮。学者们从不同的角度切入，产生了对政治文明不同的看法和认识。比较有代表性的观点有以下几种：

一是“民主政治说”。这种观点认为，政治文明与民主政治存在内在的联系，政治文明的实质在于民主政治。政治文明体系主要包括政府文明、政党文明、法治文明和公民文明四个范畴①。

二是“制度文明说”。这种观点认为，物质文明的核心特质在于先进生产力，精神文明的核心特质在于先进文化，政治文明的核心特质在于先进的制度，特别是民主政治的制度安排。政治文明包括政治制度（国家制度）、政治体制、法律制度等方面的内容②。

三是“政治发展论”。这种观点认为，政治文明同物质文明、精神文明一样，是一个历史发展的过程。政治文明就是人们合理地对待政治生活，或者说在政治生活方式中人们行为的合理性。它主要表现为权威产生和运行的合理性、政治权威与政治行为的合理性、政治权威与人民之间的合理性、人民政治权利受保障程度、人们的政治参与程度、人们政治存在的合理性、人们自我约束和自我管理（自治）程度③。

四是“人们改造社会所获得的政治成果的总和说”。这种观点认为，政治文明作为人们改造社会所获得的政治成果的总和，一般表现为人们在一定的社会形态中关于民主、自由、平等解放的实现程度。在人类历史上，代表生产力发展方向的先进阶级，通过社会革命改造旧的社会关系和社会制度，建立新的社会形态。在新的社会形态里，统治阶级为了实现自己的政治统治，需要建立与生产力、生产关系状况相适应的社会政治制度、法律制度、民主制度④。

---

① 许耀桐. 政治文明与民主政治[J]. 社会科学战线，2003(4)：197 - 201.

② 胡伟. 政治文明：意义、范畴和本质——兼论我国社会主义政治文明建设[J]. 上海市社会主义学院学报，2004(2)：24 - 29.

③ 李景鹏. 政治发展与政治文明[N]. 学习时报，2002-10-14.

④ 中国大百科全书·政治学卷[M]. 北京：中国大百科全书出版社，1992：504 - 505.

五是"人类社会政治生活的进步状态说"。从静态角度看，它是人类社会政治进程中取得全部进步的成果；从动态角度看，它是人类社会政治进化发展的具体过程。这种观点认为政治文明包括政治意识文明、政治制度文明和政治行为文明三个组成部分①。

六是"广义、狭义的政治文明说"。这种观点认为狭义的政治文明概念等同于制度文明的概念；广义的政治文明是包括政治制度文明、政治思想文明和政治活动文明在内的含义更加广泛的概念②。

上述六种关于政治文明的观点，各有其侧重点，如有的侧重于政治制度，有的则强调民主政治。研究视角也各有不同，有的从政治文明的动态与静态视角出发，有的则从广义和狭义的视角加以说明。这些观点对政治文明的界定虽然分歧很大，但也不乏共同之处。如上述观点几乎都一致认为政治文明要素不是单一的，而是复合的。

民主政治说无疑抓住了政治文明的本质，但如果仅仅注意到政治文明的政治主体，即政府、政党、公民，忽视了政治关系、政治行为，显然是有欠缺的。制度文明说看到了政治文明与制度的重合之处，但不能因为二者的交叉就将二者等同、混淆起来。它们实际上属于不同的文明系列，而不能交错并列。政治文明是政治科学中的一个重要的范畴，而制度文明则应成为一个重要的哲学范畴③。虞崇胜从动态和静态两个视角对政治文明作了系统研究，并且开创了国内第一个系统研究政治文明的先河。"政治发展论"从发展的角度界定政治文明，将政治文明界定为政治的进步状态和成果，并将政治文明的表现概括为七个方面，看上去似乎比较全面，但问题是如何理解和把握政治文明的发展。政治发展毫无疑问意味着政治进步，我们知道进步是相对于落后而言的，进步与落后究竟该如何划分，即区分的标准是什么。于是，这就涉及政治的相互比较，以及政治在多大程度上适应、促进社会生产力乃至整个社会发展的问题。

上述关于政治文明的代表性观点，对我们深入研究政治文明提供了借鉴，而且不乏启示之处。不过由于研究视角和出发点的不同，自然也难免有各自的缺憾。通过对政治文明概念的辨析，我们以为，政治文明作为人类社会文明中不可或缺的有机组成部分，是人类在改造社会、实现自身完善和提高过程中积累和创造的一切积极的政治成果。毫无疑问，政治文明是人类文明中不可分割的一部分。恩格斯在《家庭、私有制和国家的起源》一文中探讨国家的起源时指出："国家是文明社会

---

① 虞崇胜. 政治文明论[M]. 武汉：武汉大学出版社，2003：123.

② 刘李胜. 制度文明论[M]. 北京：中共中央党校出版社，1993：38.

③ 郑玉兰. "政治文明"与"制度文明"辨析[J]. 教学与研究，2004(5)：92 - 95.

的概括，它在一切典型的时期毫无例外地都是统治阶级的国家，并且在一切场合在本质上都是镇压被压迫阶级被压迫剥削阶级的武器。”[①]恩格斯强调，私有制的出现使社会分裂为阶级的对立，而一个阶级对另一个阶级的剥削恰恰构成了文明时代的基础[②]。因此，要认识文明社会，就需要全面地认识国家（人类社会政治共同体的一种形式）。从恩格斯的国家（实际上是政治文明）起源的论述，不难看出，政治文明诞生是和人类社会文明紧密联系在一起的。

根据我们对政治文明的定义，政治文明作为人类改造社会、实现自身完善和提高过程中积累和创造的一切积极的政治成果，即方方面面的政治现象都应纳入政治文明之中，即不论是政治关系，还是政治主体，抑或政治意识等政治现象显然都属于政治文明。换言之，政治文明还可以作这样的界定，它是由文明的政治意识、政治行为、政治关系、政治结构和政治过程所构成的政治生活。从历史的角度看，文明的政治意识、政治行为、政治关系、政治结构和政治过程又是一个不断的发展过程。

2.1.2 政治文明的结构

政治文明不是由某一单一的要素所构成，也不是由诸多要素杂乱地堆积而成，而是由不同要素构成的一个协调有序的社会政治系统。由于人们对政治文明的概念理解上存在差异，对政治文明的结构要素的构成自然也有着不同的概括。如政治文明结构的三要素说（政治意识文明、政治制度文明和政治行为文明）[③]、四要素说（政治意识、政治行为、政治制度和政治组织）[④]、五要素说（政治主体、政治客体、政治意识、政治行为和国家制度）[⑤]，等等。那么，政治文明的结构到底由哪些要素构成？对这一问题的追问实际上涉及政治文明结构的要素构成的标准问题。我们知道，政治文明的结构是一个由各要素稳定联系组成的有序结构，因此，对政治文明结构要素构成的考察既不能疏漏，也不能交叉重复，即是说既要充分考虑政治文明结构的整体性，又要注意政治文明结构的包容性。基于此，我们以为，政治文明的结构至少应由以下四个方面构成。

第一，政治意识文明。众所周知，政治文明是人类政治生活的一种进步状态，这种进步状态首先表现为一种精神状态。因为政治主体有了一定的政治意识，才能建立政治制度，作出相应的政治行为。因此，政治意识在政治文明结构中地位举

---

① 马克思恩格斯选集（第4卷）[M]. 北京：人民出版社，1995：175.

② 马克思恩格斯选集（第4卷）[M]. 北京：人民出版社，1995：177.

③ 虞崇胜. 政治文明论[M]. 武汉：武汉大学出版社，2003：141.

④ 陈仕龙. 关于社会主义政治文明建设的几个理论问题[J]. 江苏行政学院学报，2004(3)：77－81.

⑤ 田川. 政治文明的内在结构探析[J]. 理论前沿，2003(24)：28－29.

足轻重。政治意识作为政治领域的精神现象，它是政治生活和政治活动的心理反映，是人们在特定的社会条件下形成的政治态度、政治情绪、政治认识、政治信念、政治习惯和政治价值的复合存在形式。这里所指的政治意识文明，是进步的政治意识，是人类政治意识进化和发展的成果和状态。因此，政治意识文明不仅包括文明的政治思想、文明的政治心理、文明的政治意识形态，还包括文明的政治道德——政治行为的心理规范①。

政治意识对于政治主体的影响是隐性的，它作为一种无形的精神力量影响着政治主体。因此，政治意识不仅仅是作为政治文明系统中的一种隐性结构而存在，而且它占有着极其重要的地位。之所以说政治意识文明在政治文明结构中的地位极其重要，主要原因有两个方面。

一是从政治意识是政治制度和政治行为的灵魂来说的。这种灵魂显性地存在为政治思想，政治制度总是在政治思想的指导下建构的，人们的政治行为更是直接受到了政治思想的指导。正如列宁所言："没有革命的理论，就没有革命的行动。"②反过来也可以说，在人类的政治生活中不可能有不受政治意识指导的政治制度和政治行为，或者说没有不内含政治意识指导的政治制度和行为。政治意识是政治制度和政治行为的灵魂不仅表现为显性的存在，还表现为隐性存在的政治心理、政治意识形态等。政治心理作为政治意识的深层结构，虽然说政治心理是政治意识的初级阶段，但政治心理对于人们的政治制度和政治行为来说作用甚大。主要表现为两方面：其一，政治制度的建立和维持的潜在力量是政治心理；其二，人们的政治行为离不开政治心理的中介环节。即是说，人的行为作用于外部世界无不受到政治心理和意识的支配。政治意识形态基于社会政治能够比现在更好的理念，对人们的政治行为的影响是显而易见的。政治意识形态不是一般的政治意识，它具有一般政治意识所没有的规范性和系统性，因此，政治意识形态对于凝聚人心、号召和鼓舞民众作用明显。此外，政治意识形态通过提倡什么和反对什么，使社会成员不得不接受主流意识形态的教化。因为，不接受主流意识形态，就难以获得社会的认同。

二是政治意识文明直接影响其他政治文明构成要素的发展程度。政治意识文明中政治心理和政治道德水准是政治文明产生和发展的基础，政治心理是人们作出政治行为的中介环节，人们的政治行为和政治制度的建立无不受到政治心理的影响。政治道德不仅仅是指政治家的职业道德。从广义上说，政治道德就是政治

① 虞崇胜. 政治文明论[M]. 武汉：武汉大学出版社，2003：150.

② 列宁全集[M]. 北京：人民出版社，1986：23.

生活中调整人与人之间的政治关系、规范人们政治行为的心理规范[①]。政治道德不仅调整与规范人们的政治行为，实际上，政治道德对于整个政治文明的发展有着特别重要的作用，这一点在民主政治时代体现得尤为明显。毋庸置疑，民主政治是一种文明的政治，民主政治相对于专制政治而言，它更需要以道德为后盾。因为，民主政治不能再沿用专制时代的统治方式，离开了政治道德往往是政治统治丧失合法性的根源。正如孟德斯鸠所言："维持或支撑君主政体或是专制政体并不需要很多道义。前者有法律的力量，后者有经常举着的君主的手臂，可以去管理或支持一切。但是在一个平民政治的国家，便需要另一种动力，那就是品德。"[②]

第二，政治制度文明。政治制度文明和制度文明不能混淆，制度文明的外延更广，不仅包括政治制度文明，还包括经济制度文明、文化制度文明等。政治制度是反映政治关系和政治行为的规范体系，是政治文明的制度载体。人们在比较社会进步时，往往是以政治制度的进步程度作为基本标尺。政治制度其实就是一种政治运作规则。广义上说，这种政治运作规则不仅包括政体制度和法律制度，还包括国体制度。狭义的政治制度是指政体制度和法律制度。

政治制度文明在政治文明结构中居于核心地位。因为，依据马克思主义政治观点，政治是在特定社会经济关系及其所表现的利益关系基础上，社会成员通过社会公共权力确认和保障其权利并实现其利益的一种社会关系[③]。即政治说到底是掌握国家政权和阶级或集团，按其所代表的利益整合社会和协调各种关系与矛盾，以使社会秩序得到稳定，促进社会发展。政治制度是关于人们在政治关系中的行为规范体系，它决定着政治生活中的人们居于什么样的地位。政治制度在具体的运行过程中，以国家强制力为后盾，并通过这一后盾来处理政治权力如何分配和行使这一根本政治问题。

一般说来，完整的制度构成主要包括四个要素：价值观念、规则、组织和设备。从制度构成的角度说，政治制度文明主要由政治理论文明、政治规则文明、政治组织文明和政治设备文明构成。政治理论文明是政治主体在政治生活高度的抽象概括，是系统的、先进的政治思想学说。政治规则文明是调整各种政治关系和政治行为的规则，既包括正式的政治规则文明，也包括非正式的政治规则文明。政治组织是社会中具有共同利益的成员为了某种政治目的而形成的政治共同体。政治组织的设置、职能及运行原则、组织目标等的进步状况都可以总称为政治组织文明。政治设备文明是指政治主体为了达到某种政治目的，借以用来进行统治和管理社会

① 虞崇胜. 政治文明论[M]. 武汉：武汉大学出版社，2003：160.
② 孟德斯鸠. 论法的精神[M]. 北京：商务印书馆，1961：33.
③ 王浦劬. 政治学基础[M]. 北京：北京大学出版社，2006：9.

的先进的器具。政治文明这四大要素相互依赖，相互制约，相互关联，互为补充，每一文明要素的发展必然带动其他文明要素的发展。

第三，政治主体文明。政治主体是政治文明的创造者，他们因而构成政治文明的核心和关键。政治文明主体的性质直接决定了政治文明的性质，其文明状况又直接决定了政治文明的状况。政治主体往往是指在政治意识驱动下从事政治活动，维护和追求根本性利益的人或组织。在政治文明还处于低级阶段时，政治主体往往是由少数人组成，大多数人的政治主体性地位并没有得到确认。即便是在古希腊的城邦民主的雅典，政治主体也只是城邦内的自由人。到了中世纪专制制度下，人的政治主体性更是丧失殆尽。所以，马克思指出："专制制度的唯一原则是轻视人类，使人不成其为人……专制君主总是把人看得很下贱。""哪里君主制的原则占优势，哪里的人就占少数。"[①]政治主体由少数人的游戏到多数人的参与，则是政治文明进入到高级阶段的产物，即民主政治。民主政治时代，政治主体的文明主要包括三类：第一类是政府文明。按照马克思所阐述的巴黎公社的"工人阶级的政府"文明来看，政府文明主要特征有：政府机构的精简、地方自治、政务公开、监督政府、官员民选等。第二类是政党文明。没有政党，民主政治是不可想象的。正是"政党创造了民主，而没有政党，现代民主是无法想象的"[②]。即是说民主政治离不开政党。但政党要创造民主政治，首先自身要民主。只有政党自身是民主的，才能创造民主和领导政治文明。第三类是公民文明。公民文明是和民主政治紧密联系在一起的。公民的经济上独立的财产权利、政治上的民主权利，离开了民主政治是难以想象的。公民文明是检验政治文明程度的重要标志，公民文明状况主要表现在公民所拥有的民主政治权利上，这些政治权利主要有：政治参与的权利、言论自由权利、主权在民，等等。

第四，政治行为文明。政治主体具有文明的政治意识并不足以说明政治主体就是文明的，因为政治文明是需要通过政治行为切实地表现出来的。这正如罗曼·罗兰所说，善良不是学问，而是行为。政治行为文明显然是动态的，它是政治主体在政治意识驱动下，在政治制度规范下的政治具体实施过程和表现形式。换言之，没有政治行为文明的政治文明不仅是残缺的，而且是死的。社会成员的利益千差万别，使得政治行为的表现形式也多种多样。政治行为具体的主要表现形式有：政治斗争、政治统治、政治管理、政治参与。每一种政治行为的表现形式又有许多具体的政治行为，如政治参与就有投票、公民结社、政治对话、信访、请愿等。这里需要指出的是，政治管理和政治统治不同。政治管理存在于人类社会的一切形

---

① 马克思恩格斯全集(第 1 卷)[M]. 北京：人民出版社，1956：411.

② E. E. Schattschneider. Party Government[M]. New York：Rinehart，1942，p. 1.

态，从原始社会起，政治管理就已经存在，在未来社会中，政治管理仍将存在。政治统治则是阶级社会的产物，并随着阶级的消亡而消亡。政治统治和政治管理的主体、客体及方式都存在着明显的不同。简言之，政治统治往往涉及的是国家的性质问题，而政治管理涉及的则是国家的形式问题。

从根本上说，判断政治行为是否文明的关键，是看这种政治行为是否代表了社会中绝大多数人的利益。显然，那种只反映和维护一部分人的利益，而损害社会绝大多数人的利益的政治行为，实质是一种政治反动。在现代民主政治社会中，政党作为民主社会活动的主体，理所当然地成为政治行为的主要承担者和关键环节。不过，政治行为也不仅仅体现为政党行为，公民的政治行为文明也尤为关键，其集中表现为公民的政治参与意识、政治参与的规范程度等方面。

2.1.3 政治文明的基本属性

认清政治文明的基本属性，既是我们把握政治文明发展规律的客观需要，又是加强社会主义政治文明建设的前提条件。简言之，要科学地认识政治文明，厘清政治文明的基本属性尤为关键。纵观政治文明的发展历程，政治文明主要有以下一些基本属性。

一是政治文明的进步性和时代性。政治文明既是静态的，又是动态的，它会随着社会的发展而不断发展，即体现为一种进步性。众所周知，生产力的不断发展，推动着人类社会由低级向高级不断演进。不过，人类社会的发展并不是一帆风顺的，有时会经历曲折和反复。政治文明的进程也同样如此，政治文明的发展过程中同样会遭遇到野蛮和反动。但是，我们只把那些在历史上能解放和发展生产力，代表历史发展方向的政治成果称为政治文明[①]。即是说，政治文明的进步性是一个不断脱离野蛮而走向文明的过程，它是人类政治的精华，而非糟粕。政治文明的进步性可以说是政治文明本身的规定性之一，因为作为动态的政治文明来说，它本身就是一个不断追求、不断进化的过程。但作为静态的政治文明而言，或者说政治文明作为一种存在形态，它又是一定时代的反映。因此，政治文明在不同的时代又具有不同的特点和内容。时代既赋予了政治文明的特点和内容，又构成了政治文明的局限。由于政治文明是在不断地追求进步，政治文明的进步也正是建立在不断克服其原有的局限性基础之上，因此，政治文明的时代性又主要表现为新旧交替的过程。

二是政治文明的阶级性和社会性。我们知道，政治文明是阶级社会以来的产物。在阶级社会中，阶级性可以说是政治文明的本质规定。任何统治都是统治阶

① 杨海蛟. 政治文明：理论与实践的思考[M]. 北京：中国社会科学出版社，2009：61.

级所主导的政治统治，其政治文明必然体现和维护统治阶级的利益。马克思、恩格斯指出："国家内部的一切斗争——民主政体、贵族政体和君主政体相互之间的斗争，争取选举权的斗争等等，不过是一些虚幻的形式，在这些形式下进行着各个不同阶级之间的斗争"①。可以说，"纵观人类政治文明的发展史，任何一种类型的政治文明都有鲜明的阶级性"②。政治文明的阶级性的本质规定，还通过政治文明的具体形式来反映。列宁更是一语道出了资产阶级的议会制的阶级性本质："每隔几年决定一次究竟由统治阶级中的什么人在议会里镇压人民、压迫人民——这就是资产阶级议会制的真正本质，不仅在议会制的君主立宪国内是这样，而且在最民主的共和国内也是这样。"③

应该说，政治文明的阶级性是我们一直以来就加以强调的，但对政治文明的社会性却一直未能给予应有的重视。长期以来，政治常常被认为是随着阶级、国家的产生而产生的，将来随着国家消亡了，政治也将跟着消亡。但问题在于这一观点是和人是不能脱离政治而存在的历史逻辑相矛盾的。亚里士多德说："人是天生的政治动物。"即是说人无法离开政治而存在，政治不是作为某种外在力量而存在，强加给人类社会的，应该是自从有了人类社会就有了政治。人类社会之所以不同于动物，也正因为人类的政治组合。换言之，是否有政治组合就构成了人类社会和动物的分水岭呢？人的政治属性始终又是离不开社会属性而独立存在的，政治文明也正是从社会属性中产生并发展出来的。确实，政治文明是和国家的起源相一致的，即阶级斗争到了不可调和状态下的产物。因此，在阶级矛盾为主要矛盾的社会里，国家和社会之间的关系，在一定意义上可看作政治文明的阶级性和社会性之间的关系。在阶级社会中，政治文明的社会性又总是从属于阶级性。只有在阶级矛盾不再是社会的主要矛盾的社会主义社会，政治文明的社会性才越来越凸显出来。

三是政治文明的民族性和多样性。政治文明从产生到发展，无不受到特定国家的历史传统、民族心理、政治环境等方面的影响。因此，不同的历史和文化传统、经济发展水平、社会结构导致政治文明在不同的国家各有其自己的特点，即是说政治文明是具有民族性的。任何国家都无法割断自己的历史，同样也无法抛弃本国的政治文明，而盲目照搬他国政治文明的发展道路。盲目照搬，简单移用他国的政治文明发展模式，只能导致本国政治局面的混乱，最终阻碍政治文明的发展。"正如我们已经看到的，其他国家的领导者有时企图摒弃本国的文化遗产，使自己的国家认同从一种文明转向另一种文明。然而迄今为止，他们非但没有成功，反而使自

① 马克思恩格斯全集(第 3 卷)[M]. 北京：人民出版社，1960：38.

② 胡锦涛. 关于建设社会主义政治文明[J]. 学习与研究，2003(4)：3－6.

③ 列宁选集(第 3 卷)[M]. 北京：人民出版社，1995：232.

己的国家成为精神分裂的无所适从的国家。"[①]因此,任何一个国家的政治文明要想得以健康发展,必须要持有本国政治文明的民族性。

每一国家的政治文明具有自己的特点,但不能因此就认为国与国之间的政治文明毫无共同性,更不是说国与国之间的政治文明不能相互借鉴。承认政治文明的民族性,只是说明政治文明总是从一定的国度中产生并发展而来,但不能因此认为,政治文明是某一国家的专利。从历史的角度看,政治变革的进步越大,它的影响越是超出民族性的限制,即是说一切优秀的政治文明成果已经远远地超出一国的限制,被全人类所共享。正如马克思所说:"1648 年革命和 1789 年革命,并不是英国的革命和法国的革命;这是欧洲范围的革命。它们不是社会中的某一个阶级对旧政治制度的胜利;然而,当时资产阶级的胜利意味着新东方主义的胜利,竞争对行会制度的胜利,财产分配制对长子继承制的胜利……教育对迷信的胜利,家庭对宗教的胜利,进取精神对游侠怠惰的胜利,资产阶级法权对中世纪特权的胜利。1648 年革命是十七世纪对十六世纪的革命,1789 年革命是十八世纪对十七世纪的胜利。这两次革命不仅反映了它们本身发生的地区即英法两国的要求,而且在更大程度上反映了当时整个世界的要求。"[②]政治文明作为人类智慧的结晶,不能也不应该局限于某一国家之内。正是在各民族国家的相互交往中,各政治文明主体通过相互的学习和借鉴促进着本国的政治文明的发展。不论是社会主义国家,还是资本主义国家,都需要在相互的交往中借鉴别国的政治文明。社会主义如果只是资本主义的掘墓人,而不是继承人,显然有失偏颇。正是不同国家间政治文明的相互学习、借鉴使各国的政治文明多样性得以保留,而且使其更加丰富多彩。

2.2 马克思公共性的视域

从学科的地位看,思想政治教育是马克思主义理论学科的一个二级学科,因此,思想政治教育公共性问题的讨论应该要放到马克思主义的公共性视域中加以考察。如果离开了马克思主义的公共性视域来讨论思想政治教育公共性,就可能使我们讨论的思想政治教育公共性问题出现偏差,甚至将公共哲学领域内的问题与思想政治教育公共性问题混为一谈。问题是马克思主义的公共性视域与思想政治教育公共性之间又存在着怎样的联系?厘清这一问题,需要我们对马克思主义的公共性作一深入考察。

这里之所以不使用马克思主义公共性理论,而使用马克思主义的公共性视域,

---

① 塞缪尔·亨廷顿.文明的冲突与世界秩序的重建[M].北京:新华出版社,1998:353.

② 马克思恩格斯选集(第 1 卷)[M].北京:人民出版社,1995:321.

主要不是因为现有文本中马克思主义创始人没有使用过“公共性”一词，而是由于目前对马克思的公共性的研究尚未成为一种理论。这正如贾英健所说：“真正从马克思主义思想发展史的角度，系统地、历史地研究和概括马克思公共性思想的产生、形成和发展的著述，还相当薄弱。”[①]必须指出的是，我们这里所说的马克思主义公共性视域主要是就马克思本人而言的。从认识论的角度说，所谓马克思主义的公共性视域也可以称为公共性的视界、视野、眼界，它不是马克思主义者眼睛看到的范围，而是指对公共性思考涉及的范围，既包括将公共性作为认识对象，也包括公共性有关的知识、经验、社会环境、自然环境等背景因素。或者说，马克思的公共性视域是与马克思所讨论的资本主义这一社会背景分不开的，即对马克思的公共性视域的分析不能离开公共性与其背景事物之间的相互作用，离开了其与背景事物之间的相互作用，我们就很难发现马克思的公共性和公共哲学当中一般所讨论的公共性的差别，甚至容易忽视马克思理论所蕴含的巨大意义。因为，公共性这一“‘属性’是认识对象在特定环境和条件下呈现出来的性质，而‘意义’是认识对象对于周围其他事物的作用、价值和影响程度的体现。两者都要以视域的存在为前提”[②]。讨论马克思的公共性视域不能仅仅强调其资本主义的背景，阿伦特说，“从亚里士多德到马克思比从马克思到斯大林更具有连续性，而且前者的连续性比后者的连续性更为连贯”[③]。即是说，我们还需要将马克思的公共性视域放到整个西方政治哲学传统中去考察。

2.2.1　劳动：马克思公共性视域生成的逻辑起点

如果要对马克思的公共性思想作一考察，劳动这一概念无论如何是绕不过的。因为以共产主义为目标的社会主义实践正是人类历史上人民大众的事业，以工人劳动者阶级需要为核心利益的大多数人的公共性正是马克思主义创始人那里所揭示出来的最基本生活维度。马克思注意到，工人的劳动不同于以前人类历史上的劳动，它是工人的主体性地位的确立。“工业的历史和工业已经产生对象性的存在，是一本打开了关于人的本质力量的书。”[④]马克思正是通过从工业化生产方式的剖析，根本上修正了以往少数人利益（尤其是近世以来资产阶级市民社会阶层为代表）和话语霸权为基础的“狭隘的文化公共性”信仰和实践。对无产阶级劳动的政治经济学考察，无不包含着对无产阶级命运的深切与倾情关注，致力于建构和创

---

① 贾英健. 公共性的出场与马克思哲学创新的当代视域[J]. 湖南社会科学，2008(4)：5.

② 王前. “视域”的认识论意义[J]. 哲学研究，2011(11)：40.

③ Hannah Arendt. “Karl Max and the Tradition of Western Political Thought”[J]. Social Research, Summer 2002, p. 277.

④ 马克思恩格斯全集(第 42 卷)[M]. 北京：人民出版社，1979：127.

造一种新的理想性“公共性社会”。

从思想史的角度说，马克思对工人阶级劳动的洞察与黑格尔对于劳动的论述有着极其紧密的联系。俞吾金指出：“黑格尔辩证法的伟大之处在于他是以劳动作为载体的，而黑格尔所理解的世界历史，正是通过这种劳动的辩证法而展示出来的。”[①]马克思对黑格尔的劳动辩证法给予了高度评价：“黑格尔的《现象学》及其最后成果——作为推动原则和创造原则的否定性辩证法——的伟大之处首先在于，黑格尔把人的自我产生看作一个过程，把对象化看作失去对象，看作外化和这种外化的扬弃；因而，他抓住了劳动的本质，把对象性的人，现实的因而是真正的人理解为他自己劳动的结果。”[②]但马克思同时又对黑格尔的劳动辩证法的不足有着清醒的认识：“他只看到劳动的积极方面，而没有看到它的消极方面。劳动是人在外化范围内或者作为外化的人的自为的生成。黑格尔唯一知道并承认的劳动是抽象的精神劳动。”[③]和黑格尔不同的是，马克思辩证法是以所关注的现实的劳动为载体的辩证法。马克思发现，在私有制特别是资本主义私有制占绝对主导地位的背景下，现实的劳动总是表现为异化的劳动。“因为全部人的活动迄今都是劳动，也就是工业，就是自身异化的活动，人的对象化的本质力量以感性的、异己的、有用的对象的形式，以异化的形式呈现在我们面前。”[④]即是说马克思的辩证法是以社会实践的基本形式的异化劳动作为载体的，而造成这一异化劳动的根源正是资本主义的生产关系。

但是对于如何消除这一异化劳动的根源，阿伦特和马克思给出了完全不同的解决方案。不同于阿伦特希望来自行动的在全新方向上突然降临的拯救，马克思通过共产主义革命的方式拒绝了浪漫主义的解答。在马克思看来，只有扬弃私有财产（人的自我异化）的共产主义社会才能最后克服异化劳动，使之上升为自由自觉的活动[⑤]。站在马克思的立场，无产阶级正是在创造历史的实践中，获得对现存政治条件的自然意识和理解，成为自己解放自己的历史主体，主动地决定他们自己的生活方式，马克思的公共性思想正是在这里得以生成。而当阿伦特批判马克思的劳动概念时，她实际上犯了双重错误。一方面错误地理解了马克思的劳动概念；另一方面错误地以为马克思所讨论的劳动概念是抽象劳动。就前者来说，马克思的劳动概念并不是生物学意义上的生存活动，而是制造产品的对象化活动。这一点正是马克思从黑格尔精神现象学那里继承下来的重要成果。就后者而言，对马

① 俞吾金. 再论异化理论在马克思哲学中的地位和作用[J]. 哲学研究，2009(12)：9.
② 马克思恩格斯全集（第42卷）[M]. 北京：人民出版社，1979：163.
③ 马克思恩格斯全集（第42卷）[M]. 北京：人民出版社，1979：163.
④ 马克思恩格斯全集（第42卷）[M]. 北京：人民出版社，1979：127.
⑤ 俞吾金. 再论异化理论在马克思哲学中的地位和作用[J]. 哲学研究，2009(12)：3-10.

克思来说，从来就没有一个单独的、孤立的生命生产阶段，一定的生产方式或一定的工业阶段始终是与一定的共同的活动方式或一定的社会阶段联系着的。在这个意义上，马克思无疑超越了阿伦特等存在主义哲学家。这正如海德格尔指出："因为马克思在体会到异化的时候深入到历史的本质性的一度中去了，所以马克思主义关于历史的观点比其余的历史学优越。但因为胡塞尔没有，据我看来，萨特也没有在存在中认识到历史事物的本质性，所以现象学、存在主义也没有达到这一度中，在此一度中才有可能有资格和马克思主义交谈。"[①]

2.2.2 "公共人"的终极关怀：马克思公共性视域的人本立场

马克思对人的考察超越了费尔巴哈等对人的抽象式的理解，这也正是马克思人学思想从根本上不同于传统的人学思想之处。在马克思人学思想产生之前，传统的人学理论对人的理解是抽象的。他们或诉诸如抽象的人性，如把理性、感觉、意志等共性特征作为人的永恒不变的人性，并以此来解释人和社会。或诉诸如经验直观的先验理性，即把人性看作一种外在于人类社会的存在，每个人只能趋向于它。所以说，传统的人学思想家们对人的理解只能是一种抽象的，即抽象出人的某一种特性，使其以共相化的理念出现的抽象化的公共人的理解，如人性善、人性恶就是传统人学思想家们抽象出的人的某一种特性，并使其以共相化的理念出现的。而且，他们还从这种公共人的公共的规范和第一原理预设出发，揭示人的认知、道德和生活等问题。说到底，这种对人的公共理念的理解还是在一种抽象的人的意义上得到解释。

与这种对人的抽象的理解不同，马克思则从一个全新的视域阐释了他的公共人的理念，颠覆了传统的人学思想，因为马克思的公共人关怀不仅是从人的实践活动出发来解释人的存在和人的世界，而是在主体和客体、主体与主体、主体与自身的关系中来把握人的本质[②]，更深入到资本主义生产方式维度中去。具体而言，马克思不仅不满意于黑格尔的国家与社会的抽象二分，而且对青年黑格尔派仅仅在自由主义传统内把握市民社会及其发展也甚为不满。于是他从现代性社会中分离出资本主义社会，在将市民社会把握为物质生活关系并确证市民社会对国家决定性作用的前提下，通过批判和超越西方启蒙运动及自由主义传统，通过推进激进民主和社会革命运动，展开了对资本主义市民社会政治与政治经济学的批判，进而将社会与世界矛盾积极地理解为社会主义生成过程[③]。站在这个维度上，我们发现马克思的公共人理论抱负的实现路径是：个人的解放、群体的解放（阶级解放）、人

① 孙周兴. 海德格尔选集（上卷）[M]. 上海：三联书店，1996：383.
② 贾英健. 公共性视域——马克思哲学的当代阐释[M]. 北京：人民出版社，2009：171.
③ 邹诗鹏. 马克思对现代性社会的发现、批判与重构[J]. 中国社会科学，2009(4)：37.

类的解放，最终实现马克思所说的“自由人的联合体”。或者说群体的解放即政治解放是不够的，还要通过废除国家和私有制实现社会解放，才能实现《共产党宣言》中所说的：“代替那存在着阶级和阶级对立的资产阶级旧社会的，将是这样一个联合体，在那里，每个人的自由发展是一切人的自由发展的条件”①。即是说马克思对公共人的理解是一种由人的实践活动所建构的关系中的公共人。

所以说，马克思人学革命不仅实现了从抽象的人向现实的人的转变，而且马克思对现实的人的阐述是着眼于人之为人的共同性的规定，并从人与人之间的社会历史关系中把握这种公共性，进而形成了以公共交往和公共关系为理念旨趣的对现实的人的公共规定。具体而言，马克思对公共人的阐述主要从以下三个方面展开。

首先，人是对象性的公共存在物。马克思认为，人如果是非对象性的存在物，那么人也就是非存在之物。因为非对象性的存在是没有对象，意味着人只能是一个唯一的存在者。但人从来就不是孤立式的存在。所以说，“人只有凭借现实的、感性的对象才能表现自己的生命”②。人对对象的占有不仅是物质性的关系，而且是精神性的关系。人作为对象化的存在物不只有主动性的一面，也有受动性的一面。人的受动性集中表现为：是对象性的存在的人要受对象的制约。不论是自然界，还是他人都制约着人的存在。自然界作为人的对象化活动作用了的人化自然，构成了人所生存的现实的公共世界，自然界通过不断改变其存在形式凸显其对人的公共意义。人与人的关系则是相互制约的，说明人与人之间的关系是一种公共交往关系。历史地看，人的对象化活动不仅受到同时代人的制约，也受到前人和后人的制约。这种制约性意味着人与人之间的共同性、可传递性、可积累性等，也是人的对象化活动的公共性存在。人一方面受到对象性存在的公共性制约，另一方面也通过对象化活动来确立自己的本质，即人的对象性还是一种自主性的活动。如人能够按照“美的规律”自主地塑造物体，人不仅在这一活动中实现了自己的主动性，也反映了人在遵循着真、善、美等公共价值尺度。概言之，人的自然、人的社会在人的实践创造活动中实现着现实的统一，共同组成了人的生活世界，反过来确证着人之为人的本质。

其次，人是总体性的公共存在物。马克思认为，人的本质是在实践中生成的，“实践是人创造自己需要的生活资料即人的对象世界和把自己创造为人即人的自我创造的一种活动方式，它是一个自觉的创造价值的目的性活动。在这种活动中，人一方面改造了外部世界，使它成为人的活动客体；同时也改变了人自身，人由此

① 马克思恩格斯选集(第1卷)[M]. 北京：人民出版社，1995：294.
② 马克思. 1844年经济学哲学手稿[M]. 北京：人民出版社，2000：106.

成为自身活动的主体”①。也就是说，人的实践不是单向度的主体对客体的征服，而是主客体之间双向的相互设定、相互制约的关系。在马克思那里，物质性的生产活动将他人、个人与社会错综复杂地联系起来。“以一定的方式进行生产活动的一定的个人，发生一定的社会关系和政治关系。”②社会在本质上是实践的，以社会关系为内容的社会结构是人的实践活动的对象化，因为“社会结构和国家总是从一定的个人的生活过程中产生的”③。即是说，个人与社会之间不是彼此对立，而是相互联通、彼此同构的。不仅个人与社会之间的关系如此，个人与类的关系同样如此。长期以来，个人与类的关系是被我们所忽视的，随着全球化时代的到来，个人间频繁的、即时的、超越国度的交往，使人们得以在实际的经验中确证自己的类存在。马克思指出，随着单个人自己活动范围的扩大成为世界性的历史性的活动，“单个人才能摆脱各种民族的局限和地域的局限而同整个世界的生产(也包括精神的生产)发生实际的联系，才能获得利用全球的这种全面的生产(人们的创造)的能力”④。因此，不论是个人的社会存在，还是类存在，在实践过程中成为一种“总体存在物”而言，都是一种公共性的存在。

最后，人是价值的公共存在物。人的价值存在和他们如何生产自身的历史过程是相一致的。马克思把人理解为关系之中的人，即将人看成是主体间关系的一种价值共赢和价值共享。人与人之间的交往当然总是带有目的性的活动，每个交往的主体不论是抱有何种目的，总是为了有所得。但是，为了“有所得”就必然要把对“所得”建立在承担相应的义务这一基础之上，否则交往主体之间就无法持续地交往下去。也就是说，人与人之间的交往各方说到底是基于各方的共赢的实现。“从交往实践观看来，所谓公共性就是指超越私人性的个体存在的一种交往关系，它的基本前提就是多元交往主体的‘共在’。”⑤共在标识了“公共性”，从而使价值共赢超越了非此即彼的思维方式，而且价值共赢也是人类的一种样式。人类历史正是遵循着共生共赢的规律而不断演进与进步，进而不断实现价值共享。价值共享意味着对特权与私人独占的一种否定意识。所以恩格斯指出，必须结束这种以少数人的名义来侵吞共享的价值成果，从而“使社会全体成员的才能得到全面发展”⑥。即是说，为了实现人的价值共享，必须要建立一种新的制度来保障各方的权利与义务，进而用不断共享的成果来调动人们的生产与交往的积极性和创造性。

---

① 高清海.高清海哲学文存[M].长春：吉林人民出版社，1997：327-328.

② 马克思恩格斯选集(第1卷)[M].北京：人民出版社，1995：71.

③ 马克思恩格斯选集(第1卷)[M].北京：人民出版社，1995：71.

④ 马克思恩格斯选集(第1卷)[M].北京：人民出版社，1995：89.

⑤ 任平.交往实践中的哲学：全球化语境中的哲学视域[M].昆明：云南人民出版社，2003：147.

⑥ 马克思恩格斯选集(第1卷)[M].北京：人民出版社，1995：243.

2.2.3 历史的公共性和公共性的历史：马克思的公共性视域的历史生成

在马克思看来，不存在一个独立于现实的历史之外的自在的历史，他主张立足于现实的人来解释历史。"'历史'并不是把人当作达到自己目的的工具来利用的某种特殊人格。历史不过是追求着自己目的的人的活动而已。"[①]这种历史从人们开始生产自己所必需的生活资料的时候就使其与动物区别开来，人通过自身所必需的生活资料的生产，生产着物质生活本身。但人生产自身所必需的生活资料又总是在一定的历史条件下进行的，"历史的每一阶段都遇到一定的物质结果，一定的生产力总和，人对自然以及个人之间历史地形成的关系，都遇到前一代传给后一代的大量生产力、资金和环境，尽管一方面这些生产力、资金和环境为新的一代所改变，但另一方面，它们也预先规定新的一代本身的生活条件，使它得到一定的发展和具有特殊的性质"[②]。前一代人传给后一代人的大量生产力、资金和环境，这不仅属于创造这些的前一代人，也属于以此为前提从事社会实践活动的后一代人。历史正是通过这些为从事实践活动的人所共同拥有、作为实践结果而存在的公共性的积累而得到彰显。在这个意义上，马克思的历史可看作从人的物质生产活动结果的"社会条件"出发，它是一系列条件勾连的公共性的历史，而实践正是通过这一相互勾连的公共性历史得以生成的。

在历史的生成中，也是始终贯彻着公共性这一原则。历史活动中的人们意识到自身的有限性从而产生了结成共同体的愿望，即通过共同体的合作方式确保每个人的利益得以实现。人们的合作之所以可能，正是意识到了共同性，或者说公共利益的存在超越了个人利益。

人们的合作不仅使生产力得以巨大的增长，而且也使公共安全获得显著的改善。人们的合作得以持续，除了这种共同的物质利益及其建立的规范作为保障，还离不开精神生产活动领域。精神生产活动领域作为一种在全社会进行的公共精神的生产活动，它的主要作用就是服务于公共利益的实现。正是人们所建立的普遍的行为规范，以及代表公共精神的精神文化，都表明其具有公共性的本性。这种公共性的存在，使人类历史成为一种公共性发展的历史[③]。

在历史的发展中，虽然一直贯穿着公共性原则，但随着生产力的高度发展，公共利益并没有同时发展。随着人类社会进入资本主义阶段，无产阶级和资产阶级的两极分化导致空前的阶级矛盾。马克思正是从这里出发，揭示了生产劳动异化下的资本、国家、意识形态中的少数人假借公共性的名义和资源来获得发展自己手

① 马克思恩格斯全集(第2卷)[M]. 北京：人民出版社，1957：118－119.

② 马克思恩格斯选集(第1卷)[M]. 北京：人民出版社，1995：92.

③ 贾英健. 公共性视域——马克思哲学的当代阐释[M]. 北京：人民出版社，2009：348.

段的“虚假的”公共性。在此基础上，提出了真实共同体中“每个人的自由发展是一切人自由发展的条件”的真实的公共性思想。但马克思所说的共产主义社会这一共同体不是发生在某一地域的现象。“共产主义革命将不是仅仅一个国家的革命，而是将在一切文明国家里，至少在英国、美国、法国、德国同时发生的革命……它是世界性的革命，所以将有世界性的活动场所。”①作为革命关联性的一种表达，同时意味着“每一民族都依赖于其他民族的变革”②。即是说马克思所指的真实的公共性有赖于历史的公共性的历史向公共性的历史转变。即随着生产力的不断发展，资本主义的大生产使人类历史进入到世界历史阶段。“资产阶级，由于一切生产工具的迅速改进，由于交通的极其便利，把一切民族甚至最野蛮的民族都卷入到文明中来了……它迫使一切民族——如果它们不想灭亡的话——采用资产阶级的生产方式；它迫使它们在自己那里推行所谓的文明，即变成资产者。一句话，它按照自己的面貌为自己创造出一个世界。”③“过去那种地方和民族的自给自足和闭关自守状态，被各民族的各方面的互相往来和各方面的相互依赖所代替了”，“物质生产如此，精神生产也是如此。各民族的精神产品成了公共的财产”④。历史向世界历史的转变，也是资本在民族性和世界性的矛盾推动下不断超越其民族性而成为世界性的存在，即超越地域历史的世界历史性的公共性存在。马克思的共产主义的理想和伟大抱负，是公共的，这也是世界历史的内在本质。在马克思看来，世界历史的未来前景实质上就是共产主义社会的到来，只有共产主义社会才能实现“每个人的自由发展是一切人自由发展的条件”⑤，在历史转向世界历史的公共性的前景中，即在未来的“自由人联合体”，“人终于成为自己的和社会结合的主人，从而也就成为自然界的主人，成为自身的主人——自由的人”⑥。

2.3　公共性理论

思想政治教育公共性问题的提出和解答，都和公共性理论有着紧密的关系。虽然不能说思想政治教育公共性的研究就是思想政治教育和公共性理论的结合，但至少可以说思想政治教育公共性和公共性有着相通之处。不论思想政治教育公共性是作为公共性理论的重要组成部分，还是从公共性受到思想政治教育的引导

---

① 马克思恩格斯选集(第 1 卷)[M]. 北京：人民出版社，1995：241.
② 马克思恩格斯选集(第 1 卷)[M]. 北京：人民出版社，1995：86.
③ 马克思恩格斯选集(第 1 卷)[M]. 北京：人民出版社，1995：276.
④ 马克思恩格斯选集(第 1 卷)[M]. 北京：人民出版社，1995：276.
⑤ 马克思恩格斯选集(第 1 卷)[M]. 北京：人民出版社，1995：294.
⑥ 马克思恩格斯选集(第 3 卷)[M]. 北京：人民出版社，1995：760.

来看，二者之间的相通之处显然是存在的。因此，我们首先需要弄清楚谁之公共性，何种公共性。前者是关于公共性是什么的问题，后者则是公共性的类型问题。再则由于我们相对西方而言，进入现代性社会要晚一些，故我们还要弄清楚我国的公共性观念是怎样发端的，又经历了怎样的历史变迁，等等。

2.3.1 西方公共性理论的主要观点

公共性问题，不论是东方，还是西方，一直都是备受关注的问题。公共性问题受到普遍关注，一方面为我们辨析什么是公共性提供了诸多有利条件；另一方面又可能由于过于庞杂的公共性论述而不知从何处入手。综观西方社会科学领域关于公共性的纷争，代表性人物主要有阿伦特、哈贝马斯、马克思、卢曼和罗尔斯。鉴于马克思关于公共性论述的特殊贡献，故单独加以阐述。

作为“黑暗时代的一盏明灯”[①]，阿伦特被公认为 20 世纪最伟大的政治哲学家之一。在她看来：“‘公共的’这一术语指的是两个紧密相连但又并不完全相同的现象。”“它首先是指，凡是出现于公共场合的东西都能够为每个人所看见和听见，具有广泛的公开性。对我们来说，表象——即不仅为我们自己，也为他人所看见和听见的东西——构成了现实。”[②]“第二，世界对我们来说是共同的，并与我们私人地盘相区别。就此而言，‘公共的’一词指的就是世界本身。”[③]不过，阿伦特所说的世界本身并不等于地球或大自然。“共同生活在世界上，这从根本上意味着，事物的世界处于共同拥有这个世界的人之间，就如同一张桌子的四周围坐着许多人一样；世界像每一个中间事物一样，都同时将人联系起来和分离开来。”[④]在这个意义上，阿伦特将公共领域视为一个共同的世界，既将人们聚集在一起，又阻止人们彼此争胜，但公共领域却随着社会的兴起而衰落了。因此，阿伦特对社会的兴起抱着拒斥的态度。必须指出的是，阿伦特这里的社会指的是群众社会，在其中，人只是为了谋求生存而茫无目的地投入劳动的动物性存在。

哈贝马斯作为 20 世纪另一位重要的公共性理论的代表人物，他一方面受益于阿伦特，另一方面则又展开了对阿伦特的批判。哈贝马斯的公共性理论很大程度上受益于阿伦特。阿伦特关于公共空间的论述直接启发了哈贝马斯公共领域的思想。哈贝马斯 1962 年出版的《公共领域的结构转型》就是对 1958 年阿伦特的《人

---

① 伊丽莎白·杨-布鲁尔. 阿伦特为什么重要[M]. 刘北成，等，译. 南京：译林出版社，2008：11.

② 阿伦特. 公共政治生活：行动、言语与自由[M]//谭安奎. 公共性二十讲. 天津：天津人民出版社，2008：240.

③ 阿伦特. 公共政治生活：行动、言语与自由[M]//谭安奎. 公共性二十讲. 天津：天津人民出版社，2008：242.

④ 阿伦特. 公共政治生活：行动、言语与自由[M]//谭安奎. 公共性二十讲. 天津：天津人民出版社，2008：242.

的境况》的回应①。但哈贝马斯所说的社会不同于阿伦特所言的社会。哈贝马斯所考察的是近代以来资产阶级的公民社会的公共性,他论证的是现代民主社会的合法性问题。哈贝马斯对阿伦特理论的理想化和浪漫化,特别是她将政治与经济相对立、政治与社会相对立,作了深刻的批判。在哈贝马斯看来,在近代资产阶级公共领域产生之前,古希腊社会、中世纪封建社会和近代民族国家产生之前都存在着某种意义上的公共领域。他据此将公共性划分为三种类型:古希腊“城邦”型公共性、欧洲中世纪“代表”型公共性、近代西欧新兴的“资产阶级市民”型公共性。古希腊“城邦”型公共性是指“自由民”的共同体中,他们通过平等的对话来关注共同关心的公共事务。所谓“代表”型的公共性,是指在当时公私不分、公吞没私的社会结构中,公共身份从属于特权阶级所属的社会。“资产阶级市民”型的公共性则是从资产阶级市民依自由意志、相互辩论的文学公共领域中发展而来。与阿伦特不同,哈贝马斯并未把社会的崛起看作社会的衰落,而是从历史角度看到公共领域结构转型的合理性。即工业进步所促进的现代社会形成,现代性社会的公共性不再局限于少数宫廷贵族,由于资产阶级市民有着良好的教养和财产,他们冲破了封建专制国家权力,这些受过良好教育的资产阶级市民形成了社会批判性的公共领域,在他们当中产生理性的交往。哈贝马斯特别强调制度和组织在“资产阶级市民”型的公共领域中的作用,“只有在公共权力行动已经从属于民主公共性要求时,政治公共领域才需要以立法机构的方式对政府实施一种体制化的影响”②。印刷业、出版业的扩大,又大大地促进了“资产阶级市民”型公共领域的扩大。从哈贝马斯后来的理论发展来看,不论是其“正当性”理论,还是“沟通行为”理论,都可以说是公共性理论的发展,但其公共性的基本观点没变。如近年来他提出生活世界殖民化问题,认为解决的办法只有在据以批判理性对话基础上形成的“生活世界”里才能实现不排除任何成员的社会整合机制,即真正的公共性③。

卢曼在公共性问题上持“合法至上”的观点。他认为,只要是正确按照法律程序制定的决定都具有正当性,从而也就具有公共性。若依此观点,政府部门凡是按照事前制定的法律行事,就具有公共性,尽管其行为结果已经不能满足社会成员的要求。很显然,“合法至上”的公共性观点忽视了作为社会主体的公民在各类公共

① Seyla Benhabib. The Reluctant Modernism of Hannah Arendt[M]. London and New Delhi,1996,p. 199.

② 哈贝马斯. 公共领域及其社会结构[M]//谭安奎. 公共性二十讲. 天津:天津人民出版社,2008:289.

③ 哈贝马斯提出的“资产阶级市民”型公共性在社会学界反响很大。日本学者在 20 世纪 70 年代起开始的公共性问题的讨论都直接或间接受到了哈贝马斯的影响。不论是似田贝香门提出的日本正处在由共同所有型的公共性向共存型的公共性转变阶段,还是横仓节夫主张的行政组织和社区居民组织以及自发性市民运动结合而成的“自立支援型公共性”,他们都主张作为生活主体的市民在直接参与决定过程当中才能真正实现公共性。佐佐木毅. 中间团体开创的公共性[M]. 人民出版社,2009:161,172.

权力机关决策中的地位。正是在这个意义上,哈贝马斯提出并分析了"生活世界"与"系统世界"理论之间的紧张。

罗尔斯站在价值等级观的立场上,对公共性作了阐述。虽然罗尔斯的社会理论是以正义论形式展开的,但他所说的正义和这里所讨论的公共性应该说是一致的。罗尔斯一方面提出了"差别原则",纠正了功利主义"最大多数人最大幸福"原理所带来的不平等局面;另一方面提出了价值等级理论,克服了直觉主义的社会正义相对化倾向。简言之,罗尔斯把基本自由的平等原理——投票、集会和言论自由等放在最高政治价值层次上,在其下面的层次则依次排列着机会均等、差别原则等,他认为通过这样的原则形成的社会制度才具有正义性、公共性。

不论是阿伦特,还是哈贝马斯,抑或卢曼、罗尔斯,他们关于公共性的认识,既提出了真知灼见,但同时都无一例外地将历史性概念的公共性当作非历史性概念并加以理想化。阿伦特的公共性理论坚守古典与现代的界限,其理想主义和浪漫主义色彩无法适用于现代性政治。罗尔斯的公共性理论则是将社会成员的共识看作自明的前提而存在,即是说排除了社会共识的达成过程。卢曼的合法性至上的公共性理论,社会成员的共识虽不再作为自明的前提,但社会成员的共识达成仍是形式上的,因为达成社会共识过程中社会主体是缺位的。哈贝马斯所说的公共性,不过是局限于资产阶级领域的公共性。即是说社会共识的达成过程中主要是资产阶级,至于除资产阶级之外的社会公众则被忽略了。实际上,资产阶级的公共性不仅有资产阶级参与,还有无产阶级、下层市民的意见表达。即是说社会各个阶级、阶层与集团,凡是有能力参与的,都会在公共领域中发表自己的意见,这才是历史常态中的公共性[①]。

2.3.2 公共性理论的类型学考察

上述西方代表性学者关于公共性理论的弱点,说到底是因为其是非历史的。他们关注的是公共性应当如何,或者说他们对公共性的阐释仅限于单纯的规范性层面。但是,由于这种阐释缺乏对社会生产结构、阶级结构的深入分析而陷于纯粹的价值领域,并不能真正找到解决社会问题的切实办法。从他们的研究方法来看,不论是哈贝马斯,还是罗尔斯,都是先确立一个价值范型,然后对比现实,从原则到现实,而不是从现实入手,并对现实加以深入分析,继而得出具有针对性的理论与

① 哈贝马斯在《公共领域的结构转型》1990 年版的序言中也明确承认自己忽略了资产阶级以外的社会力量。"在写作此书时,我根本没有考虑到亚文化公共领域。有关某一阶级的公共领域,我在前言中虽有涉及,但没有深入研究。"他承认:"……公共领域在一开始就是多元的,在居统治地位的公共领域之外,还有一种平民公共领域,和它唇齿相依。"引文见哈贝马斯. 公共领域的结构转型[M]. 曹卫东,译. 上海:学林出版社,1999:5－6.

方法。如果从社会现实入手，我们不难发现，每个人不仅天赋不同，而且承担的社会角色也各有差异，很难在现代社会做到完全的平等。因此，罗尔斯所说的以完全平等为基调的公共性显然缺乏现实意义。

问题是，我们怎样从现实社会中把握公共性呢？笔者以为，以当前的民族国家为界限，不失为一种有效的办法。虽然各民族国家之间的文化交流日趋频繁，文化的普遍性因素在不断增加，但我们只能在一个相对封闭的社会空间中才能较为容易把握和理解公共性。这样一方面使我们的社会成员是明确的，社会成员享受的利益与承担的义务也是清晰的；另一方面使在民族国家中社会成员的价值判断容易理解和把握。有学者正是基于此[①]，对政治区域型的公共性划分了四大类型：多元型公共性、权威主义公共性、权力主义型公共性、权限主义型公共性，如图 2－1 所示。

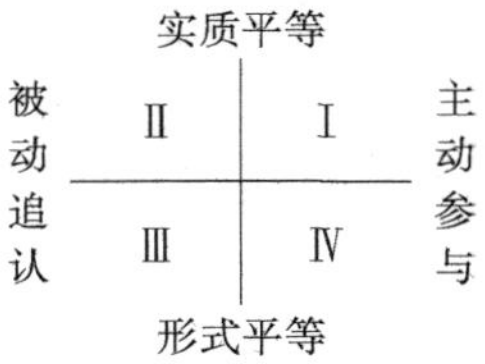

图 2－1　公共性的类型

图 2－1 是以享受利益＝承担义务为契机，成员的价值判断所构成的空间。享受利益＝承担义务的契机归根结底可概括为参与和追认。这种参与和追认的不同不在于直接还是间接参加的形式，而在于是否存在着主观能动性。实质平等即主观平等，是指个体所感受到的平等，形式平等是指客观平等，是社会理性所认定的平等。依照李明伍的解释，多元型公共性是政治中心分散在每个社会成员身上，这里并不存在着科层制这样一个沟通媒介，只存在着类似双向型传递网络这种非人格性的沟通媒介。权威主义型公共性是由正统性支配的空间的属性。据韦伯的解释，权威就是某项包含了特定明确内容的命令将会得到某个特定群体的服从，而权力则在一种社会关系内部某个行动者将会处在一个能够不顾他人的反对去贯彻自身意志的地位[②]。即是说权威和权力的显著不同在于权威不是抑制对方的意志，而是使对方主动顺从。这里的权威是指以绝对性优越价值获取对方盲目顺从的力量[③]。因此，权威者实际上反映了代言者的正统性。权力主义型的公共性，由于权力是能够不顾他人反对而能贯彻自身意志，因此，权力主义型公共性可以说是主要

① 李明伍.公共性的一般类型及其若干传统模型[J].社会学研究，1997(4)：111－112.
② 马克斯·韦伯.经济与社会(第一卷)[M].阎克文，译.上海：上海人民出版社，2010：147.
③ 李明伍.公共性的一般类型及其若干传统模型[J].社会学研究，1997(4)：113.

依靠暴力来支配空间的属性。要明确什么是权限主义型公共性，关键要弄清楚什么是权限。据韦伯在官僚制中的研究，他认为现代官僚制中的现代官员存在着官职管辖权的原则，该权限一般是由规则，即由法律或行政规章决定的①。因此，权限主义型公共性可认为是由社会一般理性形式的法律、行政规章所支配的空间的属性。

不论是多元型公共性，还是权力、权威、权限主义型公共性都是一种纯粹理念型的，在现实社会中，往往是混合型的，不过现实社会中又以某一种类型公共性为显著特征。但是，在李明伍的公共性四种类型的划分中，现代性意义上的公共性，应该主要还是多元型公共性和权限主义型公共性。在依靠暴力为主的社会空间，或者以某种超然价值支配的社会空间很难有称得上公共性的东西存在。不论是构成公共性的社会主体的公众，还是社会空间普遍存在的公共理性都是"缺场"的。因为暴力抑或权威主义型公共性，它的社会结构是政治统合着经济和文化活动，社会交往是血缘关系交往、政治交往和狭隘的地域交往。类似于公共领域和私人领域的活动空间尚未能广泛地开辟出来，基于自由和平等之上的公共交往和私人交往则尚未发育，公共规则和公共精神则远未能形成②。即是说现代性政治的公共性问题主要集中于多元主义型公共性和权限主义型公共性之间。

2.3.3 中国语境下公共性观念的嬗变

在中国语境下讨论公共性问题，首先需要搞清楚的是中国语境中的公共性是什么，它是怎样产生的，又经历了怎样的历史变迁。在传统公—私二元思维模式中，人们往往只看到公，并常常将公和公共等同起来加以讨论。虽然公—私二元思维模式早已形成，但直到晚清公私不分还是中国人生活的常态。"在历史上，中国人其实一直不太讲究公私之分，即使谈公私之别，也经常是在心理或动机的层面作要求，而颇轻忽实际行为的检察与规范。"③据陈弱水对中国历史上"公"的观念类型学研究，历史上"公"的观念可分为五个类型：类型一的"公"主要是指朝廷、政府或政府事务，这个"公"的涵义渊源于"国君"义；类型二的"公"内涵则较为复杂，但其核心意义是"普遍""全体"，即不只是"朝廷""政府"，而及于国家、天下。类型二的"公"的观念还带有一个伦理意念，就是平均、平等。"公"所意味的普遍不仅是照顾所有人，还要求用平等的态度或方式这样做。类型二的"公"所带有的公私对立，以公为善以私为恶至今还埋藏于中国人的心灵深处。类型三强调"公"的心理层

① 马克斯·韦伯. 经济与社会(第二卷)[M]. 阎克文，译. 上海：上海人民出版社，2010：1095.

② 晏辉. 现代性语境下的价值与价值观[M]. 北京：北京师范大学出版社，2009：4－5.

③ 陈弱水. 中国历史上"公"的观念及其现代变形——一个类型的与整体的考察[M]//许纪霖. 公共性与公民观. 南京：江苏人民出版社，2006：28.

面，认为“公”主要精义是在动心之处无私欲之杂。与此类型相对的“私”，意思主要是私欲。类型四的“公”则是对类型二和类型三的反动。这个类型的“公”虽基本含义仍然是普遍、整体，但主张“公”的境界是由所有个别的“私”的满足达成的。应该说这个类型解除了公私对立。类型五的“公”基本意涵是“共”，包括共同、共有、众人等义，指涉政治、宗族、社会生活等场域的集体事务与行动[①]。

从陈弱水对中国历史上“公”的观念的类型学考察，至少可以知道这样四点：第一，中国历史的公为善、私为恶的二元对立思维随着历史进程逐渐认识到“私”的重要性，继而肯定“私”的合理性。即“公”已经不是一个整体，而是“私”的满足和汇合。但从中国历史上“公”的类型来说，其并不占主流。第二，中国的“公”，伦理、规范的色彩特别强。中国人公私价值倾向很明确，“私”的负面色彩很浓，“公”则指涉某种理想状态。第三，中国的“公”很少涉及社会生活。或者说讨论“公”的问题很少涉及社会活动。第四，传统中国的“公”几乎不涉及领域，只有类型一明确指出了特定的场域——政府。不难看出，这四点和西方公共性理论的代表性观点相比有着很大差异：一是西方的“公”是与社会生活紧密结合的。不论是哈贝马斯笔下的咖啡馆、沙龙这样的文学公共领域，还是罗马观念中的“公共利益”——原意是社群的整体利益，实际上多指国家所维持的法律与秩序，中世纪则指农村与平民福祉的政治社会价值，都是和社会紧密结合的。二是西方的公重于私，还是私重于公并不是很固定。应该说，罗马法开始了私先于公的倾向。罗马法虽然有公法优私法的原则，但实际内容仍大多是私法，以处理人民之间的契约、财产继承等为主。可以说一直到近代，西方法律主要还是私法。但是，中国历史上则形成了崇公抑私的传统，甚至在“文革”中发展到了“狠斗私字一闪念”的地步。三是西方的公私代表人世间的两个基本领域，是个描述性概念[②]。罗马法中明确区分了公法和私法。众所周知，罗马法在西方历史中的影响并不仅限于具体的法条，它所蕴含的观念、假设深刻渗入到后来的欧洲政治社会思想中。罗马法中公私法观念带来的一个后果是，欧洲人自此认定，国家行使的范围和私人或家庭之间的关系，几乎是两个自然性大分野。除此之外，鲍曼对古希腊的城邦与家户作为公私加以对照。这一想法应该说源于汉娜·阿伦特。

为什么中国人崇公抑私？中国现代性意义上的公共性又是怎样发端的呢？崇公抑私的传统，应该说其主要根源在于儒家文化。不同于西方以宗教来组织社会，

① 陈弱水.中国历史上“公”的观念及其现代变形——一个类型的与整体的考察[M]//许纪霖.公共性与公民观.南京：江苏人民出版社，2006：7－26.

② 陈弱水.中国历史上“公”的观念及其现代变形——一个类型的与整体的考察[M]//许纪霖.公共性与公民观.南京：江苏人民出版社，2006：27.

中国靠儒家伦理组织社会,"中国社会组织是一个大家庭而套着多层的无数的小家庭。可以说是一个'家庭的层系'(A Hierarchical System of Families)。所谓君就是一国之父,臣就是国君之子。在这样的层系组织社会中,没有'个人'观念。所有人不是父,就是子。不是君,就是臣。不是夫,就是妇。不是兄,就是弟。中国的五伦就是中国社会组织;离了五伦别无组织,把个人编入这样层系组织中,使其居于一定之地位,而课以那个地位所应尽的责任"①。伦理本位的社会不同于西方个人本位或社会本位的社会,当社会以伦理来组织,形成了两千余年的政治之特殊:"把政治作为伦理间之事,讲情谊而不争权利,用礼教以代法律;是曰政治之伦理化。这是把阶级国家融摄在伦理社会之中的结果"②。这就是我们所知道的家国同构的组织原则,儒家把属于私人领域的父子伦理关系推广为普遍的社会价值,而这就是对皇帝的忠,它在领域上也属于"公",即把一个个家族凝聚成大一统帝国。因此,"公指的就是皇权代表的'义'或宜,而私指的则是臣下的私下盘算或个人内心的私下图谋"③。这显然不同于西方公私论断中所蕴含的保护个人之共同的含义,也没有西方私之所含的尊重个人的意思。因此,对国家的组成部分——家庭的进一步划分,难以找到个人也就不会觉得奇怪了。这是因为"儒家伦理打通了公私两个领域的价值,并规定了尊卑的伦常等级秩序,每一个人都处于这种伦常等级网中而不能独立出来;组成社会的是伦常等级,而不是一个个'个人'"④。由于每个人都处在伦常等级之中,个人的生命和财产都依附皇权和等级特权,即便是位高权重的宫卿宰相也难免因君王的喜怒无常而危在旦夕,"政治国家只是一个人的独断专行,换句话说,政治国家同物质国家一样,都是奴隶"⑤。

中国现代性意义上的公共性的产生始于19世纪中叶,清王朝受到西方列强的严重冲击,使"我朝处三千年未有之大变局",迫使清王朝进行了一场防卫性的现代化运动,但这场现代化运动又慢慢影响到整个社会结构变迁的过程。"中国传统社会是由上、中、下三个层次结合而成:上层为以王权为核心的大一统政府,我们通常称为国家组织;中层为绅士在乡村的自治,它将政府对乡村的管理职能放大;而下层为宗法家族组织"⑥。但不论是上层,还是中层与下层,在组织原则上都不具有"社会"一词所涵盖的意义。所谓有"天子建国,诸侯立家""天下之本在国,国之本

---

① 张东荪.理性与民主[M].长沙:岳麓书社,2010:12.
② 梁漱溟.中国文化要义[M].上海:上海世纪出版集团,2005:159.
③ 任剑涛.公共与公共性:一个概念辨析[J].马克思主义与现实,2011(6):65.
④ 金观涛,刘青峰.观念史研究:中国现代重要政治术语的形成[M].北京:法律出版社,2009:155.
⑤ 马克思恩格斯全集(第1卷)[M].北京:人民出版社,1956:285.
⑥ 金观涛,刘青峰.观念史研究:中国现代重要政治术语的形成[M].北京:法律出版社,2009:187.

在家”[1]。由此可见，上层和下层实质上可由“国”与“家”所概括。而中层的绅士的乡村自治在 1900 年以前，并没有公共空间的性质[2]。但在 1895 年以后，随着大量以绅士为主体的商会、学会和各类不是基于亲族关系的社会团体的迅速出现，特别是 1900 年后在二元意识形态的支持下，社会作为家庭之外的公共领域，是从事各项新政事业的绅士和官僚的活动空间，在这个新的空间中推行学习西方制度的经济活动，可以不再受制于儒家伦理的约束[3]。于是，原先在血缘之外的社会关系被儒家哲学的“礼”与“仁”维系的伦理关系打破了，这种打破实质上也宣告了公共性的产生(不过需要注意的是，由于近代工商业者既不是公民意识的首倡者，也不是近代政治变革的主导力量，也就是说在没有一个真正的经济实力阶级支撑下的公共性非常脆弱)。因为原先传统的儒家伦理通过“仁”的道德所形成的固定“纲常”约束人际关系，它所实现的是对人们的思想和行动的限制，对个性的限制，它在社会中形成的同一性和同构型在学习西方制度的经济活动过程中解体了。与之相对应的是，“个人”和“权利”开始频频出现，这说明中国接受现代西方的个人观念，并使用“individual”，首先是和意识到个人作为权利主体，特别是个人权利不等同于道德的正当性相关的[4]。我们知道，中国传统社会中的分散的家庭和个人是通过儒家的伦理思想和道德来实现同构型联结的，而且这种联结必须依靠严格的行为规划来对日常生活进行约束。因为以“己”为中心的差序格局，很容易导致自我主义，而不是个人主义。“在我们中国传统思想里是没有这一套的(指个人主义——笔者注)，因为我们所有的是自我主义，一切价值是以‘己’为中心的主义。”[5]为了防止自我中心主义的过分膨胀，自然需要强调纲常伦理，乃至使其成为道德关系和道德行为的准绳。随着“个人”和“权利”观念的兴起，帝国政治的社会领域以道德纲常等为途径的扩张带来的对个人的私人生活的压抑不再被视为是正当的。近代知识分子也渐渐认识到个人或社会团体没有权利和独立自主的能力，国家独立自主事实是不可能的。梁启超即是这些近代知识分子的代表。在 1901 年，梁启超在《清议报》中写道：

今世之言独立者，或曰拒列强之干涉而独立，或曰脱满洲之羁轭而独立。吾以为不患中国不为独立之国，特患中国今无独立之民。故今日欲言独立，当先言个人

① 孟子注疏卷七下. 离娄章句上[M]//十三经注疏(第三册). 北京：中华书局，1980：127.
② William T Rowe. The Public Sphere in Modern China[M]. London: Sage Publications Inc. 1990：309.
③ 金观涛，刘青峰. 观念史研究：中国现代重要政治术语的形成[M]. 北京：法律出版社，2009：209.
④ 金观涛，刘青峰. 观念史研究：中国现代重要政治术语的形成[M]. 北京：法律出版社，2009：158－159.
⑤ 费孝通. 乡土中国 生育制度[M]. 北京：北京大学出版社，1998：28.

之独立，乃能言全体之独立，先言道德上之独立，乃能言形势上之独立[①]。

梁启超为“个人”正名，表明清末少数知识分子的个人权利意识的觉醒。从一定意义上说，意味着数千年的“臣民政治文化”开始了向“公民政治文化”的转型。权利观念、公民理论引入中国并成为现代国家话语建构的基柱，从而使契约国家观逐渐取代伦理国家观。从忠君爱国到“人民国家有互相对立之资格，国家对于人民有权利，人民对于国家亦有权利；人民对于国家有义务，国家对于人民亦有义务”[②]，表明国家非一家一姓之国，而是人民之国家。由此看来，现代性意义上的公共性对于国人而言不过是近百年的事情。

2.4 社会空间理论

思想政治教育的政治性一直以来是我们所强调的。确实，思想政治教育的政治性也是其区别于其他工作最为本质的特征之一。但也正是过于强调思想政治教育的政治性，使人们一直以来将思想政治教育视为政治系统中的一个结构性要素，结果使思想政治教育及其发展一直在其他领域中寻找其理念与实践依据。在这种情况下，思想政治教育的自足性似乎成了难以企及的梦。更加要紧的是，在这种思维模式的制约下，大多数学者将意识形态性看作思想政治教育的本质规定[③]。问题是，如果说思想政治教育的本质规定为意识形态性，那么思想政治教育归根结底是观念领域内的活动。于是，思想政治教育常常被人们认为是经济基础与社会存在的附属物。但是，“人的思维是否具有客观的真理性，这不是一个理论问题，而是一个实践问题”[④]。即是说思想政治教育作为上层建筑的观念意识，不仅仅是作为一种观念而存在，它更是作为一种社会实践形态而存在。如毛泽东在三湾进行的改编，将支部建在连上，这一制度就是思想政治教育作为一种制度形态存在于社会空间中。毫无疑问，思想政治教育公共性这一属性不是孤立的，它是存在于一定的社会空间之中，而它本身又是一个客观存在的社会空间。思想政治教育公共性作为一种客观存在的社会空间，它是由思想政治教育者和其对象，以及整个社会环境所决定的制度下被架构出的“社会空间”。如思想政治理论课的社会空间，思想政治理论课教师在这一社会空间中承担着空间的生产任务。要理解思想政治教育公共性存在于一定的社会空间之中，以及它本身就是一个客观存在的社会空间，我们

---

① 金观涛，刘青峰. 观念史研究：中国现代重要政治术语的形成[M]. 北京：法律出版社，2009：160.

② 高一涵. 国家非人生之归宿论[J]. 新青年，1916(1)：4.

③ 石书臣. 思想政治教育的本质规定及其把握[J]. 马克思主义与现实，2009(1)：175－178.

④ 马克思恩格斯选集(第1卷)[M]. 北京：人民出版社，1995：58.

首先需要厘清的是何谓社会空间，社会空间有哪些类型，社会空间又有哪些特征，我们说思想政治教育公共性存在于一定的社会空间，这里的“一定”又是何种意义，或者说思想政治教育公共性的社会空间又经历了怎样的历史演进，等等。

2.4.1　社会空间的内涵

长期以来，在牛顿的绝对时空观的影响下，空间常常被视为一个容器，它同样可以用来盛装社会，由于社会被盛装于一个特定的容器之中，那么这一容器所占有的空间自然是社会空间。除此之外，社会空间则常常遭到人们的忽视。因为，斯大林主义哲学教科书中，人类社会历史的演进只和时间有关，空间不过是时间的附属物。在这种线性的历史演进里，社会空间虽然是随着历史时间同时出场，但却鲜有论述。即是说马克思关于社会空间的思想长期以来被斯大林主义哲学教科书所遮蔽了。

最早将“社会空间”一词作为概念加以使用的应该是法国社会学家迪尔凯姆，而后又出现在毛斯和阿尔伯瓦斯的著作中。但社会空间真正得以普遍使用不过是20 世纪 60 年代以后的事。然而，社会空间概念使用的普遍化的同时，随意化的使用更是随处可见，致使社会空间概念愈加模糊。纵观学界对社会空间概念内涵的见解，主要有以下三种观点：

一是将社会空间看作社会群体居住的地理区域。迪尔凯姆提出社会空间概念后，他的学生毛斯又进一步将这一概念应用到了爱斯基摩人的生活之中，毛斯的研究表明人们的生活方式很大程度上受制于社会空间。因为社会群体或集团相比较于个人而言，力量要大得多。社会群体的社会活动总是在特定的社会空间中展开，同时又不断突破既定的社会空间的过程。应该说，从社会区域的视角来研究社会空间在社会学研究中是个十分普遍的现象。

二是认为社会空间是一个坐标参照系统。在这一坐标参照系统中，所有人的身份和角色都能在“社会坐标系统”中找到答案。在布迪厄看来，个人在社会中的位置恰恰构成了一个特定的“场域”，他实际上是用社会“场域”一词替换了地理空间意义上的社会空间。布迪厄认为，社会空间实质上是由若干资本空间所组成的，各种不同的社会空间构成了不同的社会“场域”。“场域”即在不同的位置关系之间存在的客观关系的网络，而“场域”划分的依据就是资本的数量及资本构成。在布迪厄的社会“场域”图式中人们能清晰地看到社会的各阶级地位及其构成、他们的生活方式，等等。

三是认为社会空间是由人的实践活动生成的区域。西方一些马克思主义学者对马克思的社会空间思想作了深度挖掘和创造性的解释，这当中最具代表性的应是列斐伏尔。他提出了“(社会的)空间是(社会的)产物”，这一重要论点颠覆了传统的空间观，即空间不再是只表征物质的广延性、连续性，它还能够通过人的社会实践活动发明、创造、建构出来。在列斐伏尔看来，社会空间的生产过程分为“空间实践”“空间再现”“再现空间”三个环节。这三个环节又有着各自不同的内涵。空间实践是人类活动的产物，主要以可感知的物理意义上空间再现出来；空间再现则是以符号化的抽象空间，例如，统治阶级以其意识形态对广大大众影响形成的空间；再现空间则是人们真实生活的空间，指不受意识形态支配的纯粹的生活化空间①。

上述关于社会空间的界定都不乏洞见，但是，西方马克思主义学者关于社会空间的界定又显然超越了迪尔凯姆等关于社会空间的论述。因为将社会空间视为一定的社会群体所居住的区域，忽视了社会群体的实践活动对社会空间的影响，应该说这一社会空间界定仍局限于地理学的视角。笔者以为，对社会空间的界定首先需要将其与自然空间区别开来。但是，由于长期以来受到斯大林主义哲学教科书的影响，社会空间和自然空间并未能真正地区分开来。社会空间的历史演进几乎可以与自然空间的客观规律等同起来，从而磨平了社会空间和自然空间之间的区别。但是，社会空间和自然空间有着明显的不同。一是社会空间以差异的、多样性方式而存在。或者说社会空间不是连续的，而是分割为多个不同单元的异质性空间。二是社会空间是无形的，它是人的社会实践活动的产物，它的拓展很大程度上有赖于人们的社会交往程度和生产方式的先进与否。自然空间则是有形的，或者说人们可以借助一定的测量工具来加以测算。三是社会空间是以人们的生产、活动及其交互作用为主要内容。社会空间一经生成就会完全按照自己的方式加以演进。其次，讨论社会空间同样需要将其与个人空间区别开来。人们通常容易将社会空间与个人空间对立起来，即认为个人空间是秘密性的，而非公共性的。实际上，个人空间中既有私密性的，又有公共性的一面。例如，个人的交往空间是开放性的，但个人的居住空间则是私密性的。

根据社会空间与自然空间、社会空间与个人空间的比较，以及马克思主义空间思想，我们认为社会空间是人类实践活动的产物，它是以人的生存、活动和交互作用为主要内容，它的存在方式是独特的、无限的、非连续的，具有无限拓展的可能。它既包括物质性的社会空间，又包括精神性的社会空间。前者主要以自然空间为质料渗入人类实践活动，后者则是以人类的语言、文化、符号等抽象形式而内蕴的空间，精神性的社会空间显然不涉及空间的实在领域。

社会空间是人类实践活动的产物，意味着不同的生产方式产生出不同的社会空间形态。随着人类实践活动手段的丰富、方式的多样，社会空间也更加丰富多

① 王晓磊．社会空间论[D]．华中科技大学博士学位论文，2010．

彩。在人对人的依赖的奴隶社会,"人的依赖关系(起初完全是自然发生的),是最初的社会形态,在这种形态下,人的生产能力只是在狭窄的范围内和孤立的地点发展着"①。而随着人类生产方式的进步,特别是在摆脱了自然经济的束缚,即告别了人对人的依赖后,进入到人对物的依赖这一新阶段,它才真正使人类的社会空间的广度和规模有了质的飞跃。因为,"以物的依赖性为基础的人的独立性,是第二大形态,在这种形态下,才形成普遍的社会物质变换,全面的关系,多方面的需求以及全面的能力体系"②。所以说,资本主义不仅比奴隶社会的生产力发达得多,而且资本主义的社会空间的广度和规模比奴隶社会也要大得多。随着社会空间的广度和规模的扩张,资本主义的意识形态在社会空间中也不断地得以扩张。

2.4.2　社会空间的主要特征

根据我们对社会空间的界定,不难看出,社会空间主要有以下一些特征:

第一,社会空间的政治性。社会空间显然不是静止的,它的形成也不是一个自然而然的过程,而是一个各种利益奋力角逐的产物。正如列斐伏尔指出:"……如今看起来空间是政治的。空间并不是某种与意识形态和政治保持着遥远距离的科学对象。相反地,它永远是政治性的和策略性的。假如空间的内容有一种中立的、非利益的气氛,因而看起来是'纯粹'形式的、理性抽象的缩影,则正是因为它已经被占用了,并且成为地景中不留痕迹之昔日过程的焦点。"③列氏关于(社会)空间的政治性观点,被福柯、布迪厄以及哈维等人从不同的角度作了发展。福柯注意到了社会空间中的政治权力的影响,在他看来,现代社会是一个纪律的社会,而社会空间成为权力运作的重要场所或媒介,社会空间是权力实践的重要机制(如学校、军营、工厂、监狱等),空间既是任何公共生活形式的基础,也是任何权力运作的基础④。布迪厄则认为社会空间被划分为不同的部分主要是由行动者拥有的资本总量和资本结构(经济资本、文化资本、符号资本的比重)决定的。哈维在《后现代的状况》一书中指出:"在一般的金钱经济中,尤其在资本主义社会里,金钱、时间和空间相互控制形成了我们无法忽视的社会力量的一种实质性的连接系列","空间和时间的实践在社会事物中从来都不是中立的。它们始终都表现了某种阶级的或者其他的社会内容,并且往往成为剧烈的社会斗争的焦点"⑤。即是说,资本主义的社会空间中充斥着资本家和无产阶级之间的斗争。应该说,福柯、布迪厄、哈维等

---

① 马克思恩格斯全集(第 46 卷)[M]. 北京:人民出版社,1979:104.

② 马克思恩格斯全集(第 46 卷)[M]. 北京:人民出版社,1979:104.

③ 列斐伏尔. 空间政治学的反思[M]//包亚明. 现代性与空间的生产. 上海:上海教育出版社,2003:62.

④ 福柯,雷比诺. 空间、知识、权力[M]//包亚明. 后现代性与地理学的政治. 上海:上海教育出版社,2001:13-14.

⑤ 哈维. 后现代的状况[M]. 北京:商务印书馆,2003:282.

人从不同角度深化了社会空间的政治性认识，即社会空间的政治性不仅表征为人们在社会关系中现实利益的角逐，还表征为权力的弥漫等，归结社会空间的不同的划分的根源，可能是源于各种(社会、政治、经济)资本的比重，也可能是不同阶级在金钱、时间和空间相互制约的结果。

第二，社会空间的二重性。社会空间既包括物质性的，又包括精神性的。前者是以具体的物质形态而存在，后者则以抽象的形式存在着。所谓社会空间的物质性，实际上就是自然空间的社会化。如人们的住房、会场、教室等，它既有原本的自然性，又有人化的社会属性。而精神性的社会空间则是指人的精神领域等相关领域的活动范围。如社会空间中的政治交往领域、文化交往领域，都是与人的精神领域等相关的领域。

社会空间的二重性不同于空间的二重性。空间的二重性是指空间既包括自然空间，又包括自然空间以外的第二自然空间，即社会空间。空间的二重性实质上将空间人为地分为纯的自然空间和打上了人的烙印的社会空间。但这种划分实际上不可能，因为纯粹的离开社会的自然空间并不存在。马克思对那种“抽象的自然界”一针见血地指出：“被抽象地、孤立地理解的、被固定为与人分离的自然界，对人来说也是无。”①有人可能认为，自然空间不是对人类的社会空间具有“先在性”吗？但如果撇开这个现实的自然界，去侈谈人类诞生以前的自然空间，是没有意义的。因为人类并不是刚诞生时就有能力发现自然空间的“先在性”的，事实上，只有当人类的发展达到一定的社会历史阶段后，才有可能通过科学实验活动大致地推算出地球的年龄和人类诞生的时间。即从马克思主义自然空间观来看，他的出发点不是排除人的活动的抽象的自然界，而是被人的目的性活动中介过的——“人化自然界”。

第三，社会空间的多样性。社会空间不是单一的、孤立的存在。“我们面对的不是一种社会空间，而是多种社会空间——的确，面临着无限多样性，或者面临我们一般而言作为‘社会空间’的不可数的社会空间们。”②人类政治文明水平越高级，社会空间的多种多样性色彩越浓厚。从奴隶社会到资本主义社会，生产力的大进步和生产关系的大变革，促使社会空间的物质方面和精神方面都发生了巨大的变革。社会空间的多种多样性，在现实中多种多样的社会空间往往是以层叠的方式相互交织在一起。列斐伏尔指出：“各种社会空间彼此相互渗透或彼此相互重叠。它们不是物体，物体具有彼此的边界，而且因为它们的轮廓或作为惯性的结果

① 马克思恩格斯全集(第42卷)[M].北京：人民出版社，1979：247.

② Henri Lefebvre. The Production of Space[M]. translated by Donald Nicholson-Smith. Oxford UK & Cambridge USA：Blackwell，1991：86.

发生碰撞。诸如'薄片'和'层次'的比喻存在着严重性不足：比喻胜于概念，它们把空间比作东西并且因此把它的概念转移到抽象的领域。通常可见的边界，如围墙或围栏，对它们来说造成了空间之间的分裂的出现，事实上空间存在的地方是一种不明确的连续性。一间房子、一间卧室、一匹马或一个花园的空间在某种意义上可能会被社会空间切断，通过栅栏和围墙，通过私有财产的各种标志，但是仍然保留空间的基本部分。"①社会空间之所以没有割裂，是因为它是物质空间、精神空间的二重性。栅栏和围墙，只能使物质空间做到分隔开来，但人们的社会关系空间不会分隔。在这个意义上说，多种多样性的社会空间之间的相互隔开、相互渗透，正是反映了社会空间的二重性。

2.4.3 社会空间的生成

马克思说："一切社会生活在本质上都是实践的。"②社会空间的生成从其本质上说都源于并生成于人们的实践活动，不论是有形的物质空间，还是无形的精神空间；不论是物体空间，还是区域空间，无不如此。这里的实践活动不仅指物质生产活动，还指人们的交往活动、精神生产活动、人的生产活动，等等，这是就社会空间的本质来说的。要进一步明确社会空间的生成，我们需要对社会空间生成的基础、社会空间形成的规范、变迁的动力等进行详细的考察。

首先，物质生产活动是物质性社会空间生成的现实根基，精神生产活动则是精神性社会空间生成的现实根据。人类的物质性生产活动显然是在一定的空间中进行，但同时又生产出自己的空间。如果离开了人类的物质性生产活动，自然空间的讨论只能是抽象的，甚至说是无意义的。马克思在批判费尔巴哈的"抽象的自然观"时明确指出："这种先于人类历史而存在的自然界，不是费尔巴哈在其中生活的那个自然界，也不是那个除去澳洲新出现的一些珊瑚岛以外今天在任何地方都不存在的、因而对于费尔巴哈来说也是不存在的自然界。"③人类的物质性生产活动是人类社会产生的根源，因为，"一当人开始生产自己的生活资料的时候，这一步是由他们的肉体组织所决定的，人本身就开始把自己和动物区别开来"④。而且使自然空间变得具体，变得可以理解，因为自然空间已经被社会化了。即是说物质性生产活动，它的意义是双重的。

在物质性生产活动生产出物质性社会空间的同时，精神性生产活动也生产出

① Henri Lefebvre. The Production of Space[M]. translated by Donald Nicholson-Smith. Oxford UK & Cambridge USA: Blackwell, 1991: 86 - 87.

② 马克思恩格斯选集(第1卷)[M].北京：人民出版社，1995：54.

③ 马克思恩格斯全集(第3卷)[M].北京：人民出版社，1960：50.

④ 马克思恩格斯选集(第1卷)[M].北京：人民出版社，1995：67.

精神性的社会空间。精神生产（成果）是与物质生产（成果）相伴而生的，因为“思想、观念、意识的生产最初是直接与人们的物质活动，与人们的物质交往，与现实生活的语言交织在一起的。人们的想象、思维、精神交往在这里还是人们物质行动的直接产物。表现在某一民族的政治、法律、道德、宗教、形而上学等的语言中的精神生产也是这样”[①]。随着物质生产方式的进步，人们的精神生产的成果也日渐丰富，人类的精神性的社会空间因此也变得更为精彩。

其次，意识形态是社会空间形成的规范。毫无疑问，社会空间受到人类社会生产方式的制约，但意识形态在社会空间中的影响则容易被忽视。实际上，意识形态在社会空间影响甚大，确切地说，意识形态是社会空间形成的规范。在马克思、恩格斯看来，意识形态总体大致可以划分为以下三个层次。第一层次：政治思想、法律思想、经济思想。第二层次：社会思想、教育、伦理、艺术。第三层次：哲学、宗教。在社会空间中，主要是统治阶级的意识形态占主导地位。在通常情况下，新兴阶级和没落阶级都难以有自己的意识形态，只能说它们拥有自己的观念（不完整）或思想体系（相对完整），而这些观念或思想体系不过是民间意识而已。严格来说，只有统治阶级的思想体系能够被称为意识形态[②]。被统治阶级的社会成员从出生之日起，就处在统治阶级的意识形态的教化之下，这也正是统治阶级的意识形态在社会空间中占据着统治地位的突出表现。

在社会空间中，统治阶级的意识形态并不是显性的存在，它的存在具有很强的隐蔽性。例如，它往往潜藏在知识中，通过社会实践影响社会空间的发展、性质和形态。虽然卢卡奇、葛兰西、阿尔都塞等，都认识到意识形态在资产阶级社会中的作用，并在理论上作了分析，如葛兰西对意识形态领导权的阐述，即相对于政治社会的“政治领导权”而言，市民社会则是“文化领导权”或“精神的和道德的领导权”，后者的实质就是意识形态领导权，但他并未将意识形态领导权引申至社会空间之中。真正将意识形态理论引申至社会空间的研究者是列斐伏尔。列氏在其所著的《空间的生产》一书中不断地提到意识形态对社会空间的塑造作用。他指出：“我们寻找的空间科学……隐含了用一种刻意创造出的意识形态去掩盖其政治功用，同时掩盖着内在于非利益化知识的高度利益化使用中的矛盾。这种意识形态并没有打着旗号，但对于那些认为实践是意识形态的一部分的人来说，它是无法与知识区分开的。”[③]统治阶级的意识形态不仅隐藏于权力，还通过无处不在的权力来规范

---

① 马克思恩格斯选集（第1卷）[M]. 北京：人民出版社，1995：72.

② 俞吾金. 意识形态论（修订版）[M]. 北京：人民出版社，2009：135.

③ Henri Lefebvre. The Production of Space[M]. translated by Donald Nicholson-Smith. Oxford UK & Cambridge USA：Blackwell，1991：9.

社会空间中人的行为。福柯认为，权力在社会空间中的运用极为普遍，例如，居住空间因其特殊的结构可以对个人的身体产生巨大的约束，人们在空间中受到监视和规制。显然，在每一社会中都有这样的特殊空间规训人的行为，如监狱、学校、工厂、医院等。

最后，生产方式是社会空间变迁的动力。生产方式这一术语并非简单指生产的技术方式，生产方式常常更广泛地描述生产的"一定的社会性质"。正是在这个意义上，马克思将资本主义界定为一种生产方式。因此，生产方式的变革必然导致社会空间的变革，即是说生产方式是社会空间变迁的动力所在。马克思和恩格斯在《共产党宣言》中感叹："资产阶级在它不到一百年的阶级统治中所创造的生产力，比过去一切世代创造的全部生产力还要多，还要大。自然力的征服，机器的采用，化学在工业和农业中的应用，轮船的行驶，铁路的通行，电报的使用，整个大陆的开垦，河川的通航，仿佛用法术从地下呼唤出来的大量人口——过去哪一个世纪料想到在社会劳动里蕴藏有这样的生产力呢？"[①]即是说，资本主义的生产方式不仅仅实现了生产工具的变革，更重要的是创造出了一个前所未有的社会空间。随着人类科学技术的突飞猛进，人类的社会空间不仅领域大为扩张和规模日益扩大，而且出现了多重社会空间样态和多元社会空间关系之间的交织重叠。

在列斐伏尔看来，社会空间是生产关系在空间中的投射。"空间是一种社会关系吗？的确如此——而是一种与生俱来的财产关系（尤指地球或土地所有权）和接近生产力限度的东西（它强加给地球或土地）。"[②]虽然列斐伏尔讨论的是空间，而非社会空间，但社会空间显然属于空间的范畴。列氏认为："社会空间是包含了……生产关系，如在等级制的社会功能形式下的劳动分工和组织。"[③]社会空间一方面包含了生产关系，另一方面它又是掩饰社会关系的中介，它自然随着生产关系的不断改变而变化着自己的呈现方式。

---

① 马克思恩格斯选集(第 1 卷)[M]. 北京：人民出版社，1995：277.

② Henri Lefebvre. The Production of Space[M]. translated by Donald Nicholson-Smith. Oxford UK & Cambridge USA：Blackwell，1991：85.

③ Henri Lefebvre. The Production of Space[M]. translated by Donald Nicholson-Smith. Oxford UK & Cambridge USA：Blackwell，1991：31.

第 3 章 思想政治教育公共性本体探析

思想政治教育公共性是什么？人们可能会认为这不过是对思想政治教育的一种特殊属性研究罢了。但大多数人很可能就此止步，或者很少有人进一步追问这种特殊的属性又是什么。正如密尔所说："人类一见事物不复有疑就放弃思考，这个致使的倾向是他们所犯错误的半数原因。"①如果说避免犯错误是可欲的，那么对所谓的通识（大多数人认可的一种认识或观点）展开追问也就成为必要。这种追问并不是说仅仅局限于公共性究竟是不是思想政治教育的一种特殊属性，这一属性与其他的属性有何差异等等，而是要对这一通识的前提加以反思，即什么是思想政治教育？因为，什么是思想政治教育是对构成自己的根据和原则的反思。对问题的前提的反思，使我们不得不"走进思想政治教育"。"走进思想政治教育"一方面是要澄清堆砌在思想政治教育头上的不实之词，摆脱对教条体制的合法性预设；另一方面是通过重新解释思想政治教育学基本问题，核心目标在于激活思想政治教育在当代的意义。在"走进思想政治教育"过程中，我们将会发现思想政治教育公共性这一新形态、新维度、新空间。在此基础上，我们将会认识到探讨思想政治教育公共性问题的现实必然性，进而寻找到思想政治教育公共性所赖以生存的土壤。

3.1 思想政治教育及其公共性概念的阐释

思想政治教育早在 20 世纪 80 年代初就完成了初步的学科建制，经过近 30 年左右的发展，思想政治教育学科建设不断趋于体系化、系统化。但这种表面的繁荣并不能掩盖实质上的理论贫乏。思想政治教育之所以表现出一张"普洛透斯式"的脸，很大程度上与思想政治教育学科中的一些基本问题没能有效厘清有关，一些思想政治教育理论研究者虽一再呼吁"不能种了别人的田，荒了自己的地"，但令人尴尬的是，在思想政治教育的理论与实践中却经常出现"跑偏"现象。显然问题不在于要不要树立学科意识，而在于这种学科意识到底是什么。要明确思想政治教育的学科意识，前提在于辨明思想政治教育基本问题。众所周知，一个学科的基本问

① 密尔. 论自由[M]. 程崇华，译. 北京：商务印书馆，1959：46.

题是由该学科的研究对象所决定的。明确思想政治教育学科的基本问题，是思想政治教育之所以为思想政治教育根本依据之所在。或者说，思想政治教育的基本问题关系着思想政治教育学科的合法性。思想政治教育基本问题之所以关系着思想政治教育的合法性证明，是因为其揭示了思想政治教育的基本矛盾。

3.1.1 思想政治教育学基本问题的提出

无数的事实告诉我们，无论是做思想政治教育理论研究，还是从事具体的思想政治教育活动；无论是探讨思想政治教育与其他学科的关系，还是探讨思想政治教育的发展史，思想政治教育的基本问题都是无法回避的。事实上，这个问题犹如一道分水岭，使人们在一系列重大理论问题上发生分歧，而这些分歧又演绎出一系列争论。

争论一：思想政治教育是“教育的政治活动”，还是“政治的教育活动”？

作为“教育的政治活动”而言，思想政治教育在其目标设定、实现方式、过程和规律方面都可化约为教育活动；作为“政治的教育活动”而言，是指思想政治教育为了实现一定的意识形态目标进行的活动。目前在思想政治教育学的教材或专著中，“教育的政治活动”与“政治的教育活动”观点相比，显然占据优势。因为思想政治教育的教材体系的“思想酵素”[①]更多地来自教育学的理论体系，如大多数的思想政治教育学教材或专著对思想政治教育的基本矛盾作了(或认同)这样的界定：“一定社会、一定阶级对人们的思想品德的要求与人们实际的思想品德水准之间的矛盾。”[②]这一观点实际上是对教育学中的基本矛盾稍加修改后的移用。因为教育学上一般把教育定义为：“教育者按照一定的社会或阶级要求，有目的、有计划、有组织地对受教育者身心施加系统的影响，以使受教育者发生预期变化的活动。”[③]由于大多数思想政治教育理论研究者未能自觉意识到自己的“思想酵素”的来源，所以很容易掉进唯我论的陷阱中，以为自己独立地创造了一个理论体系。实际上，他们在构建自己的理论体系过程中，向其他学科(主要是教育学)借贷的“思想酵素”要比他们自己认可的多得多[④]。“教育的政治活动”在其实质上将思想政治教育化约为教育，与之不同的是，一部分思想政治教育理论工作者提出了“政治的教育

① “思想酵素”这一概念是由俞吾金教授提出的，它是指“任何一个理论体系都不可能是凭空产生出来的，它总是一个或一些理论家通过对自己置身于其中的总体思想资源的选择、组合、改造和原创性的阐释过程中形成起来的”。引文见俞吾金. 问题域的转换——对马克思和黑格尔关系的当代解读[M]. 北京：人民出版社，2007:47.

② 张耀灿，郑永廷，等. 现代思想政治教育学[M]. 北京：人民出版社，2006:6.

③ 南京师范大学《教育学》编写组. 教育学[M]. 北京：人民教育出版社，1998:19.

④ 这一现象导致了一些学者惊呼，思想政治教育学科对其他学科究竟是借鉴还是移植？如刘五景. 学科借鉴之思与学科借鉴之路——基于思想政治教育学与其他学科借鉴研究的考察[J]. 河海大学学报(哲学社会科学版)，2010(2):13－16.

活动”。“思想政治教育的政治本质规定了思想政治教育系统及其理论、地位、作用、原则、目标、任务、内容、方法、队伍等要素的社会性质，规定了思想政治教育特定的服务对象，规范了思想政治教育参与者的政治态度、行为方式和活动价值，从根本上指出了思想政治教育的社会特殊性。”①“教育的政治活动”与“政治的教育活动”理论之争，导致思想政治教育在实践层面犹如“无根的浮萍”，在政治与教育之间“游荡”。

争论二：思想政治教育起源于“人类一种更加有意识的教育活动”，还是产生于“意识形态政治的肥沃土壤中”？

长期以来，思想政治教育的起源问题好像是个不证自明的问题，即思想政治教育起源于阶级和国家的产生之中。不过，令人可喜的是有学者对这一结论作了进一步的梳理和论证，认为思想政治教育不仅伴随着阶级和国家的产生而产生，而且是在“人的政治社会化过程中产生的，既是满足人的政治社会化的需要，也是实现或维护阶级统治的必然结果”。“教育是人类一种有意识的活动，思想政治教育更是人类一种有意识的政治教育活动。只有当社会有意识地灌输或人们有意识地接受阶级思想、阶级观念之时，教育才能转化为思想政治教育，否则只是萌芽中的政治教育。”②这些观点一方面使思想政治教育的起源问题更加精细化；另一方面也可以说是代表了思想政治教育起源的前沿性观点。应该说这些观点对思想政治教育起源的认识是富有洞察力的。但令人可惜的是，他没有进一步明确：思想政治教育不同于教育的这种“有意识”到底是何种意识？这种“有意识”是一种政治的意识吗？“如果仅仅是一种政治的意识，那这种政治意识到底属于什么层次？是政治心理抑或政治思想？如果‘有意识’仅仅指政治意识，那么思想政治教育与一般的意识活动，包括思想交流、思想影响区别在哪里？如果这种‘有意识’是指某种较高理论层次政治思想，那么这种政治思想以怎样的方式得到实现？它只能或只是通过教育获得表达吗？等等。”③笔者以为，该学者的追问是深刻的，正如该学者所指出的：“思想政治教育一定是关于人的政治思想活动，但能否把所有关于人的政治思想政治活动都认定是思想政治教育活动？”正是把意识的政治混同于政治的意识，即“把所有具有政治意识影响性的活动等同于具有高度自觉性的针对人的思想意识的政治实践活动”④，导致了思想政治教育根源认识不清楚。随后该学者采用历史与逻辑相统一的方法对思想政治教育起源

---

① 孙其昂. 关于思想政治教育本质的探讨[J]. 南京师范大学学报(社会科学版)，2002(5)：15.

② 李合亮. 思想政治教育探本——关于其源起及本质的研究[M]. 北京：人民出版社，2007：57－58.

③ 金林南. 从政治的意识到意识的政治——思想政治教育起源的政治哲学探析[J]. 思想理论教育，2010(19)：29.

④ 金林南. 从政治的意识到意识的政治——思想政治教育起源的政治哲学探析[J]. 思想理论教育，2010(19)：33.

作了分析，认为“思想政治教育起源于意识形态政治”①。思想政治教育起源于“意识形态政治”，这一观点看起来要比“人类一种更加有意识的教育活动”要更为深刻。但究竟什么是意识形态政治？意识形态政治和学界关于思想政治教育本质规定的政治性、意识形态性之间的争议又有何不同？② 等等。这些问题还需要进一步厘清。

争论三：思想政治教育归根结底是一种“观念（意识形态）领域的活动”，还是存在于浪漫主义人学假设中的“人的精神引领活动”？

思想政治教育的“无根性”突出表现在思想政治教育学科边界不明确，思想政治教育的学科边界不明确是和其本质研究紧密相关的。学界对于思想政治教育本质是什么投入了很大的精力，也取得了一定的进展，但总体而言，并未能真正搞清楚什么是思想政治教育本质③。虽然“学术界对思想政治教育本质的探讨，基本掩藏于教育本质的探讨之内”④，但平心而论，仍有些前沿性的学术观点应引起我们的充分重视，如有学者根据唯物辩证法关于事物的本质规定的三个条件——“第一，它是类的本质，是同类事物共同具有的最一般、最普遍、最稳定的属性；第二，它是该事物不同于其他事物的特有属性；第三，它是由事物的根本矛盾所决定的根本属性”——得出了“思想政治教育的本质规定主要在于意识形态性，因为只有这一属性才满足了上述三个条件”⑤这个结论。意识形态性作为思想政治教育的本质规定，确如该学者所言“阶级性和政治性是意识形态的主导属性，但阶级性和政治性主要体现了政治教育的本质，却难以体现意识形态中所包含的受政治制约的思想、道德等内容的思想政治教育本质”。但他忽视了意识形态在其内容上的广泛性也可能使思想政治教育学科成为一个筐，什么都往里装。确切地说，他没能进一步厘清意识形态性作为思想教育本质规定和哲学、艺术、宗教等的意识形态区别所在。此外，意识形态虽有先导性的一面，但同时又有滞后性的一面。意识形态的滞后性包括两方面：

① 金林南. 从政治的意识到意识的政治——思想政治教育起源的政治哲学探析[J]. 思想理论教育，2010(19)：33.

② 关于思想政治教育本质的争论可参见：叶方兴. 政治性？抑或意识形态性？——思想政治教育本质的理论辨明[J]. 求实，2010(10)：85－88；陶磊. 意识形态性，还是政治性？——与石书臣《思想政治教育的本质规定及其把握》商榷[J]. 河海大学学报（哲学社会科学版），2011(4)：13－21.

③ 据笔者对思想政治教育本质的研究来看，思想政治教育本质问题仍然是学科建设中的一大难题。见陶磊，孙其昂. 回顾与评价：思想政治教育本质问题的研究进展[J]. 探索，2010(6)；陶磊. 意识形态性，还是政治性？——与石书臣《思想政治教育的本质规定及其把握》商榷[J]. 河海大学学报（哲学社会科学版），2011(4).

④ 李合亮. 思想政治教育探本——关于其源起及本质的研究[M]. 北京：人民出版社，2007：118. 颇有趣味的是，该书作者在其书中将思想政治教育本质作了工具性本质和目的性本质二分后，虽然一再强调政治性本质（工具性）和提升人性（目的性）都不可或缺，但对工具性和目的性之间的紧张关系却置之不谈，在笔者看来，一般情况下，工具性总是为目的性所服务的，在这个意义上，提升人性（目的性）的思想政治教育本质终究还是没能超越教育本质认识的窠臼。

⑤ 石书臣. 思想政治教育的本质规定及其把握[J]. 马克思主义与现实，2009(1)：177

一方面"意识形态作为对社会存在的反映,在一般情况下总是落后于社会存在的";另一方面"当旧的意识形态赖以存在的经济基础灭亡之后,其中的某些因素作为'遗迹'还会在新的意识形态中长期保留下去,这些'遗迹'之所以能见容于新的不同的意识形态,是因为它们不可能对新的意识形态的根本精神构成损害"[①]。正是因为意识形态具有滞后性的一面,因此将其认定为思想政治教育本质很有可能导致思想政治教育难以与社会发展相适应。更加要紧的是,意识形态性作为思想政治教育的本质规定,归根结底是把思想政治教育视为一种观念领域的活动。

反对将意识形态性作为思想政治教育的本质规定的学者认为,意识形态性或政治性、社会性都是对思想政治教育的工具性理解,对人进行精神牵引和生存关怀,构筑人的精神世界,引领、提升人之生存,才是现代思想政治教育之所以存在的内在依据[②]。他们强调:"而且更要清醒地意识到思想政治教育是人的教育,在教育的过程中满足人的需要,促进或实现人的发展与完善才是最根本的事情。"[③]问题是,这样的思想政治教育目的与教育的目的又有何不同?教育难道不也是为了满足人的需要,促进或实现人的发展与完善吗?诚然,思想政治教育人学范式的研究者们也重视思想政治教育的政治性,但却始终将政治性看作思想政治教育的工具性目的,由于工具性目的(政治性)终究受目的性(属人性)的制约,从而最终磨平了思想政治教育和教育之间的差别。更加要紧的是,思想政治教育之所以存在的目的论假设,实际上存在于一个浪漫主义的人学假设中,具体来说,一种是主体性的人学预设;另一种是生存论的人学预设。但不论是主体性人学还是生存论人学,都是一种知性形而上学的思维方法[④],因为他们都预设了一个前提。"在主体性人

① 俞吾金.意识形态论(修订版)[M].北京:人民出版社,2009:137.

② 曹清燕.引领人之生存:现代思想政治教育的人文关怀[J].探索,2010(6):125.

③ 李合亮.思想政治教育探本——关于其源起及本质的研究[M].北京:人民出版社,2007:156-157.

④ 我们必须要区分两种意义上的形而上学概念,一种是传统哲学意义上的形而上学概念;另一种是恩格斯以来的、作为一种思维方法的形而上学概念。这里主要是指第二种意义的形而上学概念,即知性思维方法的形而上学。由于我们深受恩格斯所说的知性形而上学的思维方式影响,以至于一提到形而上学我们就立马想到静止地、孤立地、片面地看世界。我们只有超越近代西方哲学片面地重视认识论、方法论的思维框架,才不会把形而上学问题仅仅还原为一个思维上的方法问题。实际上,经过康德的批判,康德以前的形而上学不再像以前的知性形而上学一样,用非此即彼的方式看待一切,黑格尔把形而上学与逻辑学直接等同起来,更是超出了传统知性形而上学的思维方式。我们可以从黑格尔对当时德国那种完全蔑视前人和同时代人的研究结论的方式来研究问题的批判获知这一点,黑格尔说:"现今我们已经超出康德哲学,每个人都想推进他的哲学。但所谓推进却有两层意义,即向前走或向后走。我们现时许多哲学上的努力,从批判哲学的观点看来,其实除了退回到旧的形而上学的窠臼外,并无别的,只不过按照各人的自然倾向,往前作无批判的思考而已。"引文见黑格尔.小逻辑[M].北京:商务印书馆,1980:118-119.对两种形而上学的区分可参见俞吾金.重新理解马克思:对马克思哲学的基础理论和当代意义的反思[M].北京:北京师范大学出版社,2005:189-192.

学中,人的自由自觉的主体状态,构成了一切问题的出发点;在生存论人学中,存在的澄明之境则是人的本真生存状态的根基。"[①]正是基于这种价值悬设,他们得出了"思想政治教育是由人的生存、发展活动所催生","思想政治教育是人之存在的一种表现形式","思想政治教育导向人的解放和全面而自由地发展"[②]等结论。说到底,这种浪漫主义的人学假设在其方法论上是唯心主义的,它不是从生活在社会关系中的人出发,而是从某种理想主义的"应然"出发,即在思想政治教育人学范式研究者那里,他们不仅对"人"作了一种本真性设定,而且更重要的是还从这种设定出发。

3.1.2 思想政治教育概念的重新判定

学界之所以对思想政治教育基本问题产生很大的争议,说到底是对什么是思想政治教育没能搞清楚。但这并不是说,思想政治教育基本问题的争议没有意义,恰恰相反,若要厘清何为思想政治教育,我们仍需要对思想政治教育的基本问题争论作出理论回应。思想政治教育基本问题的争论虽说可大致归为三个方面,但从根本上说还是思想政治教育到底是教育,还是政治的问题。从当前思想政治教育学科所编写的教材或出版的著作来看,大多数学者还是将思想政治教育看作一种教育活动。不过,也有少数学者提出了思想政治教育是一种政治性很强的社会实践活动[③]。有的学者则从"政治的教育"和"教育的政治"出发,提出了"政治和教育之间的张力"[④]。但实际上,政治与教育之间与其说是对立的,不如说二者是统一的,"教育并非一个价值中立的事业,就教育的制度而言,无论教育工作者是否意识到,他们已经卷入了一项政治活动"[⑤]。弗亚雷更是直言:教育是一种政治行为,教育行为具有政治性,教育即政治,政治即教育[⑥]。更为重要的是,这一分析框架忽视了作为关键词的"思想",所以仍失于片面与狭隘。显然,思想政治教育基本问题的分析只看到政治、教育或思想都是有失偏颇的。于是,摆在我们面前的问题是,该如何正确认识思想、政治、教育在思想政治教育中的地位、作用,这便构成了破解思想政治教育基本问题的突破口。

然而,要对思想政治教育基本问题作出科学的回答,笔者以为只有深入到历史维度中去。长期以为,思想政治教育被认为是"一定阶级、政党、社会群体用一定的

---

① 仰海峰.形而上学批判:马克思哲学的理论前提及当代效应[M].南京:江苏人民出版社,2006:110.

② 曹清燕.思想政治教育存在根据的人学追问[J].理论与改革,2008(5):125.

③ 孙其昂.思想政治教育学基本原理[M].南京:河海大学出版社,2004:5.

④ 金林南.从政治的教育与教育的政治——思想政治教育学基本问题的政治哲学探讨[J].南京政治学院学报,2008(1):87-91.

⑤ 阿普尔.意识形态与课程[M].黄忠敬,译.上海:华东师范大学出版社,2001:1.

⑥ 毕淑芝,王义高.当今世界教育思潮[M].北京:人民教育出版社,1999:253-254.

思想观念、政治观点、道德规范，对其成员施加有目的、有计划、有组织的影响，使他们形成符合一定社会、一定阶级所需要的思想品德的社会实践活动"[①]。姑且不论这种对思想政治教育的界定有没有使其超越教育学中关于教育的界定，以及思想政治教育内容是否过载的问题[②]，但有一点毫无疑问，这种对思想政治教育的界定是非历史的。思想政治教育是一种社会实践活动似乎已经成为学界的共识，但人们却很少追问是何种社会的实践活动。如果说思想政治教育存在于人类阶级社会以来的历史，那么中华帝国时期的思想政治教育和人民当家作主的社会主义新中国的思想政治教育又有何不同。有人可能会说这两者在思想政治教育的内容、性质、方式方法等方面都存在着明显的差异。但这显然没能抓住问题的关键。进一步说，中华帝国时期和中华人民共和国时期的思想政治教育的社会背景、政治文明水平、社会成员的思想状况等都有着质的不同。

长期以来，我们并没有弄清楚前现代社会的思想政治教育和现代社会的思想政治教育到底有何不同。至少从当前学界对思想政治教育所作的界定来说，前现代和现代社会的思想政治教育似乎是能够等同的，因为它们归根结底都是一定阶级对其成员进行的道德和政治教育，如此一来，思想政治教育的概念就可以套用这一万能公式，即一定阶级要怎样怎样，一定的社会成员如何如何，最后结果使思想政治教育概念丧失了历史性维度。即便后来有些学者要对思想政治教育概念作一些改进，加入一些人本主义的内容，但思想政治教育的概念实质上并没有什么变化[③]。

毋庸置疑，只有在一定的社会历史实践中讨论思想政治教育概念才有意义。马克思指出："从前的一切唯物主义（包括费尔巴哈的唯物主义）的主要缺点是：对对象、现实、感性，只是从客体的或者直观的形式去理解，而不是把它们当作感性的人的活动，当作实践去理解，不是从主体方面去理解。"[④]什么是实践？长期以来，

---

① 张耀灿，陈万柏. 思想政治教育学原理[M]. 北京：高等教育出版社，2001：4.

② 傅安洲、黄少成等学者深刻指出，思想政治教育内容既有政治教育，又有道德教育，然而政治教育和道德教育功能、特点、实现途径等都有着本质差异。由于政治教育和道德教育两者的推动力以及内在规律的本质差异，二者完全是相互独立的社会实践活动却被放到思想政治教育这一大锅中一锅煮，显然是不合适的。关于政治教育和道德教育之间的关系，详见傅安洲，黄少成. 关于建立一门相对独立的政治教育学的思考——兼论政治教育学的研究对象[J]. 吉首大学学报（社会科学版），2010(1)：152－156.

③ 张耀灿先生根据马克思主义的人学理论，对思想政治教育这一概念作了这样的优化："思想政治教育是一定阶级、社会、组织、群体及其成员，通过多种方式开展思想、情感的交流活动，引导其成员吸纳、认同一定社会的思想观念、政治观点、道德规范，促进其成员知、情、意、信、行均衡协调发展和思想品德自主建构的社会实践活动。"引文见张耀灿. 推进思想政治教育研究的人学范式的转换[J]. 思想教育研究，2010(7)：5. 然而，这一思想政治教育概念界定不过使思想政治教育方式方法更加具有人文主义色彩而已。

④ 马克思恩格斯选集（第1卷）[M]. 北京：人民出版社，1995：54.

我们只知道“实践是认识的基础”，但是说“实践是认识的基础”的人实际是将实践作为认识的中介而谈的，他没有意识到，实践作为人的有目的的活动本身也是包含认识在内的。可假定在实践中人们的认识为“认识Ⅰ”，通过实践活动达到新的认识为“认识Ⅱ”。在这里我们看到，实践是达到新的认识的基础，即实践是“认识Ⅱ”的基础[①]，如果笼统地说实践是认识的基础，实际上是漠视实践中人们“认识Ⅰ”的存在，或者说是将人剔除出实践活动，于是实践就成了抽象的认识论。当实践被作为抽象的认识论时，思想政治教育就成了“一部分人对另一部分人的教育”[②]，这实际上假定了另一部分人几乎没有自己的认识，正是通过思想政治教育他们才形成了自己的认识。但这种“学说忘记了：环境正是由人来改变的，而教育者本人一定是受教育的。因此这种学说一定把社会分成两部分，其中一部分凌驾于社会之上”[③]。进言之，当思想政治教育基本矛盾被认为是“一定社会、一定阶级与另一部分社会成员之间的思想品德之间的矛盾”，实际上是用“一定社会、一定阶级的思想品德”作应然的价值悬设，而思想政治教育就是让“另一部分社会成员”由应然走向实然的过程。此时的思想政治教育者成了喋喋不休的布道者，但这时的他既不在社会实践活动之中，又生活在社会历史生活之外。“他没有看到，他周围的感性世界决不是某种开天辟地以来就已存在的、始终如一的东西，而是工业和社会状况的产物，是历史的产物，是世世代代活动的结果，其中每一代人都在前一代所达到的基础上继续发展前一代的工业和交往方式，并随着需要的改变而改变它的社会制度。”[④]于是思想政治教育的一切活动就是为了让教育对象的思想品德达到那个应然的价值悬设。思想政治教育的出发点与其说是现实的个人，毋宁说是那个应然的价值悬设。思想政治教育这一社会实践活动不过是为了实现这个抽象的价值悬设的工具罢了。实际上，思想政治教育者与其对象一步也没有离开过他自己的社会实践活动本身，也就是说思想政治教育作为一种社会实践活动不能理解为一个中介、桥梁，而是全体，而且这一全体始终是围绕着人的思想展开的。即是说思想政治教育是在人的思想领域内展开的，因为只有在有多种多样的思想存在时，才有开展思想政治教育的必要。那么，为什么说不同的思想存在时需要开展思想政治

---

① 俞吾金. 从抽象认识论到意识形态批判[J]. 天津社会科学，1995(5)：12.

② 据学界流行的对思想政治教育的定义：“一定阶级、政党、社会群体用一定的思想观念、政治观点、道德规范，对其成员施加有目的、有计划、有组织的影响，使他们形成符合一定社会、一定阶级所需要的思想品德的社会实践活动。”这里虽然将思想政治教育归属为社会实践活动，但其内核仍是教育，故在此将其化约为“一部分人对另一部分人的教育”。引文见张耀灿，陈万柏. 思想政治教育学原理[M]. 北京：高等教育出版社，2001：4.

③ 马克思恩格斯选集(第 1 卷)[M]. 北京：人民出版社，1995：55.

④ 马克思恩格斯全集(第 3 卷)[M]. 北京：人民出版社，1960：48.

教育，而不是思想教育呢？这是因为，“正是政治迫使人类进入冲突性的思考，政治导致了不同意见的产生，如果没有不同意见需要‘说’，也就没有什么值得反思，而只有当出现反思（rethinking），思才超越了单纯的想（thinking），没有反思就无所谓思想。不同意见要说给别人听，别人听了也想说，说与说之间形成回流，听与听之间也形成循环，这就形成了对话，人们不得不把对方所说的话当成思索的对象，同时为自己的话寻找理由，这样才形成反思。简单地说，只有当意见出现冲突，思想才出现”①。

虽然政治引发了不同思想之间的冲突，但前现代的政治和现代性政治在解决因政治引发的思想冲突的手段方面却有质的差异。在前现代社会，对于掌握政治权力的统治者而言，面对多样的思想，主要是以暴力为后盾或直接以暴力为手段，继而实现思想控制。但是，在现代社会条件下，政治文明水平的提高，社会空间由领域合一向领域分化的转型，促使暴力这一手段渐渐让位于说理、辩论等文明的教育方式。或者说思想上的问题只有通过“说服教育的方法去解决，而不能用强制的、压服的方法去解决”②。邓小平在谈到如何培育“四有”青年时，也明确指出“四有”青年的培养方法“只能靠经常性的说服教育”③。这不是说前现代社会没有说服教育，但这种说服教育并不同于现代社会的说服教育。在领域合一的前现代社会，统治阶级对被统治阶级的说服教育一是地位不平等，二是单向的，三是主要以自上而下的方式。前现代社会的说服教育实质上就是教化，严格来说，教化并不能等同于思想政治教育。在前现代的社会结构中，教化在某种意义上可看作使个体的思想和行为符合纲常伦纪的要求。用黑格尔的话说：“这种个体性将自己教化为它自在的那个样子，而且只能通过这种教化它才自在地存在，它才取得现实的存在；它有多少教化，它就有多少现实性和力量。”④虽然在前现代的社会结构里也可能存在着不同的政治意见，但不同的政治意见往往“胎死腹中”。为了维持同质性社会的稳定，不仅压制这种政治意见成为必然，而且在暴力比说理更为有效的情况下，统治阶级甚至常常就这种自上而下的、单向的教化都很少使用。

政治导致的不同的意见，只有随着政治文明水平发展到较高阶段，即在现代社会条件下，社会领域由合一走向分离，暴力让位于说理，不同的政治主体对于政治所导致的不同意见的表达能够得以表达，而且受到法律保护，思想政治教育才真正产生。因此，根据思想政治教育历史产生来看，思想政治教育可以界定为：它是在

---

① 赵汀阳. 坏世界研究：作为第一哲学的政治哲学[M]. 北京：中国人民大学出版社，2009：24.

② 毛泽东文集（第7卷）[M]. 北京：人民出版社，1999：209.

③ 邓小平文选（第3卷）[M]. 北京：人民出版社，1993：208.

④ 黑格尔. 精神现象学（下卷）[M]. 贺麟，王玖兴，译. 北京：商务印书馆，1979：42.

人们的思想领域里展开的，以教育为主要方式的政治实践活动。这一界定实际上是将思想政治教育看作现代民主政治以来的产物，因为只有在民主政治条件下，不同的思想相互角逐才成为可能。只有在民主政治条件下，不同的意见才用说理论证、批判与辩驳等教育的方式。显然，在专制政治时代，没有思想自由，作为复数的思想实际上并不存在，很难有我们这里所说的思想政治教育。而且，专制的帝国政治，在暴力往往比说理更方便、短期效果更明显的时候，统治者也很少对被统治者使用说道理、辩论、商谈等手段。

3.1.3　思想政治教育公共性：概念分析

思想政治教育是在人的思想领域里展开的以教育为主要方式的政治实践，这种政治实践之所以可能，又是和人们的价值观之间存在共享性分不开的。在一定的历史时期，社会成员的价值观纵然千差万别，甚至有着尖锐的冲突，但并不能否认社会成员共享着某种价值观，没有这种共享的价值观也就无所谓求同存异。毫无疑问，任何一个民族国家都共享着一套核心价值观，但核心价值观只有在现代民主政治条件下才真正以共享的方式出场。民主政治发展，使统治阶级的思想政治教育“必须积极地而不是消极地征询每人的意见，使每人本身成为权威过程和社会支配过程的一部分；必须使每人的需要与欲望有被记录下来的机会，使其在社会政策的决定上起着作用”[①]，之所以要着眼于“公共性”，是由于在民主政治条件下，政治统治权力的执掌者的权力来源是人民授予的，所以他们必须要保证社会的共同利益，并以保证公民利益为基本出发点。对作为现代政治生活的主体的公民而言，参与政治生活不仅是实现其权利的需要，更是由于其利益所在而愿意参与到公共生活中。所以说，思想政治教育作为“社会整合的软权力”的基础在于其公共性。当然，这还只是在工具论层面来认识思想政治教育公共性。公共性作为思想政治教育的一种属性不应该仅仅局限于工具论层面来认识。实际上，思想政治教育公共性更是思想政治教育的一种价值理念。作为一种价值理念，这一属性随着政治文明水平的不断进步，表现得更加明显。具体而言，它一方面是对思想政治教育到底要培养什么样的人作了明确的指向；另一方面它不仅指向了人类社会理想的政治秩序该如何形成，更反映了未来人类社会政治生活的美好愿景。前者告诉人们在民主政治条件下需要培养关心政治、参与公共生活的人，因为这是民主政治健康发展一大保证；后者启发人们在民主政治条件下，公共价值观的形成应主要通过理性的讨论、辩驳，这一讨论过程也是公民政治实践的过程，这一过程使公共权威得以确立，是政治合法性的重要来源之一。这一过程同时又是国家与社会之间互动

① 约翰·杜威. 人的问题[M]. 傅统先，邱椿，译. 上海：上海人民出版社，1965：26.

的过程，不论是重塑转型期的国家权威，还是推进公民有序的政治参与、培育公众的公共理性，都尤为关键，进而推进社会生活美好愿景的实现。

从系统论视角看，思想政治教育和公共性可以分别看作一个系统，但在考察思想政治教育公共性这一系统时，我们并不能通过还原主义的办法，即通过分别考察思想政治教育系统和公共性系统，再去考察这两个系统之间的关系。因为“还原主义(reductionism)——谋求仅仅通过观察单元及其相互关系去理解系统——是不适当的”[①]思想政治教育公共性这一系统作为一个整体，这一系统不是说大于思想政治教育系统和公共性系统之和，而是说整体异于(different from)而不是大于(greater than)部分之和。因此，我们不能简单地将学界对公共性的一些众所周知的描述，如公开性、开放性、公益性等，直接移用到思想政治教育公共性上。笔者以为，思想政治教育公共性可以从静态和动态两个方面来认识。作为静态的思想政治教育公共性，是指在面向社会大众，关注社会大众公共生活过程中所培养的公共人的目标实现；作为动态的思想政治教育公共性，是指在社会公共领域中，一定的社会组织、政党、集团等，通过公共舆论、对话商谈等主要的教育方式，用主流价值观引领社会多种价值观健康发展，以促进政治共识的达成为旨归的实践过程。作为动态的思想政治教育公共性，从培养人的角度说，表现为教育大众向公众转变，即主要在于培育大众的公共精神过程。显然，静态是侧重于思想政治教育公共性的结果表现而言的，动态则侧重于思想政治教育公共性的过程。我们这里所讨论的思想政治教育公共性，主要是从思想政治教育公共性的动态层面来说的。要准确把握思想政治教育公共性这一概念，需要注意以下三点：

第一，思想政治教育公共性并不存在于一切社会之中，它只是一种现代性社会以来的现象。只有在国家与社会相分离时，随着社会公共空间的形成，思想政治教育公共性才开始产生。“现代国家有别于古代政权的政治体制之处，在于它完全处在社会——历史领域之内。”[②]社会生活和政治权力的世俗化，使得不同的政治实践主体成为公共空间中主要的参加者，他们通过说理、论辩、商谈等方式来表达他们的立场。“正是在公共领域的开阔空间里，意识形态的论述出现了，构成了有组织的信仰体系，它提供社会与政治现象的合理解释，它服务于发起社会运动并为权力的行使提供理由。”[③]这意味着原先在政治上是被统治的臣民、在意识形态方面是被教化的愚民开始觉醒，原先那种排斥的、封闭的集体主义意识形态遭到解体，

① 罗伯特·杰维斯. 系统效应：政治与社会生活中的复杂性[M]. 李少军，等，译. 上海：上海人民出版社，2008：8.

② 汤普森. 意识形态与现代文化[M]. 高铦，等，译. 南京：译林出版社，2005：88.

③ 汤普森. 意识形态与现代文化[M]. 高铦，等，译. 南京：译林出版社，2005：89.

或者说宗教与神话世界观已经陨落，当传统的生活方式遭到破坏，高高在上的皇权被动摇了。政治权力的祛魅开始了，神授的皇权政治在被人民主权政治替代后，政治权力也就不再是原先局限于宫廷之中的少数人的游戏，特权与等级政治也就不再具有正当性。这种转变对于近代中国而言，则是始于清廷的“三千年未有之变局”。原先的宫廷政变或权力易手（如农民造反）之所以未能被称为“三千年未有之大变局”，因为它们带来的变动仍是局限在少数人范围之内的游戏而已，对于人民大众的影响至多带来些小小的不安罢了。但 1840 年的鸦片战争开始了“三千年未有之变局”的序曲，至 1911 年的辛亥革命运动则意味着开启了一个新的开端。革命毫无疑问地拥有暴力色彩，毕竟“革命不是请客吃饭，不是做文章，不是绘画绣花，不能那样雅致，那样从容不迫，文质彬彬，那样温良恭俭让”[①]。但革命远不止是暴力，“只有在发生了新开端意义上的变迁，并且暴力被用来构建一种全然不同的政治体，从压迫中解放以构建自由为起码目标，那才称得上是革命”[②]。所以说，革命开启了我们近现代以来的社会。近代以前的社会，政治活动都是统治者的特权行使，政治活动的参与者只是局限在特权等级之中，政治成了“肉食者谋之”。平民要想获得政治参与的权力，只能通过一定的途径，如科举的方式来实现自己身份由平民转变为特权等级，如此才能获得政治参与的权力。非特权等级如果说在政治生活中起什么作用的话，不过是作为一种工具性的存在，即在政治活动中作为纯粹的客体。但近代以来的社会，政治活动则是由封闭逐步走向开放，即政治从共同体的所有物转变成全社会的共有物。在等级社会中，政治为共同体所有实质上即是为特权等级所有。封闭的政治被一点点打破以后（不论是东方，还是西方，这都经历了一个漫长的过程），政治就不可能是少数人或特权等级所能操纵的，“这是因为，开放的政治具有三个方面的特征：其一，政治主体即参与政治活动的要素多元化，政治必须具有普遍的代表性；其二，关注的问题即政治议题的多样性，社会生活的一切方面都可能进入政治议程，杜绝把政治变成仅仅关注某一特殊问题的活动；其三，政治不是服务于某个特殊阶层或特定利益集团的，而是服务于全体公民甚至全体社会成员的”[③]。开放性政治，使参与政治生活不仅不再是身份等级的特权，而且是全体社会成员的权利与义务。开放性政治使不同的意见表达成为可能，而且这种意见表达既可以发生在政治生活之中，也可以发生在政治生活之外。哈贝马斯将发生在政治生活之外的领域称为公共领域。但不论是在公共领域，还是在政治生活中，对于政治统治或社会治理而言，都不得不重视这种政治生活之中或者

---

① 毛泽东选集（第 1 卷）[M]. 北京：人民出版社，1991：17.

② 汉娜·阿伦特. 论革命[M]. 陈周旺，译. 南京：译林出版社，2007：23.

③ 张康之，张乾友. 趋向于公共性的近代政治发展逻辑[J]. 学海，2009(1)：38－45.

是政治生活之外的意见表达，因为这既关系着政治统治的合法性，同时又关系着社会秩序的稳定。正是在这种情境下，思想政治教育公共性才得以出场。

第二，思想政治教育公共性的核心内容是培养大众的公共精神，实现由大众向公众转变①。作为一种精神而言，古今中外都有公共精神的现象，但并不能由此推出中国古代政治生活中就有公共精神，虽然古代文人中不乏“先天下之忧而忧，后天下之乐而乐”这样的高尚情怀，有鲁迅所说的“我们从古以来，就有埋头苦干的人，有拼命硬干的人，有为民请命的人……”②但是帝国的专制，使得人们的日常生活中公共精神普遍缺乏。中国自商周时代以来形成的宗法制国家，即国家不过是家族的扩大，使政治关系血缘化、血缘关系政治化，在家族之间的征服之战中，征服者的家族就成为土地和土地上的人民的主人，这为后来中华帝国的家国同构奠定了坚实的基础。在秦始皇兼并六国后，家国同一转变为家国同构，但国臣终究还是家臣，而皇帝地位和权力就如同全国的大家长③。因此，当国臣和家臣、国民和家民之间没有严格的不可逾越的界限时，很难说有什么公共精神。公共精神作为一个政治问题只能是现代性事件，近代中国社会公共空间的产生打破了儒家伦理的束缚，那些平等、独立的个人在公共空间的相互交往、沟通促进了公共生活的形成，公共生活与私人生活开始分野，同时也更好地促进了公共精神的发育。这里我们有必要指出的是，人类早期由于受生产力水平的束缚，不得不过着一种共同的生活，但共同的生活却不是这里所说的公共生活。毫无疑问，公共精神离不开公共生活这一载体，但也不能由此认为，公共生活就会自然形成公共精神。要形成公共精神，就离不开人的理性的公开运用。何为理性的公开运用？它和人的理性的私下运用又有何不同？应该说，康德对这一问题的回答是深刻的。康德认为人要获得启蒙就必须使用理性，但是“任何一个人，要从几乎已经成为自己天性的那种不成熟状态之中奋斗出来，都是很艰难的。他甚至于已经爱上它了，并且确实还不能暂

---

① 公众舆论中的“公众”不同于“大众”，米尔斯对“公众”与“大众”的比较被认为是界定公众舆论的经典标准。在公众当中：a. 事实上有许多人在表达意见和接受意见。b. 公众交往有了严密组织，其结果是公众所表达的任何一种意见能立即得到有效的回应。c. 由这种讨论所形成的意见在有效的行动中，甚至是在反对（如果必要的话）主导性权威体制中，随时可以找到一条发泄途径。d. 权威机构并不对公众进行渗透，因此公众在其行动中或多或少是自主的。而在大众中：a. 表达意见的人比接受意见的人要少得多，因为公众群体成了受大众传媒影响的个人的抽象集合。b. 主要的交往有了严密的组织，其结果是个人很难或者不可能马上获得有效的回应。c. 运转中的意见能否实现，掌握在那些组织并且控制这一渠道的权威人士手中。d. 大众无法从机构中获得自主性；相反，权威机构的代理人渗透到大众当中，从而削弱了大众通过讨论形成意见的任何自主性。（参见哈贝马斯. 公共领域的结构转型[M]. 曹卫东，译. 上海：学林出版社，1999：295－296.）

② 鲁迅. 且介亭杂文[M]. 北京：人民文学出版社，1973：94.

③ 丛日云. 西方政治文化传统[M]. 长春：吉林出版集团有限责任公司，2007：114.

时运用他自己的理智，因为人们从来都不允许他去做这样的尝试”①。然而公众要启蒙自己，却是可能的；“只要允许他们自由，这还确实几乎是无可避免的。因为哪怕是在为广大人群所设立的保护者们中间，也总会发现一些有独立思想的人；他们自己在抛却了不成熟状态的羁绊之后，就会传播合理地估计自己的价值以及每个人的本分就在于思想其自身的那种精神”②。所以说：“这一启蒙运动除了自由而外并不需要任何别的东西，而且还确乎是一切可以称之为自由的东西之中最无害的东西，那就是在一切事情上都有公开运用自己理性的自由。”③康德随后对理性的公开运用和私下运用作了进一步解释：“而我所理解的对自己理性的公开运用，则是指任何人作为学者在全部听众面前所能做的那种运用。一个人在其所受任的一定公职岗位或者职务上所能运用的自己的理性，我就称之为私下运用。”④那么康德为什么说是作为学者呢？因为“作为一个学者，他却有充分自由，甚至于有责任，把他经过深思熟虑有关那种教义的缺点的全部善意的意见以及关于更好地组织宗教团体和教会团体的建议传达给公众。这里面并没有任何可以给他的良心增加负担的东西”⑤。这种为了“公共的善”，理性的运用是为了公共事务，且以公开途径或方式实现，这些构成了公共精神的内核。思想政治教育之所以要培养大众的公共精神，很重要的一点是促进大众向公众的转变。在康德看来，培养人的公共精神，是“因为如果它们只能通过公开性而达到自己的目的，那么它们就必须符合公众的普遍目的（即幸福），而政治本来的任务就是要使之一致的（使公众满意自己的状态）。然而如果这一目的只有通过公开性，也就是只有通过摆脱对它那准则的一切不信任，才能达到，那么它那准则也就必须与公众的权利相一致；因为唯有在这一点上联合一切人的目的才是可能的”⑥。即是说公共精神的培养不只是因为政治共同体的需要，也是国家的公意和合法性基础。

如此一来，这就实现了由理性的公共运用到公共理性的形成。公共理性不同于理性的公共运用，它“是各种社会主体以公正的理念，自由而平等的身份，在对公共事务充分协商、合作的基础上”⑦形成的。质言之，“‘公共理性’讨论的对象或主题为公共事务；参与讨论者是作为一个‘理性存在者’发表意见而不受其特殊职业

① 康德. 历史理性批判文集[M]. 何兆武，译. 北京：商务印书馆，1990：24.
② 康德. 历史理性批判文集[M]. 何兆武，译. 北京：商务印书馆，1990：24－25.
③ 康德. 历史理性批判文集[M]. 何兆武，译. 北京：商务印书馆，1990：25.
④ 康德. 历史理性批判文集[M]. 何兆武，译. 北京：商务印书馆，1990：26.
⑤ 康德. 历史理性批判文集[M]. 何兆武，译. 北京：商务印书馆，1990：26－27.
⑥ 康德. 历史理性批判文集[M]. 何兆武，译. 北京：商务印书馆，1990：154.
⑦ 史云贵. 中国社会群体性突发事件有效治理的理性路径论析——一种基于公共理性的研究视角[J]. 社会科学，2010(1)：3－10.

或阶层身份和利益的局限;他所采取的方式是努力诉诸一些公认的前提,并运用可以理解和讨论的推理说话”①。由此可见,公共理性超越了单一主体有限的工具理性。公共理性实现的是执政党理性、政府理性和公民理性的有机结合,现代社会中只有通过这样的结合才能更加有利于实现党的思想领导、政治领导、组织领导。公共理性发展状况反映了执政党的执政能力,同时又是民众公共精神的集中反映。思想政治教育公共性以培育民众的公共精神为核心,反映了思想政治教育对其对象的培养目标,另一方面,公共精神的培育也是新时期国家治理中思想政治教育发挥其功能的根本着力点。

第三,思想政治教育公共性是以促成政治共识为旨归的一种属性。思想政治教育公共性之所以能促进政治共识的达成,其前提是因为人类需要政治共识。正如戈布尔曾言:“人类需要一种生活哲学、宗教或一种价值体系,就像他们需要阳光、钙和爱情一样。”②按照《布莱克维尔政治学百科全书》中对“共识”的解释,是指“在一定的时代生活在一定的地理环境中的个人所共享的一系列信念、价值观念和规范。在政治意义上,它指的是与政治体系有关的信念。共识成为和平和有秩序地处理社会政治事务的一个头等重要的先决条件,如果没有一些得到广泛接受的价值观念和规范,社会和政治组织就不可能存在”③。现代社会条件下,一方面是利益分化、阶层分化和意义价值分化的多元社会导致的政治共识达成的困难;另一方面则是人们对政治共识的愈加渴求。或者说政治共识是机遇与挑战并存。不过,认识到这一点并非关键,问题的核心在于思想政治教育公共性所要促成的政治共识又由哪些方面组成。

社会主义初级阶段既不是一个同质性社会,也不是一个以阶级对抗为主要矛盾的社会,而是一个差异性社会。所谓差异性社会主要是指介于同质性社会和阶级对抗社会之间的一种社会形态。差异性社会的本质规定性在于:“它是人民内部根本利益一致或趋于一致、局部和当下利益有各种差别、人民仍然分成各个阶级和阶层的社会。”④在一个局部和当下利益有各种差别和阶层分化的社会中,政治毫无疑问地在人们的公共生活中起着重要的作用,因为政治是“对一个社会进行的权威性价值分配”⑤,作为社会利益的分配者及其分配政策能否得到被分配者的认可

① 何怀宏. 中国的忧伤[M]. 北京:法律出版社,2011:10.

② 弗兰克·G. 戈布尔. 第三思潮:马斯洛心理学[M]. 吕明,陈红雯,译. 上海:译文出版社,1987:103.

③ 戴维·米勒,韦农·波格丹诺. 布莱克维尔政治学百科全书 [M]. 邓正来,译. 北京:中国政法大学出版社,1992:166.

④ 任平,王建明. 论差异性社会与中国特色社会主义民主政治的未来[J]. 马克思主义研究,2010(5):105-107.

⑤ 戴维·伊斯顿. 政治体系[M]. 马清槐,译. 北京:商务印书馆,1993:122.

与支持，不仅关系着政治合法性，也关系着分配者（统治者）与被分配者（被统治者）政治共识达成的可能性。必须指出的是，思想政治教育要促成共识并不是说要每个人对某个政治活动都主动同意。正如萨托利所言："虽然我们称为共识的现象大体上可以说是指接受，即泛泛而言或基本上是消极意义上的共识。但无论如何，共识—接受有着不宜分开的、一般而言明确的'共有'特征。"[①]所以说，如果我们把政治合法性看作一种"认同与支持"的话，那么这种"认同与支持"和客体即可看作政治共识的内容。于是政治共识的内容即转换为被分配者认同与支持的对象是什么？在伊斯顿看来：在那些成员开始不满于典则的输出的地方，他们或许先要责备当局，但是，如果成员很快看出这些输出涉及典则的实质时，他们就会不住要改变典则本身的结构和规范。如果他们发现恰好不可能实现这一目的或进行他们所期待的改变，那么，有些成员最后可能会怀疑继续维持政治共同体现存形式的必要性。他们可能会努力建立一个仅仅包括更加关心其愿望的人的共同体[②]。

据伊斯顿之见，政治共识（认同与支持的客体）包括三个方面：当局、典则、共同体。其中典则可拆分为三个部分："价值（目标和原则）、规范和权威结构"[③]。萨托利在谈到政治共识问题时也指出三个层次：基本共识——决定着既定社会是否从整体上分享同样的价值信仰和价值目标；程序共识——所谓的游戏规则；对政策和政府的共识——引出了作为异见的共识[④]。综观伊斯顿和萨托利之见，我们将思想政治教育公共性所要促成的政治共识分为三个方面：政治共同体（民族国家）的共识；我国当前基本的政治制度的共识；基本规则的共识或程序共识。毋庸置疑，促成这三项基本共识将会大大地推进社会主义政治民主化进程。

3.2　思想政治教育公共性本体剖析

不论是从思想政治教育公共性的动态，还是从其静态来说，人们很容易将思想政治教育公共性看作其一种"镜像"的属性。或者说，思想政治教育公共性可以看成是思想政治教育和公共性的结合。这种说法不能说是错误的，因为在思想政治教育公共性的研究过程中，不可避免地要对公共性理论作一番借鉴。但实际上，这种说法存在两个方面的问题：一方面是将思想政治教育公共性不是看作一个有机体，而是将其视为分割的两个部分；另一方面是对思想政治教育公共性的认识不是

① 乔・萨托利. 民主新论[M]. 冯克利，阎克文，译. 北京：东方出版社，1998：101.
② 戴维・伊斯顿. 政治生活的系统分析[M]. 王浦劬，译. 北京：华夏出版社，1999：385.
③ 戴维・伊斯顿. 政治生活的系统分析[M]. 王浦劬，译. 北京：华夏出版社，1999：226.
④ 乔・萨托利. 民主新论[M]. 冯克利，阎克文，译. 北京：东方出版社，1998：102－103.

从思想政治教育公共性自身出发，而是从公共性出发。要超越这种对思想政治教育公共性的认识，我们必须要寻找到思想政治教育公共性"是其所是"的根基。打个比方说，如果思想政治教育公共性是一株秧苗，那么我们需要找到这株秧苗所赖以生存的土壤。只有找到这个土壤，我们才能更进一步清楚思想政治教育公共性这株秧苗是怎样长出来的，才能明确思想政治教育公共性到底是不是有其固有的属性。而要厘清这些问题，我们需要进入思想政治教育公共性的本体层面来加以探讨。

思想政治教育公共性不论从其过程，还是结果而言，说到底都源于一定的政治实践，因为思想政治教育说到底是一种在思想领域展开的政治实践活动。因此，政治文明发展水平直接决定着思想政治教育公共性何时出场、出场方式、出场路径，等等。或者说政治文明的发展构成了思想政治教育公共性产生和发展的土壤。明确思想政治教育公共性的这一本体很重要，因为这能有效地防止人们只是站在思想政治教育之外对什么是思想政治教育公共性加以追问。实际上，对什么是思想政治教育公共性的追问并不具有合法性。因为这种提问方式通常预设了两个前提：一是被提问的对象，即思想政治教育公共性已经摆放在那里，所以这种提问方式必定会限制人们对思想政治教育公共性的产生和发展过程进行追问；二是提问者以旁观者的身份进入提问过程，他不可能意识到提问者与对象的使用者之间的意义关系。比如，假定某人指着我桌子上的笔记本电脑发问，这是什么？我的回答是：这是一台笔记本电脑。显然，提问者并没有考虑到：为什么是这台笔记本电脑，而不是其他东西摆放在我的桌子上？因此，要显示出提问者或使用者与对象之间的关系，就必须引出一个新问题：为什么人们需要思想政治教育公共性？显然，对什么是思想政治教育公共性的回答又受着为什么人们需要思想政治教育公共性这一问题的约束。因为"Why"追问是对象与提问者或使用者之间的意义关系，而"What"的追问则是对象本身的。"Why"的追问"使存在从存在者中显露出来，并对存在本身进行解释，这是本体论的任务"①。所以说，对人们生活和思想政治教育公共性关系进行追问，实质上是对思想政治教育公共性的本体加以追问。那么，为什么说政治文明是思想政治教育公共性的本体呢？换言之，为什么说思想政治教育公共性是嵌在政治文明的土壤之中的？政治文明又为思想政治教育公共性提供了哪些土壤成分、养料，使这一株"秧苗"得以成长呢？我们以为，可以从政治文明的结构三个重要组成要件入手，来剖析思想政治教育公共性为何是嵌在政治文明的土壤之中的。

---

① M. Heidegger. Sein und zeit. Tuebingen，Max Niemeyer Verlag，1986，s. 27. 转引自俞吾金. 重新理解马克思：对马克思哲学的基础理论和当代意义的反思[M]. 北京：北京师范大学出版社，2005：220.

3.2.1　政治观念文明：思想政治教育公共性产生和发展的主观要件分析

在政治文明的构成中，政治观念文明是其重要组成部分。政治文明发展水平的高低，直接通过政治主体的政治观念文明程度反映出来。我们知道，只有政治主体的政治观念文明程度发展到较高阶段，人们才能建立起更为合理化的政治制度，做出更加合理化的政治行为。政治主体无时无刻不在受着一种无形的精神力量的制约，这就是政治观念。思想政治教育作为在思想领域内开展的政治实践活动，首先就需要关注人们的政治观念。显然，思想政治教育主体对政治观念的关注也是对社会大众思想领域的关注。说到底，思想政治教育和政治观念一样，关注的都是人的精神层面。人们虽然很早就有了政治观念，但并没有随之产生思想政治教育及其公共性。这就如同人们很早就知道要穿衣来遮羞，但衣着设计的学问则是过了相当长的时间才有。思想政治教育公共性的产生和发展应该说是政治观念文明到了一定阶段的产物，或者说政治观念文明发展到较高阶段，才有思想政治教育及其公共性的产生和发展。那么，政治观念文明发展到何种阶段，思想政治教育及其公共性才得以产生和发展呢？我们以为，政治观念文明程度只有到了暴力政治观念已经不再占据主导地位；只有到了从只重视物质利益层面的政治向重视精神层面的政治转变，思想政治教育公共性才可能产生和发展。

当人们和仅仅依靠暴力来解决因政治引发的意见冲突告别时，不仅意味着人们向野蛮告别，而且是政治观念文明发展到较高水平的反映。实际上，古代一部分政治精英已经觉察到仅仅依靠暴力这种政治观念是不行的。早在中国汉代，就有“马上得天下，不能马上治天下”之说。但并不能因此就说，古代人的政治观念的文明程度很高，已经在政治观念上根本告别了用暴力来解决政治问题引发的意见冲突。古代人虽然确实只认识到暴力的作用是有限的，暴力不可能做到利益通吃。中国历代王朝的暴政最终都是崩溃，正是因为暴力的有限性。最高统治者也认识到，必须实行仁政，才能获得民众承认的权威。但是，古代的统治者并没有从根本上告别依靠暴力来解决政治的意见冲突问题。暴力不仅是历代统治者所赖以统治的法宝，而且是历代统治者们根深蒂固的信条。质言之，主要依靠暴力仍是中国历代帝王将相们的主导的政治观念。

暴力政治观念逐步被非暴力的政治观念所主导，应该说是政治文明发展到现代性政治以来的事情。毫无疑问，现代性政治是理性主义政治，而且它将政治正当性问题提升到了前所未有的高度。现代性民主政治使语言在社会公共领域中成为一种政治力量，而且现代性民主政治程度越高，语言在社会公共领域中的政治力量作用越大。政治统治者发现，维持政治统治靠暴力是不够的，更需要话语支持。或者说现代性政治重要的不是统治，而是如何让民众同意统治。暴力难以让民众同意统治，因为暴力在现代性民主政治中只能压人，但不能说服人。而且，随着政治观念文明水平的提升，人们在公共空间中日趋厌恶暴力，更加倾向于说理。例如，近来因日本“国有化”钓鱼岛问题引发的中国民众的游行，出现极少数人使用暴力进行打砸抢现象，媒体和绝大多数的社会成员无不加以谴责。暴力的政治观念让位于非暴力的政治观念显然是政治观念文明发展水平得以提升的一大表现。非暴力的政治观念占据主导，意味着政治统治要获得民众的政治认同，必须要重视话语在政治生活中的影响。实际上，思想政治教育公共性正是在非暴力政治观念逐渐占据主导地位后，才可能得以出场。因为思想政治教育公共性过程正是其主体通过公众舆论、商谈等方式，和社会成员进行广泛的交流和沟通，一方面是促进社会成员的公共精神，另一方面则是促进政治共识的达成。即是说思想政治教育公共性不能离开语言，主要是靠话语的力量来影响民众的思想。

只重视物质利益层面的政治，这同样是政治观念文明水平较低的表现。不论是专制政治，还是民主政治，对于政治统治而言，若不能满足民众的物质利益要求（当然，这两种不同的政治形态下民众的物质利益要求是不同的），肯定难以维持政治统治，社会秩序无疑得不到保障。在专制政治条件下，仅满足民众的物质利益，政治统治尚可能维持。例如，中华帝国时代，最高统治者们通过减轻被统治者们的苛捐杂税，就能保持较长时间的社会安定，形成所谓“超稳定”假象。但是，在民主政治条件下，仅靠满足民众的物质利益就难以维持一定的社会秩序。因为在民主时代，大众要求并对政治权力实现了分享。这不是说专制政治中民众不要求对政治权力加以分享，而是由于在专制政治的统治的“家天下”情况下，政治权力实际上被少数势力强大的“家”所控制。随着政治文明水平的提高，社会治理由“家天下”向“公天下”转变，伴随着国家的产生，政治权力逐渐被转化为国家权力——一种领域化了的权力，国家权力行使具有了专门性，权力的行使者并不享有权力，而只是承担着辅助国家权力运行的职责，掌握权力和行使权力只是一种职业活动。当国成为权力主体，而非“家”的时候，民众自然而然地就会以表达的方式抒发自己的政治理想，即对政治权力的运行表达意见。因为国成为权力的主体，国的主权所有者是人民，国家机关及公职人员只是掌握和行使权力而已。

民众对政治权力运行表达意见，反映了民众的政治诉求。但是，不能将民众的政治诉求化约为经济利益。这种用经济人的假设来化约民众的政治诉求是不合适的。因为民众的政治诉求不仅仅反映了经济利益，还反映了他们的精神诉求。“社会中许多根本性的冲突是心的冲突而远非是利益的冲突，而且没有理由证明物质利益比精神价值更重要。”①政治由只讲物质利益向侧重于精神层面政治转变，即

① 赵汀阳. 坏世界研究：作为第一哲学的政治哲学[M]. 北京：中国人民大学出版社，2009：13.

将原来局限于权力和物质利益分配的政治扩展到精神资源和话语权的政治，从而使思想政治教育公共性产生得以可能。因为思想政治教育公共性如果不能进入民众的精神层面，就无法和民众取得切实有效的沟通，或者说思想政治教育者向社会大众的"理性言说"是无效的。没有有效的"理性言说"，就难以培养出公共人，更难以达成政治共识。

3.2.2　政治主体多元：思想政治教育公共性产生和发展的主体要件分析

政治主体作为政治文明的创造者，在推动和建设政治文明的过程中起着极为重要的作用。政治观念如果离开了政治主体及其实践，那么政治观念只能作为一种观念而存在，而不会转化为现实的政治力量。政治观念之所以逐渐从暴力为主导转变到非暴力为主导，由只重视物质利益层面的政治向重视精神层面的政治转变，根源上都离不开政治主体的实践。因此，仅仅从观念文明角度来考察思想政治教育公共性的产生和发展是不够的。换言之，对思想政治教育公共性的主观要件分析离不开主体要件分析，只有将二者结合起来，才能更加清楚地把握思想政治教育公共性所嵌入的这片土壤。

在专制政治条件下，政治主体只是那些特定的少数人。不论是中华帝国时代，还是西方中世纪时期，在公吞没私的社会结构中，政治权力只属于那些拥有较高地位的人。他们拥有公共身份的特权，这种特权又属于他们所属的社会地位。由于政治权力牢牢地掌控在国王或以皇帝为首的地主阶级手中，他们才构成了真正的政治主体。对于那些被统治阶级的民众而言，他们的政治主体性地位得不到确认。因为，他们很少能够在政治意识指导下从事政治活动，他们的利益不仅得不维护，还常常遭到无名的剥夺。归根结底，他们的政治主体性是不存在的。正如马克思所指出的：他们"不能自己代表自己，一定要别人来代表他们。他们的代表一定要同时是他们的主宰，是高高站在他们上面的权威，是不受限制的政府权力，这种权力保护他们不受其他阶级侵犯，并从上面赐给他们雨水和阳光"①。所以说，专制政治条件下的政治主体只是少数人的游戏。只有随着政治文明水平的提升，专制政治转向民主政治，政治主体才由少数人转向多数人，才由特权阶层转向普通的社会大众。即政治主体不再是个别的、特定的、单一的特权阶层，而是多元的、多样的、多种的。既有普通的公民个人，又有各类社会组织；既有政治组织（政党），又有国家机构的公职人员；等等。

在多元的政治主体中，尤其需要关注两类政治主体的出现：一是独立权利主体的公民；二是政党组织。作为独立权利主体的公民，他既是权利的所有者，又是权

---

① 马克思恩格斯选集(第 1 卷)[M]. 北京：人民出版社，1995：678.

利的行使者。现代性民主政治使民族国家实现了主权和治权的分离。国家主权是人民这一抽象的集合体，而治权则由国家机关及公职人员掌握，他们经由民选产生。因此，公共权力的政治合法性只能来自广大民众的认可和支持。因此，在民主政治条件下，民意往往不可违。但民意并不天然就是正确的、合理的；相反，民众的选择往往充满着短视和狭隘，他们往往容易冲动和盲从，他们错误的选择往往损害其自身的利益。因此，公共权力的政治合法性不是简单地顺应民意，而是要引领民意健康发展，有时甚至是再造民意。引领民意健康发展，才能真正得民心。在社会主义民主政治条件下，民意需要而且必须得到引领，这说到底是为了更好地实现民意。在这种情况下，思想政治教育公共性出场是受到民意的呼唤。在这个意义上说，思想政治教育公共性的产生不只是政治统治的需要，更是人民大众的现实需要。

要引领民意，就不能离开思想政治教育公共性主体之一的政党组织。随着政治文明水平的提升，政党不再是一种辅助性组织，相反，政党是合法性和权威性的源泉。正如杰弗里对于政党在现代性政治中的作用的惊呼："大众社会的到来瓦解了政治社会的现存结构。今天我们生活在一个新的政治时代。在整个当代世界——在西欧的民主国家，在共产主义制度的国家以及亚洲或非洲的原殖民地地区——现在到处都能看到，高度组织的政党占据着政治结构的中心位置，这是因为在 19 世纪末以来崛起的大众社会的形势下，政党是体现人民大众的政治目的的唯一有效手段。"①政党要真正体现人民大众的政治目的，就不能从政党特定的利益出发，如果政党只局限于其自身某一组织或集团的私利与偏好，其政治合法性将大为削弱。因此，理性的政党应该坚持公共利益至上、协商妥协至上和宪政至上。政党要关注政治共同体的利益、公共利益和公共理性，就不能不重视对公共人的培养，特别是对于执政党而言。因为无论是国家机构公职人员，还是政党组织人员，无不是由一个个具体的个人所构成，不重视公共人的培育，那么这个社会、政党和政府自身必然缺乏公共文化、公共舆论和公共精神。不难看出，理性的政党政治本身就孕育着思想政治教育公共性。当然，政党之所以能孕育着思想政治教育公共性的产生，又根源于政治文明的发展。正是多元的政治主体的出现，不同的政党组织为了夺取或执政政权，政党的政治精英们通过传播媒介来传播政治思想，不同的政党在思想领域内展开了角逐，每个政党组织都尽可能谋求自己的政党思想能够被广大民众和社会组织成员所认同，思想政治教育公共性产生了。多元的政治主体的出现，同样使民众参与政治生活成为可能，因为民众自身就是政治权力的分享者。政党就是国家与社会民众之间的桥梁，一端连着民众，一端连着国家。一个政

① 杰弗里. 当代史导论[M]. 张广勇，张宏宇，译. 上海：上海社会科学院出版社，1996：132.

党的公共性特征越明显，它就越能够获得相当多的民众政治支持和认同，也就越可能获得执政权力的机会，从而影响政府体系的动作。所以说，在政治主体由单一走向多元后，政党成为了思想政治教育公共性的重要主体，因为政党在思想政治教育公共性的实现过程中扮演着极为重要的角色。

3.2.3　政治空间开放：思想政治教育公共性产生和发展的社会要件分析

政治空间由封闭走向开放，这既是政治文明发展到较高水平的反映，又是思想政治教育公共性产生和发展的不可或缺的社会要件。应该说，政治空间的开放和政治观念文明、政治主体多元是相互联系的，三者之间互相作用，既促进了政治文明水平的提升，又为思想政治教育公共性产生和发展提供了沃土。

前现代社会的政治空间是封闭的，在这个封闭的政治空间中，为了争夺权力，宫廷内斗从未间断，并时常出现为了夺取最高统治者的权力，阴险狠戾的手段无不使用到极致的现象。“家天下”的政治权力掌控，使这一政治空间说到底是私人性的。专制政治和政治空间的封闭使二者又互为促进。政治空间由封闭走向开放，意味着由特定的政治主体独享政治权力向多元政治主体享有政治权力的转变。即是说政治空间由封闭走向开放，意味着从密室政治走向公共政治。政治空间的开放，既是有形的，又是无形的。前者如公共建筑、政府行为与政治过程等，纳税人的参与欲都能得以实现，后者如宣传、文化、教育部门利用大众媒介对民众进行的意识形态的宣传。

毫无疑问，政治空间的开放自然催生出公共领域。因为政治空间的开放，政治已经不再是“家天下”的政治形态，而是公共性政治。公共领域就是公共性政治实践的重要领域，它同时又是思想政治教育公共性不可或缺的领域。或者说离开了这一重要领域，实际上也就不存在思想政治教育公共性问题。因为公共领域是知识和发言的公开，是一个由“说话”来决定政治选择的空间。思想政治教育者正是在这样一个领域中通过话语权政治的争夺，来实现对非主流社会思潮的引领，进而促进政治共识的达成。那么，到底什么是公共领域？它是有形的，还是无形的？我们这里讨论的公共领域，主要包括四个方面要素：① 公共论坛；② 私人的公众；③ 公共意见或舆论；④ 合法性。

所谓公共论坛，是指一个供社会成员辩论的开放性空间，这可以是有形的市民广场，也可以是无形的网络或电视时段。公共论坛最主要的特征是开放性和平等性，即不仅面向普通民众，而且不考虑每个参与公共论坛的民众发言的社会地位。在哈贝马斯看来，公共论坛一个最重要运作的原则是理性，每个人只能用更理性的表述，或是更有道理的论述来说服别人。每个人也只能依别人论点的好或坏来决定是否接受，其他有关权力或市场的逻辑被排除在论坛之外[①]。不难看出，公共论坛的每个参与者，都是思想政治教育公共性的主体，他们既听取别人的政治意见，又试图以理性的表述来说服他人。即是说公共论坛为思想政治教育公共性的产生和发展提供了空间。

公共领域正是由私人的公众汇集而成的，但这种汇集与古希腊城邦时代的公民大会有着本质的差异。在古希腊城邦，进入公共领域的前提是弃绝私利。而在现代性民主政治时代的公共领域，则包含着对私的尊重和承认。思想政治教育公共性目标之一是培养公共人，这不仅是社会秩序良好的保障，也是私人利益的重要保障。作为私人的公众之所以对公权力加以讨论和批判，既是为了公共的善，也是基于保障私人利益。因此，在现阶段，思想政治教育公共性作为培养公共人的过程来说，不能不重视和肯定私的合理性。而且只有如此，才能了解作为私人的公众他们的社会生存状况、思想状况等，充分了解作为私人的公众的社会生存状况的差异，才能使思想政治教育公共性过程得以顺利进行和实现。

公共意见也就是公众所形成的意见。公众不同于大众，更不同于一般的小市民。一般小市民们的意见因为没有经过理性的论辩，更没有经由大众媒介的传播，故不能称之为公众意见。意见相左的市民，如果没有以理性为基础，那么只可能陷入市井的争吵，而不可能形成公共意见。即公共意见不仅必须经过论坛的辩证和转化，而且是以理性为依归。公共意见的形成需要思想政治教育公共性，因为没有思想政治教育公共性，就难以有公众的存在，公众是公共意见形成的前提要件。不仅如此，公共意见的形成是私人经过理性的辩论，思想政治教育者通过聚焦人们的讨论并统整人们的意见，进而使公共意见得以形成。由于公共意见代表着社会成员的自我反省和转化，因此其拥有类似的规范的权威。从这个角度说，思想政治教育公共性过程又离不开公共意见，因为公共意见对于公众的政治观念和政治行为有着极为重要的规范作用。

任何政治都涉及合法性问题。因为不被承认的政治至少存在着两大危险：一是普遍的不合作将使政治秩序无法贯彻而被解构；二是无力抵抗其他政治力量的挑战而被颠覆[②]。但合法性成为一个问题出现，则是政治文明发展到现代性政治的产物。在前现代社会，人们对政治统治的置疑不过是政治统治的道义和贤能问题，即便是“王侯将相，宁有种乎”的发问，仍没有触及政治统治权威本身。现代性政治之所以使政治正当性变成了一个需要证明的问题，正是因为个人从前现代的社会空间中“脱嵌”（泰勒语）出来，这意味着前现代政治统治的原则不

① 哈贝马斯.公共领域的结构转型[M].曹卫东，译.上海：学林出版社，1999：38.

② 赵汀阳.坏世界研究：作为第一哲学的政治哲学[M].北京：中国人民大学出版社，2009：95.

再是自然正当。思想政治教育公共性的产生显然是受到了合法性问题的推动。正是因为合法性成为一个需要证明的问题，思想政治教育者才需要在公共领域中直面公众对合法性的质疑，通过说理、论辩、叙事、公众舆论的引导等方法，在思想领域和公众展开对话和沟通，促进政治共识的达成，从而使政治统治的正当性得以证明。

第4章　中国共产党思想政治教育公共性历史的追溯

中国共产党思想政治教育公共性的产生和发展，正是嵌入近代中国政治文明的发展所提供的沃土之中。从历史上看，中国共产党之所以在上海建党，是和上海的经济发展、政治发展、文化发展息息相关的。当时上海的报纸和学校、知识分子的结社，既是中国特殊的公共网络，又是中国的公共领域。只不过中国的公共领域基本和市民社会无涉，而主要是与民族国家的建构、社会变革这些政治主题相关。这些知识分子通过报纸、学校、学会，宣传和传播各种政治思想。马克思主义也正是通过活跃在公共领域中的知识分子进行传播，如陈独秀、李汉俊、李大钊等，他们的积极传播使马克思主义产生了广泛的影响，从而使初步具有马克思主义信仰的知识分子希望建立一个全国性的政党。不难看出，中国共产党在全国性正式建党会议召开之前，当时的一部分共产党人就开始有意识、有目的地在公共领域中传播政治思想，以扩大马克思主义的影响，并使越来越多的人信仰马克思主义。实际上，不论是中国共产党正式建党之前，还是建党之后，党一直都极为重视对民众的思想政治教育，以教育和感召民众，促进民众对党的主张的政治认同。

从历史上看，党的思想政治教育公共性一直都是存在的。但在不同的历史时期，党的思想政治教育公共性存在又有着很大的不同。在革命年代，中国共产党的思想政治教育公共性因为革命斗争的需要，主要是围绕着革命中心工作的需要开展的，但并不能因此将这一时期的思想政治教育化约为阶级性，并由此否认党的思想政治教育公共性。因为党的思想政治教育阶级性是为了推翻旧政权，建立新中国，为了实现人民当家作主，这种阶级性实质反映了人民的公共利益。西塞罗曾说："历史乃生活之师。"因此，认真总结党在不同历史时期的思想政治教育公共性的表现，对于当下思想政治教育公共性的实践推进而言，显然有着重要意义。那么，党的思想政治教育公共性历史又是如何延伸的？不同的历史时期又发生了怎样的变化？这些变化的背后根源又是什么？这里我们抛开党的思想政治教育史的历史分期的争论，直接以三个大的历史时期来梳理思想政治教育公共性的历史展开。即以中国共产党新民主主义革命时期(1919—1949)、社会主义革命和建设时期(1949—1978)、改革开放以来的新时期(1978—至今)三个时间段,来追溯思想政治教育公共性历史的展开。不过,为了更加清楚地把握不同时期党的思想政治教育公共性,我们这里对三个时期的思想政治教育公共性的历史开展,都是从思想观念领域、公共空间、统一战线这三个主题予以进行的。

4.1 中国共产党新民主主义革命时期思想政治教育公共性初步实践

在帝国专制时代,人们在共同体中形成的主要是一种等级关系。“所谓等级是指历史意义上的封建国家的等级,这些等级有一定的和有限的特权”①。具象些说,等级主要是一种政治特权与身份特权,这种身份特权与政治特权也不是封建时代才产生的,奴隶社会即已存在。虽不能说古代中国经历了两千多年的封建社会,但鲜明的等级关系的存在却是毋庸置疑的。晚清以来的近现代化运动,使官僚资本与民族资本得到缓慢发展,沿海地区等就出现了一批早期的工人群体,早期的马克思主义者在工人中宣传革命,使得工人阶级的意识开始觉醒,可以说这时的中国社会是一个等级与阶级混合而存在的社会②。但中国共产党的革命运动走的是由农村包围城市的道路,确切地说中国共产党革命运动的立足点是在农村,正是“中国共产党将它的实践扎根于农民确认其乡村世界自主性的努力。通过强化农民在土地、庙宇和市集中所追求的生存战略,而非某些党的高级领导人自以为是的想法,中国共产党获得了革命的合法性”③。农村的农民阶级觉悟无法同沿海等地区的工人阶级觉悟相比,当时农村虽存在着严重的经济生活的两极分化,但农民还没有明确的阶级意识。“革命前的自然村,既不纯粹是形式主义推想中的面向市场的单位,也不纯粹是马克思主义理论中的阶级对立的单位。它同时是一个散沙似的街坊、分层化了的社团和闭塞的共同体。”④

足够多的史料告诉我们,农民缺乏阶级意识是旧中国全国范围内普遍存在的现象。因此,对于中国共产党人而言,如果不对广大群众做思想政治教育工作,取得革命胜利就将是一句空话。问题在于在农民的阶级意识缺乏的情况下,中国共产党的思想政治教育工作又是怎样开展的呢?中国共产党作为社会精英所倡导的

---

① 马克思恩格斯文集(第 1 卷)[M].北京:人民出版社,2009:655.

② 不可否认,当下中国社会仍然是阶级与等级相并存,如“官二代”“富二代”等,所以需要注重科学发展,坚持以人为本,以消除等级残余,遏止阶级分化,强调阶层关系目的是在新的历史条件下达成共识。

③ Ralph Thaxton. China Turned Rightside Up: Revolutionary Legitimacy in the Peasant World[M]. Yale University Press, p. 227.

④ 黄宗智.华北的小农经济与社会变迁[M].北京:中华书局,2000:229.

宏大的意识形态和改造社会的巨大工程，又是怎样同识字较少或不识字占多数的农民大众之间建立共识的呢？它的基本特征是什么？它的具体途径是什么？它采用了什么样的策略？又造成了怎样的自我效果？此外，我们还需要考察的是，中国共产党同国民党右派之间的联合点又在何处？或者说革命战争时期统一战线中思想政治教育工作是怎样开展的？并最终促成各方最大限度的政治共识。带着这些问题，我们可能更容易走进历史的深处。

4.1.1 革命意识的自觉：从翻身到翻心

中国共产党革命之所以能成功，首先要归因于其强大的政治动员能力。一般说来，“政治动员是政治领导主体以自身的价值观、信仰去诱导和说服政治领导客体，赢得被领导者的认同和支持，取得被领导者的自愿服从和主动配合，以实现政治决策规定的目标和任务”①。但在一些学者看来，中共的政治动员的成功并不是因为思想政治工作做得好，而是中国共产党满足了群众的利益需求。如对于土地改革就产生了这样一种声音，共产党搞的土地改革不过是和农民之间进行的利益交换而已，“内战非打不可了，共产党分配土地是为了收买农民，支持战争”②。这种说法似乎很有道理，因为利益交换的逻辑有着很强的说服力。但历史地看，中国共产党和农民群众之间的关系远比这一逻辑要复杂得多。

不可否认，尊重并实现人民群众的物质利益是中国共产党能获得民心的关键所在，中国共产党也一贯强调尊重并实现人民利益，党的宗旨即是全心全意为人民服务。“人民的利益，即是党的利益。除了人民的利益之外，党再无自己的特殊利益。最广大人民群众的最大利益，即是真理的最高标准。”③但能否说尊重并实现了人民群众利益，广大人民群众就会自愿服从并主动配合党的革命工作？如果说人民群众自愿服从并主动配合党的革命工作，那么又该如何理解毛泽东同志所说的“严重的问题是教育农民”④？又该如何理解中国共产党在满足贫雇农的经济要求时，却在战略上始终强调对土改的政治与思想“果实”高度重视？又如何解释许多普通农民在土改中对于中共解决土改方案的不支持甚至加以排斥的现象呢⑤？

大量的历史史料告诉我们，尊重并实现广大人民群众的利益只是革命的前提，如果不对农民做细致的思想政治工作，破除农民的思想障碍，中国共产党与广大农民就不可能达成革命的政治共识，革命也就无法取得成功。当然，在革命的政治共

---

① 施雪华.政治科学原理[M].广州：中山大学出版社，2001：740.

② 关于杨家沟的土地问题(1946年9月8日)，陕西省米脂县档案馆藏。

③ 刘少奇选集(上卷)[M].北京：人民出版社，1981：350.

④ 毛泽东选集(第4卷)[M].北京：人民出版社，1991：1477.

⑤ 现有的大量史料文献可以支撑这一论点。如李部长关于土地改革问题的讲话(1947年8月27日)，山西省临县档案馆藏；寿阳县土地改革典型村考察总结(1947年)(具体日期不详)，山西省档案馆藏等。

识的达成中共产党起了主导作用,"如果没有共产党人,农民不可能孕育出革命思想"[①]。毛泽东同志多次强调思想政治工作的重要性:"中国人民中有这样一部分人还不觉悟,就是说明我们的宣传工作和组织工作还做得很不够。人民的觉悟不是容易的,要去掉人民脑子中的落后的东西,我们要去扫除,就像用扫帚打扫房子一样。从来没有不经过打扫而自动去掉的灰尘。我们要在人民群众中间,广泛地进行宣传教育工作,使人民认识到中国的真实情况和动向,对于自己的力量具备信心。"[②]现在我们要搞清楚的是,面对农民的思想障碍,中国共产党的思想政治工作又是通过何种途径、方式加以破除的。或者说,中国共产党通过怎样的思想动员激发了人民群众(主要是农民)的阶级觉悟,实现了同广大人民群众之间达成革命的共识?在这里,笔者以土改[③]中的诉苦与访苦运动作一微观考察,以分析革命的政治共识起点的形成。

一般认为,土改中的阶级认同是通过反复不断的阶级斗争教育和反复的阶级划分来实现的,但这样的认识并不能很好地解释人民群众"主人翁"的自觉,致使人们对中国共产党与广大人民群众达成共识的方式认识简单化,即广大农民的阶级意识是简单地通过外部灌输就能实现的。那么,土改中的中国共产党与广大农民之间又是通过怎样的方式实现政治沟通,并在沟通中促进群众的"思想"上的革命以及最终实现政治共识的达成?诉苦与访苦正是思想领导与发动的一条重要途径。诉苦(以及各种形式与规模的诉苦会)在中国共产党发动群众过程中起到了极大的作用,更是被视为调动斗争情绪、启发阶级觉悟,造成大规模群众运动的最有效办法。《中共冀中地区党委关于土地改革第一阶段的几个问题的经验介绍》中指出:"只有这样(指诉苦运动——笔者注)才能做到越诉越痛、越痛越伤、越伤越气、越气越起火、越起火劲越大,经过诉苦群众的情绪高起来,斗争自然易于掀起。"[④]可以说,借助于诉苦运动等方式有效破解了群众思想上的障碍,但诉苦不等于"思想"上的革命,要实现"思想"上的革命,还需要挖农民的苦根。"诉出痛苦,不等于觉悟,必须用新社会的看法(阶级分析方法)把苦'破解'开、'拆划'开,先把痛苦'破解'开,然后把痛苦连串起来,才能做到'思想大翻身'。"[⑤]正是在新社会使用的阶

---

① 比昂科.农民运动[M]//费正清,等.剑桥中华民国史(下卷).北京:中国社会科学出版社,1993:309.

② 毛泽东选集(第4卷)[M].北京:人民出版社,1991:1131.

③ 之所以选择土改作为个案考察,是因为土改是一次重大的社会—经济革命,因为据黄宗智的研究,当时地主掌握了所有土地的三分之一,富农掌握了另外的15%—20%,而土改把地主和富农几乎所有的土地分配给贫农和雇农,这次土地的再分配涉及了全国耕地面积的43%。黄宗智.中国革命中的农村阶级斗争[M]//中国乡村研究(第二辑).北京:商务印书馆,2003:72.在该文中黄提出了一个具有创见性的观点:阶级不仅存在于客观的物质性结构中,而且还存在于表达结构中。这给笔者很大的启发。

④ 河北省档案馆.河北土地改革档案史料选编[M].石家庄:河北人民出版社,1990:122.

⑤ 柳村.思想大翻身:潞城五区经验介绍[N].人民日报,1947-2-25(2).

级分析方法，使群众对自己的苦找到了根源，即“由于人，由于阶级，由于剥削”。中国共产党人不仅发动群众起来诉苦，而且将诉苦运动与实际行动相结合，所以要求诉苦运动“必须在行动中教育，一边斗争，一边教育”①。

诉苦运动作为撬起“思想”革命的主要方式，实际上是中国共产党群众路线的反映。因为诉苦真正发动了群众，启发了群众的斗争情绪。通过诉苦，群众在土改中不是得到多少利益，而是让他们产生了主人翁的自觉。与让农民主动诉苦相比，中国共产党访穷问苦、走家串户地做政治工作更加体现了党密切联系群众与调查研究工作的作风。应该说，诉苦与访苦是紧密联系的，访苦则显示了共产党干部的行动主体性、工作作风的细致性。在晋察冀地区就有这样一个访穷问苦的典型——王元寿，正是这位主人翁通过对白泉村穷人瞎牛的访苦，最后将白泉村的群众都发动了起来。当时《人民日报》刊登了这一事迹，现摘录如下：

老王（指王元寿）先在白泉串游了两天，但走到谁家，谁家都什么也不敢说，老王不免有些焦急。最后好容易才知道有个瞎牛家，已要了两辈子的饭，老王就一口气跑到瞎牛家。一孔破烂不堪的窑洞，炕上睡着个生病的小女孩，身上的衣服，有多少窟窿，洞里发出一股怪气味。老王就坚持在瞎牛厨房里住下，瞎牛是个五十开外的人，老王先和他扯扯，问到这里干部好不好，瞎牛说：“不赖，咱是要饭的，谁能短下咱。”听这话，老王想不能急。瞎牛孩子病在床上想喝点汤，没有米，老王说：“我一天领三十两米，二年没吃糠糊饭，可把米给咱孩儿们吃。”瞎牛两口感激不尽，于是瞎牛做什么饭，老王也跟着吃什么饭，一连三天老王没有提到问苦的事。地里的草很多，老王说：“你这地这么些草。”瞎牛叹口气说：“咱只有二亩‘猫眼睁’也不长的地，咱成天在外讨饭，没工没粪，指甚不荒？”老王说：“你是这么说，财主们可又会说：瞎牛该倒运，二亩地还下个这。”接着老王又说：“我扛了三十多年长工，夏天里掌柜家喝着西瓜水，接着是老婆孩子喝。咱也喝——喝的是白开水。”又说：“扛长工饿了饿死，受了受死。实际上扛长工就是门里要饭。”老王的话句句打动了瞎牛的心，在三天中，老王和瞎牛一天天亲切了，到了第四天，瞎牛的心开始变了，老王和他谈起地主的罪恶，瞎牛就瞪眼说：“那年咱村的鬼七毛（某村民的诨号——笔者注）修盖房子就不用本村的人，他告诉说，用下外村的人，吃上能落堆粪，用上本村的人，吃上就回他家去，穷人的屁眼也还要受剥削哩。”老王接着和他算大小孩给人扛长工的账，算来算去，四年工夫财主家亏他十二石粮。这一算可把瞎牛算醒了，他跳起来要去和财主家算去，老王再向他说：“只有咱欠长化，没有缺欠，对也不对？”瞎牛摇手说：“那是我糊涂。”②

---

① 长治县委会总结土地改革经验[N]. 人民日报，1947-3-28(2).

② 王子野. 王元寿访瞎牛[N]. 人民日报，1947-7-14(2).

在这则重要的材料中，我们可以看出以下几点：一是王元寿所代表的中共领导干部能够深入基层群众，如王通过访贫问苦与群众打成一片；二是王元寿的思想政治教育不是通过空洞的说教，而是从解决瞎牛生活中的实际问题入手，使用的是群众语言，同瞎牛建立了亲密的关系，再用"以苦引苦"等方式使瞎牛的"思想"发生了革命，使他自己认识到自己的阶级利益如"穷人的屁眼还要受剥削哩"；三是先实现个别群众的"思想"的革命，然后再带动其他群众"思想"上的革命，以此发动了群众。可以说，王元寿的访贫问苦生动地说明了毛泽东强调的群众方法的两条原则："一条是群众的实际上的需要，而不是我们脑子里头幻想出来的需要；一条是群众的自愿，由群众自己下决心，而不是由我们代替群众下决心。"①

通过对中国共产党土改历史中的思想政治教育公共性的简要回顾，我们不难发现，中共的思想政治教育既面向广大群众，也深入群众个体的内心深处。但不论是面向大规模的群众，还是个体的访苦，都不是通过过抽象的、教条式的宣传，而是通过循循善诱，在具体的思想政治工作中更带有思想政治工作者的感情，在与群众打成一片的同时又从"思想"深处把群众动员起来。农民群众发生的"思想"上的革命，意识到自己的阶级利益同时也就是与中共革命的政治动员之间的共识达成。

4.1.2　乡村公共空间的塑造：大众媒介·乡村社会组织·公共论坛

中共新民主主义革命的政治动员主要发生在乡村社会，由于广大乡村社会闭塞落后，文化落伍，民生困难，甚至妇女缠足之风也仍未能禁绝。面对这样的革命环境，共产党人通过学校教育、干部教育、社会教育这三大教育系统，不仅改造了人的主观世界，也塑造了一个新的乡村社会环境。在这三大教育系统中，社会教育的教育对象无疑更为广泛，教育手段也更为多样。社会教育不是"单靠政府用有限的的财力办的几个学校、报纸等等"，社会教育是"广泛发动民众教育"②。"作为一项广泛参与的公众性活动，社会教育运动不可避免地与整个乡村社会处于一种密切的互动关系中。"③正是通过多种社会教育运动的组织形式——冬学运动、识字组与识字班、夜校、半日班及补习学校和训练班、民众教育馆和俱乐部等，使乡村社会掀起了学习知识与改造习俗的热潮，"虽然过去报纸和农民不相干，但现在……读报正成为他们生活中的一部分"④。国民党中统局统计的调查报告也反映了这一点，边区改制前（边区改制始于1937年），"知识分子之能阅览普通文告及报章者，

① 毛泽东选集（第三卷）[M]. 北京：人民出版社，1991：1013.

② 中共中央党校党史教研室. 中共党史参考资料（第八册）[M]. 北京：人民出版社，1980：200.

③ 张孝芳. 革命与动员：建构共意的视角[M]. 北京：社会科学文献出版社，2011：78.

④ 中统局核送陕甘宁边区教育文化设施情况的调查实报呈谷正纲函件（1940年1月21日）[M]//中国第二历史档案馆. 中华民国史档案资料汇编（第5辑，第2编：教育，二）. 南京：江苏古籍出版社，1997：521－522.

遂如凤毛麟角，文盲约占全人口百分之九十八，妇女几乎全部不识一字”，而经过社会教育运动，“文盲已减至全人口百分之九十，妇女识字者亦渐增加，虽与国内其他先进区域相较，难免相形见绌，而较诸过去之落后情况，更不能不谓已有相当之进步也”①。正是由于社会教育运动，塑造了乡村社会的公共话语空间。之所以塑造出的这一空间是公共话语空间，是因为社会教育运动将乡村中所有人都纳入进来，而且乡村社会中诸多问题与人们之间的矛盾通过在这一空间的讨论，得到澄清与解决。乡村社会的公共空间无疑具有很强的政治性，从当时的革命斗争形势说，党的社会教育运动在塑造民众的生活空间的同时，也塑造了政治的公共空间。众所周知，思想政治教育公共性一方面离不开公共空间，另一方面其又通过自身的活动塑造着公共空间。那么党的思想政治教育又是通过怎样的途径来塑造这一公共空间的呢？

首先，借用大众媒介。在革命的政治动员中，党办的报纸一直被视为宣传与组织群众方面有力的武器。正如博古所说：“我们报纸的主要任务是协助抗战，促进新民主主义和反映社会各阶层的意见。”②不仅有报纸，还有党刊，如《解放》周刊、《共产党人》《新长城》等，更有为了启蒙群众的通俗报纸（如晋西北的《大众报》和陕甘宁的《群众报》）等。毛泽东《在延安文艺座谈会上的讲话》也谈到怎样使用大众媒体为群众服务：“我们的文学专门家应该注意群众的墙报，注意军队和农村中的通讯文学。我们的戏剧专门家应该注意军队和农村中的小剧团。我们的音乐专门家应该注意群众的歌唱。我们的美术专门家应该注意群众的美术。”③在这段重要的话中，我们可以得知，墙报、通讯文学、小剧团等文艺形式都是很好的大众媒体，这些源于群众生活的文艺形式的政治宣传又能用于教化、启蒙群众，同时也使群众的公共生活方式发生了变化。即便是“二流子”（指不务正业游手好闲的人）听说自己上黑板报，也会求着不要把他登上去，甚至誓言改正④。而乡村社会的好人好事、党的政策、农作常识等则通过黑板报等大众媒体的报道和宣传，“成为推动乡村生产、卫生、识字、娱乐、传播新闻与改革旧习惯的武器”⑤，乡村社会的公共生活也借此得以改造。

其次，建立各种乡村社会组织。在一定意义上，大众媒体的政治宣传使群众的

① 达格芬·嘉图．走向革命：华北的战争、社会变革和中国共产党 1937—1945［M］．杨建立，等，译．北京：中共党史资料出版社，1987：276．

② 冈瑟·斯坦．红色中国的挑战［M］．马飞海，章蟾华，等，译．上海：译文出版社，1999：213．

③ 毛泽东选集（第三卷）［M］．北京：人民出版社，1991：863－864．

④ 李鼎铭．关于文教工作的方向［M］//陕甘宁边区抗日民主根据地（文献卷·下）．北京：中共党史资料出版社，1990：391．

⑤ 关于发展群众读报办报与通讯工作的决议（1944 年 11 月 16 日）［N］．解放日报，1945-1-11．

革命认识、情感、态度都发生了很大改变，不仅如此，大众媒体还通过社会舆论和意识形态影响民众。但在传统中央集权体制下，家庭、宗族和“村社”作为基层最小组织单位，因缺少各种中介组织，政府和民众之间隔阂严重。也就是说，不在乡村建立民众组织，政治宣传和政治教育效果不仅大打折扣，而且会因为没有建立组织使政治宣传失去“硬”系统保障。因此中国共产党为了在政治上教化群众，分别建立了群众性的经济组织，如农会、减租会等；群众性的文化组织，如识字组、秧歌队、冬学等；群众性的半军事组织，如少年先锋队、民兵等。应该说，组织化提高了农民的生产兴趣和农业劳动的生产率。正如毛泽东同志所说：“减租提高了农民的生产兴趣，劳动互助提高了农业劳动的生产率。”①不仅如此，组织化还有助于克服农民的狭隘性，提升农民的政治觉悟。“这种生产团体，一经成为习惯，不但生产量大增，各种创造都出来了，政治也会进步，文化也会提高，卫生也会讲究，流氓也会改造，风俗也会改变。”②本来让农民走出原先的生活习惯是一件极其困难的事情，而党通过在乡村社会建立的种种组织，使党的主张、政策、教育工作都比较容易地贯彻到下层农民中，使他们的眼光在打破原先的狭隘后，“他们开始普遍地形成强烈的政治认同，公民意识和国家观念也迅速长成”③。组织化使人与人之间的面对面的互动与沟通变得更加频繁，使信息得以有效传播，最先获得信息并被信息感化的个人（如瞎牛），在人际互动中他不仅传播信息，而且在沟通互动中使更多的人受到感化，群众的公共空间的公意正是通过这种方式得以建构，如村民公约的起草与制订。

最后，以开群众大会等方式，设立公共论坛。中共通过召开公粮会议、座谈会、家长会、乡老会等群众会议的方式，让群众自己公开发表他们的意见，如对于党的政策、生产、生活等发表自己的看法，同时也是党了解群众疾苦的一种方式。“他们有生以来头一回在这样的场合开口说话，开始时有点不习惯，但一言既出，便如江河奔泻。”④开群众大会，实际上为群众参与到公共事务中提供了舞台，之所以这是群众的公共事务，因为这里的讨论都和群众自己的利益息息相关。在这一公共舞台中，群众之间的相互述说、讨论，既教育了别人，也教育了自己，每一个参会的群众在这种公共论坛中都能感受到自己作为独立与平等的一员参与到其中，打破了传统的乡村社会的身份制和等级制。正如赵超构在《延安一月》中感悟道：“在社会民主化方面，延安人的确有了一些成就，至少农工兵的自尊心提高了，肉体劳动成

---

① 毛泽东选集（第三卷）[M]. 北京：人民出版社，1991：1017.

② 毛泽东选集（第三卷）[M]. 北京：人民出版社，1991：1017.

③ 冯崇义. 爱国主义思潮与抗日根据地的建立[M]//南开大学历史系、中国近现代史教研室. 中外学者论抗日根据地——南开大学第二届中国抗日根据地史国际学术讨论会论文集. 北京：档案出版社，1993：69.

④ 杰克·贝尔登. 中国震撼世界[M]. 邱应觉，等，译. 北京：北京出版社，1980：193.

了风气，两性平等也确定了……在吸引民众参加公共生活一事上，延安人从老百姓所最关心切己的生产劳动出发，教会了他们开会、讨论与组织。”①开群众大会等，可以说为中国农民的政治参与提供了最初的实习场所。

4.1.3 革命力量的大联合：最大多数人的支持

党的思想政治教育并不是只局限于广大农民，城市小资产阶级、民族资产阶级、港澳同胞与海外华侨等都是思想政治教育的对象。思想政治教育对象的广泛性显然是思想政治教育公共性的表现。中国共产党虽是一个最有觉悟的阶级和最有组织性的阶级，“但是如果单凭自己一个阶级的力量，是不能胜利的。而要胜利，他们就必须在各种不同的情形下，团结一切可能革命的阶级和阶层，组织革命的统一战线”②。统一战线本质上是大团结大联合，其根本任务是争取人心，凝聚力量，因此它就必然面临着如何使不同阶级立场、不同利益群体争取到我们党的革命斗争这一立场中来的问题。进一步说，党的思想政治教育不仅要面向他们，更要实现思想政治教育公共性的旨归——促进政治共识的达成。我们知道，任何一项政治共识的达成的前提是相关各方需要有着相互认同的政治主张，或者说党的思想政治教育公共性的内容是城市小资产阶级、民族资产阶级等所认同的。毫无疑问，党的立场和人民的立场在根本上是一致的，党的思想政治教育公共性在这一时期说到底就是人民性。人民性虽是党与其他阶级、阶层政治共识获得了认同的前提，但这样的认同离不开大量的思想政治教育工作。那么随之而来的问题是，党的思想政治教育公共性在这当中又是通过怎样的路径实现的呢？归结起来，大约有三个方面：

第一，建立和巩固宣传阵地，广泛宣传中共革命的政策主张，争取一切可能的力量支持革命工作。统一战线中革命的宣传显然不同于边区的革命宣传，无论是其面对的对象，还是其所处的环境，都存在着较大的差别。这是我们对统一战线的革命宣传史考察时必须要明确的。中国共产党在统一战线的革命宣传中坚持两条腿走路的方针：一方面通过积极而又广泛的国内宣传，让外界真正了解中国共产党的革命主张与政治。主要通过《新华日报》《群众》周刊、公开演讲和撰写文章等途径，积极宣传党的政策主张，戳穿国民党顽固派的欺骗宣传，主要是为了争取国内进步力量和中间力量的支持。如针对国民党政府的独裁，《新华日报》对此加以揭露道：

他们以为中国实现民主政治，不是今天的事，而是若干年以后的事，他们希望

---

① 赵超构. 延安一月[M]. 上海：上海书店出版社，1992：247.

② 毛泽东选集(第二卷)[M]. 北京：人民出版社，1991：645.

中国人民知识与教育程度提高到欧美资产阶级民主国家那样，再来实现民主政治……正是在民主制度之下更容易教育和训练民众[①]。

二十年来，尤其是最近几年，我们天天见的是“只许州官放火，不许百姓点灯”。政府所颁布的法令，其是否为人民着想，姑置不论。最使人愤慨的是连这样的法，政府并未遵守。政府天天要人民守法，而政府自己却天天违法。这样的作风，和民主二字相距十万八千里！所以民主云云者是真是假，我们卑之无甚高论，第一步先看政府所发的那些空头民主支票究竟兑现了百分之几。如果已经写在白纸上的黑字尚不能兑现，还有什么话可说？所以在政治协商会议开会以前，我们先要请把那些诺言来兑现，从这一点起码应做的小事上，望政府示人民以大信[②]。

正是通过这些大量类似的宣传，不仅使党的政策与主张深入民心，而且极大地争取了一切可能革命的力量。

另一方面为了争取世界舆论的支持，还积极开拓海外宣传，打造对外宣传新平台[③]。《新华日报社论集》和中共在重庆出版的《群众》在香港印刷，不仅在香港和菲律宾销售，还邮寄或托海员带往世界各地的华侨团体、侨领、华侨学校。聚集《保盟两周通讯》《时事通讯》等刊物的力量，出版华侨丛书，密切与海外华侨报刊联系，为他们提供翔实的新闻材料[④]。另外，还争取一批外国记者、政要等，有的是成功争取他们到延安实地访问，让他们实地了解中共的政策和主张，进而通过他们向国外开展了卓有成效的宣传，以获得最大多数的对革命的支持。

第二，广交朋友，争取中间力量的广泛支持。广交朋友是周恩来统一战线工作中一个重要的工作方法，后来广交朋友成了在国统区和敌占区的作为地下工作的重要方针。通过加强同党外人士的交往，增进了解，建立感情，从而争取他们支持党的工作。在周恩来看来，广交朋友不仅包括同那些同情进步、同情革命的人交朋友，而且“对于反动营垒中可能分化出来的人物，要争取他们，教育他们，帮助他们”，如此“才能团结更多的人和我们一道走”[⑤]。每当民主人士遇到困难或危难时，中国共产党都能及时伸出朋友的援助之手，给予真诚的帮助。“当陶行知为筹办育才学校而四处奔波时，当马寅初因抨击官僚资本而身陷囹圄时，当张申府因被取消参政员资格而生活困难时，当章伯钧身患痢疾而危在旦夕时，当左舜生因女儿

---

① 新华日报[N]. 1939-2-25(2).

② 新华日报[N]. 1943-9-15(1).

③ 中共广西壮族自治区党史研究室. 中共中央南方局的统一战线工作[M]. 北京：中共党史出版社，2009：308.

④ 南方局党史资料征集小组. 南方局党史资料：统一战线工作[M]. 重庆：重庆出版社，1990：376.

⑤ 中共中央统一战线工作部，中共中央文献研究室. 周恩来统一战线文选[M]. 北京：人民出版社，1984：123.

患急病而束手无策时，当范旭东为筹建建业银行出现困难时……”[①]中共总能以各种方式帮助他们渡过难关。正是这种真诚的态度赢得了广大中间党派和民主人士的信赖，从而为中间力量认同党的政策与主张提供了坚实的基础，有了这一基础，也就有了合作的基础。当然，这种基础的获得离不开党的入心、入情、入理的思想政治工作。毫无疑问，如果没有这种基础，党的任何单方面工作都将是事倍功半，甚至可能一无所获。

第三，动员一大批中间力量积极参与民主政权的实践，促进了各阶级之间的合作。中国共产党领导民众进行革命的目的之一就是破除专制主义统治，实现人民当家作主的民主政治，这一目标也是统一战线建立的“中心环节”，因革命时期特殊的环境，以及当权的国民党政府当局害怕民主政治危及自身利益，使中国共产党的民主政治建设不得不限制在边区和根据地进行。在民主政治中选举是其重要特征之一，选举也使民众的权利得到前所未有的扩大，但选举产生的民主政权也出现了共产党党员当选比例过大、少数地方的政权为豪绅地主所把持的现象，这显然与普遍平等的选举制“才能适合于各革命阶级在国家中的地位，适合于表现民意和指挥革命斗争，适合于新民主主义精神”[②]不一致。政权建设的“三三制”原则由此诞生，即根据地的政权人员分配是共产党员三分之一，“左派”进步分子和中间分子及其他分子占到三分之二。“三三制”使政权基础由原先的工农扩大到了其他进步阶级和阶层上，这些进步阶级和阶层在参议会（参议会是抗日战争时期中共在陕甘宁边区建立的一种人民代表大会式的民主政治制度）上认真履行自己的权利，“对政府一向知无不言，言无不尽”[③]，提出了不少可行的建议和计划，监督并改善了党的领导，初步实现了民主政治的要求。所以林伯渠在第二届参议会上说：“今天我们到会的参议员，是代表各个阶层、各个党派、各个民族的，它表明了我们边区的亲密团结，我们政权统一战线的性质，以及政府与人民的团结一致。”[④]要使党真正成为全体抗战人员和中华民族利益的真正代表，使经过普选建立的民主政治的统一战线真正得以建立，必须“要巩固民主制度，增强人民自治能力，厉行廉洁政治，保障人民权利，发扬民众的积极性”[⑤]。

---

① 中共广西壮族自治区党史研究室. 中共中央南方局的统一战线工作[M]. 北京：中共党史出版社，2009：75.

② 毛泽东选集（第二卷）[M]. 北京：人民出版社，1991：667.

③ 边区参议员介绍——安文钦[N]. 解放日报，1941-11-5(4).

④ 中国科学院历史研究所. 陕甘宁边区参议会文献汇辑 [M]. 北京：科学出版社，1958：75.

⑤ 中国科学院历史研究所. 陕甘宁边区参议会文献汇辑 [M]. 北京：科学出版社，1958：87.

4.2 中国共产党社会主义革命和建设时期思想政治教育公共性历史发展

1949 年新中国的成立，是开天辟地的大事件。但新成立的国家政权在思想领域内却是多元并存的，无产阶级思想、民族资产阶级思想、小资产阶级思想、帝国主义思想和封建主义残余思想同时存在。新中国的成立，意味着中国共产党在国家社会政治生活中取得了领导地位，因此，自然需要将党的指导思想扩大为国家意识形态。中国共产党的思想政治教育公共性经过革命战争时期初步的实践，已经积累了较为丰富的经验。显然，这些丰富的经验为新中国的思想政治教育公共性的历史发展奠定了坚实的基础。有人可能要问，党在建国后不久进行的社会主义改造，实现了国家与社会的一体，即在城市靠单位制度，在农村靠人民公社和生产队制度将社会成员高度整合起来，人们还有公共生活吗？我们以为，社会主义改造完成以后，公共生活仍然存在，只不过这是一种组织化的公共生活，社会成员个人的私人生活和社会生活就体现在公共生活中。而且在组织化的公共生活中，私人领域是存在的。即便是在“文革”这样的特殊时期，私人领域仍是存在的。当然，这种组织化的公共生活显然不同于改革开放以后，作为私人的公众的汇合而形成的私域性的公共生活。

中国共产党社会主义革命和建设时期显然存在着思想政治教育公共性，虽然这一时期政治领域仍然强调阶级斗争，但作为人民民主专政的国家政权，强调阶级性实际上具有全民性。只不过在社会主义改造完成以后，全民的公共生活是一种组织化方式存在。不过要注意的是，即便是组织化的公共生活，意识形态领域也不只是一种一元化的存在，其他的意识形态仍然是存在的①。只不过由于在极“左”思潮占据统治地位时，很少有人会发出一些同党报社论或中央文件所不同的声音，因为他们很有可能被扣上“反对中央”“背离无产阶级革命路线”的帽子。既然这一时期党的思想政治教育公共性是存在的，那么，党的思想政治教育公共性在新中国成立后又经历了怎样的历史发展呢？

4.2.1　主流意识形态的领导权：思想领域改造式的整合

新民主主义经济、政治制度决定了资产阶级、小资产阶级、农民阶级思想在一定时期内与无产阶级时期同时存在，如在文艺思想领域宣扬“超阶级”的思想、政治

① 如果不把意识形态严格地界定为一定的理论体系，而是承认意识形态以价值信念为核心的多种表现形式，那么我们就能比较容易感受到个人意识形态的真实存在。参见：刘少杰. 意识形态层次类型的生成及其变迁[J]. 学术月刊，2011(2)：11.

思想上主张资本主义等，这对于刚刚执政的中国共产党来说，必须要同这些资产阶级思想以及一切错误的思想进行斗争。这种斗争不仅反映在新生的共和国政权时期，而且在社会主义改造完成以后，这种斗争仍然需要。毛泽东在1957年《关于正确处理人民内部矛盾的问题》时指出："在我国，虽然社会主义改造完成，在所有制方面说来，已经基本完成，革命时期的大规模的急风暴雨式的群众阶级斗争已经基本结束，但是，被推翻的地主买办阶级的残余还是存在，资产阶级还是存在，小资产阶级刚刚在改造。阶级斗争没有结束。无产阶级和资产阶级之间在意识形态方面的阶级斗争，还是长时期的、曲折的，有时甚至是很激烈的。"[①]无产阶级和资产阶级之间的意识形态的斗争在社会主义革命和建设时期长期存在，意味着党要在思想领域进行批判、辩论与斗争，以思想领域改造式的整合逐渐实现主流意识形态的领导权。这一时期党为了实现主流意识形态的领导权，主要展开了以下三个方面工作。

第一，进行全党思想整风。要实现主流意识形态的领导权，执政党自身的思想建设至关重要。只有党内的思想实现高度统一，而不是鱼龙混杂，党员干部才能保持无产阶级政党的党性纯洁，才能为意识形态的领导权奠定基础。中国共产党因长期生活在极端残酷的战争环境下，进入和平环境后使一些党员干部"由满腔热忱地勤勤恳恳地为人民服务的高贵品质堕落到资产阶级的卑鄙的个人主义方面去"[②]。生活条件的转变，从贫困的农村来到繁华的城市，很容易使一些党员干部追求物质享受，导致生活腐化。因此，急切地需要对全党进行整风，而党的整风的中心环节就是思想整顿。党风是个实践活动范畴，本质上是党性问题。即党风反映党性，党性决定党风。共产党的党性就是无产阶级的阶级性、本质和利益的集中表现，属于思想观念范畴。因此，全党的党风整顿，从根本上说还是要在思想观念上进行整党。

全党的思想整顿，既具有普遍性，又做到重点突出。前者是面向全体党员，后者突出的则是党的干部。不论是面向全体党员，还是重点针对干部的思想整顿，都是公开进行的，而不是关起门来进行思想整顿。1950年4月，中央在《关于在报纸刊物上展开批评和自我批评的决定》中指出：吸引人民群众在报纸上展开批评我们工作中的缺点和错误，并教育党员，特别是党的干部在报纸刊物上作关于这些缺点和错误的自我批评，在今天是更加重要地突出起来了。以公开的方式进行党的思想整顿，既得到人民群众的拥护，树立执政党的权威，又有利于党员的思想整顿。面向全党的思想整顿，首先是选拔培训整党教员和干部，然后将他们派往基层指导

① 毛泽东文集(第7卷)[M].北京：人民出版社，1999：233.

② 毛泽东选集(第4卷)[M].北京：人民出版社，1991：1480.

党的思想整顿秩序。其次，在全体党员中进行一次系统的共产主义和共产党的教育，目的是不让资产阶级和小资产阶级的思想损害党在政治上的纯洁性。最后是保证各级党委对党员教育工作的统一领导，实行严格的请示和报告制度，遵守各项纪律要求。

干部的思想教育是这次党的思想整顿的重点对象。干部作为一个群体，是国家和群众之间进行连接的重要渠道。只有重视整顿干部的思想，才能使国家意识形态较为顺利地渗透到社会之中。整顿干部的思想如果能让他们自我剖析，那么思想整顿要容易得多。但是干部，特别是基层干部对于自我解剖却是顾虑重重。主要是害怕有的错误谈出来受处分，怕下了台丢人败兴。即是说干部的思想整顿要比普通党员更加困难，他们的思想压力要比普通党员大许多。当时的群众对检举揭发干部也是顾虑较多，有的群众怕提出伤了感情，有的群众怕提出干部不接受，有的群众怕提出来上辩论会，有的群众怕提出不解决问题。这时，经过选拔和培训的党教员起了关键性作用。他们作为国家的代表，有着很高的权威。他们通过宣讲国家政策，向干部讲明，坦白从宽、抗拒从严是国家政策，国家的目的是治病救人，而不是一棍子打死。这样就打消了干部的种种顾虑。干部在“引火烧身”后，也承诺绝不打击报复群众。从而发动群众对干部的批评和干部的自我批评。干部的反省，特别是基层干部的反省，加强了国家意识形态对基层地区的渗透，反省也使普通民众获得了微观权力，在监督干部的思想和作风方面起着重要作用。

第二，知识分子的思想改造。思想政治教育公共性，作为一种固有属性，它不仅面向党自身，同时又面向人民群众。从党的思想政治教育公共性历史的初步实践来看，党非常重视对广大群众的思想政治工作。刘少奇在第一次全国宣传工作会议上指出：“用马列主义的思想原则在全国范围内和全体规模上教育人民，是我们党的一项最基本的政治任务。”[①]知识分子是党的不可缺少的力量。在新中国成立初期，全国共有各类知识分子约 200 万人，他们对于新中国工业化、现代化而言，无疑是极其重要的力量。但是，新中国成立初期的知识分子大多数还是从旧社会而来，他们长期受帝国主义和反动统治阶级思想的影响，对党领导的无产革命事业和党的方针政策缺乏了解。他们当中一部分人带有浓厚的唯心主义、一部人带有自由主义、一部分人甚至仇视马列主义，攻击新政权。因此，党需要对知识分子进行思想改造，灌输马列主义、毛泽东思想，以促其思想转变。具体措施有：一是理论学习和阶级斗争、生产劳动的实践相结合。知识分子的思想改造，首要的难题在于他们中一部分人抵触甚至反对改造。如当时清华大学的崔之兰教授就说：“我最恨共产党提知识分子改造。”在他看来，“即便要改造，至多是那些同国民党鬼混过的

---

① 刘少奇选集(下卷)[M].北京：人民出版社，1985：82.

知识分子，我的身家清白，教学胜任，思想改造与否，有什么关系"①。因此，仅仅使用学习活动，如让知识分子参加报告会、短期培训班、本单位的学习小组等，效果并不明显。要促进知识分子的思想转变，还需要让知识分子参加阶级斗争和生产劳动的实践。通过参加实际的阶级斗争和生产劳动，使知识分子自己认识到与工农干部、贫苦农民之间的隔膜，从而产生自我改造和要求改造的愿望。二是对形形色色的资产阶级思想、小资产阶级思想等非无产阶级思想开展批判和斗争。由于非无产阶级思想主要集中于教育界和文艺界，因此主要在这两个领域开展。三是进行"知识分子洗澡"。所谓"知识分子洗澡"主要是在全国范围内开展声势浩大的思想改造运动。运动范围是空前的，绝大多数知识分子都卷入其中。运动中要求知识分子不论其职位高低，名声大小，一律要在不同规模的群众大会上进行检讨和授受群众批评，由群众决定其能否"过关"。

第三，农民、手工业者、资本主义工商业者的思想改造。毛泽东提出的"在社会主义建设中人人需要改造"的著名论断告诉我们，思想领域的整合对象除了党自身、知识分子以外，还应包括农民、手工业者、资本主义工商业者。农民在经过土改后，广大农民的劳动积极性被大大激发出来。但是，土改后出现的土地买卖、商业投机、高利贷活跃很快使农村出现两极分化。因此，不对广大农民开展思想政治工作，农民就会安于现状，他们就进入不了社会主义。因此，需要"不断在社员中进行关于社会主义……和资本主义……两条新旧不同道路的教育；教育社员把个人利益及国家利益结合起来；教育社员积极从事劳动……教育社员爱护公共财产……经过这一切的教育不断地提高社员的社会主义觉悟"②。对广大农民的思想改造，除了大张旗鼓地宣传，使广大农民思想认识统一到党的方针政策以外，各级党组织还采取了"对比""算账"等方式，通俗易懂地对农民进行思想政治教育。

对手工业者的思想改造坚持由群众组织起来，既反对要求过高过急，又反对停步不前。通过宣传合作化的优越性，提高了手工业劳动者的社会主义觉悟；通过对手工业者的"四为"教育（为农业生产服务、为城乡人民生活服务、为国家工业建设服务、为出口需要服务），不断克服小生产带来的资本主义生产的不良作风；加强对手工业者的团结互助教育，反对本位主义、宗派主义思想，发扬了团结互助精神。

资本主义工商业对于社会主义的改造，大多数工商业资产阶级开始都存在疑惧或不满。为了消除资本主义工商业在社会主义改造中的疑惧不满，中央领导人毛泽东、周恩来、陈云等亲自邀请工商界代表人物座谈，各级党委也纷纷邀请工商界代表举办座谈会，教育他们资本主义道路在中国走不通，让他们认清社会发展规

① 于风政. 改造[M]. 郑州：河南人民出版社，2001：37.

② 关于发展农业生产合作社的决议[N]. 人民日报，1954-1-9(6).

律，掌握自己的命运。毛泽东重申：中国共产党坚持和平转变和赎买政策，是"善转"，不是"恶转"，是"和平的转"，不是"强力的转"，打消了他们的顾虑。在做他们思想工作的同时，解决他们的实际困难。如对接受改造的工商界人士给以政治上和工作上的安排，进一步打消他们思想上的疑虑。在此基础上，再用党的政策加以引导，如给资本家及其家属学习技术，使他们在放弃剥削后，有可能变为自食其力的劳动者。通过组织工商界人士学习，推动工商业者的思想改造。通过学习，他们的疑虑消除了，政治觉悟得到了很大的提高，使得他们自觉地接受社会主义改造，在思想和行动上自觉跟着党走。

4.2.2 公共空间的改造：大政工建制·培养接班人·开展政治运动

在新民主主义革命时期，党的思想政治教育主要在乡村，面向的是农民。党的思想政治教育既是在乡村进行，同时又建构了乡村的公共空间。这为党在社会主义革命和建设时期的思想政治教育在全国范围内开展提供了经验，随着党的思想政治教育空间大大扩展，思想政治教育又不可避免地对全国范围内的公共空间作出改造。那么，执政党的思想政治教育又是如何改造公共空间的呢？归结起来，主要有三个方面。

第一，依靠全社会共同做思想政治工作，并且提供制度上的保证。从而，思想政治工作在全社会的开展获得了建制，或者说形成了大政工的建制。在社会主义改造完成后，毛泽东明确提出了"要依靠全社会共同做思想政治工作"的观点。毛泽东指出："思想政治工作，各个部门都要负责任。共产党应该管，青年团应该管，政府主管部门应该管，学校的校长教师更应该管。"[①]1961 年，为了使思想政治工作每个部门不仅应该管，而且实际生活中也在管，党中央先后制定了各行各业的工作条例，这些条例根据各行为的特点，对如何开展思想政治教育工作提出了明确的要求。

《农业六十条》规定，农村党委会及其支部，是党在农村中的基层组织，是农村工作的领导核心。公社党组织，必须根据党的指导方针、政策，加强对各级各部门工作的领导。六十条中明确规定了人民公社的党组织在思想政治教育工作方面的主要职责，提出人民公社党组织必须严格遵守民主集中制，实行集体领导和个人分工负责相结合的原则，并要求人民公社中的党组织要把切实做好思想政治工作作为自己的重要的任务，要通过各种形式向广大群众宣传马列主义、毛泽东思想，宣传党的路线、方针和政策。《工业七十条》明确规定：中国共产党是企业领导的核心，国营企业中党的委员会对于企业的行政管理工作、思想政治工作、工会工作、共

① 毛泽东文集(第 7 卷)[M]. 北京：人民出版社，1999：226.

青团工作以及企业中的生产的、政治的、文化的和群众运动实行全面的统一的领导。明确规定设立政治部来负责企业思想政治教育工作，企业中的政治部是企业党委的工作机关。《高校六十条》指出，高等学校实行党委领导下的校长为首的校务委员会负责制，充分发挥校长、校务委员会和各级行政组织的作用，努力改进党的领导方法和作风，切实加强思想政治教育，进一步调整和改善党与知识分子的关系。这些条例都规定了各行各业、各条战线的思想政治教育机构设置，使思想政治教育公共性的实现有了制度上的保障，同时也为思想政治教育对公共空间的改造提供了制度支撑。

第二，培养无产阶级革命事业的接班人。公共空间的改造最终落实到人的层面则是培养什么样的人的问题。不论是从思想政治教育公共性所要培养人的角度，还是从社会公共空间的角度，培养什么样的人对于公共空间改造尤其重要。公共空间说到底是人的实践活动的产物，而人具有什么样的思想直接决定着空间的实践形态。不同时期，思想政治教育公共性所要培养的人虽有着具体上的差异，但不论是无产革命事业的接班人，还是社会主义新人，乃至于我们所讨论的公共人，根本点则是相同的。例如，他们都关注公共生活、信仰马克思主义并投身于社会主义事业，在社会公共空间中都能与人团结，富有批评与自我批评精神，等等。

培养无产阶级革命事业的接班人，是毛泽东在反对修正主义、防止和平演变的过程中提出来的。毛泽东从党和国家不能改变颜色的角度出发，提出了培养和造就千百万无产阶级革命事业接班人的问题。他说，我们需要培养和造就千百万无产阶级革命事业的接班人。据此，《人民日报》《红旗》杂志编辑部发表评论说：

培养无产阶级革命事业的接班人问题，从根本上说，就是老一代无产阶级革命家所开创的马克思主义事业是不是后继有人的问题，就是将来我们党和国家的领导能不能继续掌握分在无产阶级革命家手中的问题，就是我们能不能胜利地防止赫鲁晓夫修正主义在中国重演的问题。总之，这是关系到我们党和国家生死存亡的极其重大的问题①。

据这段材料可以知道两点：一是接班人的培养关系着无产阶级革命事业的持续性；二是从现在起要注意培养革命事业的接班人。培养、提拔革命事业的新生力量，是进一步推进社会主义革命事业的迫切需要。所以说，重视接班人的培养问题可以确保组织化的公共空间改造得以继续前进，而不会被非无产阶级思想所占领。

第三，多次开展政治运动，进行观念领域的斗争。公共空间的改造，在更深层次上就是对公共空间的观念领域的改造。不论是公共论坛，还是大众媒体，最后都

① 关于赫鲁晓夫的假共产主义及其在世界历史上的教训——九评苏共中央的公开信[N]. 人民日报，1964-7-14(1).

要在人的精神层面加以展开。社会主义革命和建设时期的公共空间和新民主主义革命时期的乡村公共空间相比，无论是公共空间的范围，还是公共空间的民众构成，都存在着显著的差异。众所周知，新中国成立至社会主义改造完成，各种小资产阶级思想、资产阶级思想等在全国范围内的公共空间中弥漫。即便是在社会主义改造完成以后，各种非无产阶级思想在组织化的公共空间中仍是存在的。对于弥漫于公共空间的非无产阶级思想，新中国成立后制定了《中国共产党第一次全国宣传工作会议关于加强党的宣传教育工作的决议（草案）》，以党内法规的形式，从加强思想理论建设、党内思想教育、群众宣传鼓动、新闻舆论出版等诸多方面提出了宣传思想工作制度建设的一系列具体措施，为大政工格局的形成奠定了基础。各行各业的思想政治教育建制，为这一时期开展广泛的政治运动提供了可能。实际上，中共在新中国成立前就开展了多次政治运动，只是这样的政治运动主要局限于党内，如著名的延安整风运动。

新中国成立后，面对国内外复杂的政治局势，政治运动由党内拓展到党外。政治运动的主体参与者不再局限于党员干部，群众成了最主要的参与者。政治运动通过政治宣导、政治家或政治精英的号召，借助广泛的政治动员使广大人民群众参与或卷入到政治生活中，致使政治运动声势浩大，对政治空间的改造产生了深远的影响。虽然全国性的政治运动每次任务和目的不同，动员的具体方式也有差异，但这一时期的政治运动一般都经过三个步骤：第一步是各单位负责人进行政治动员或政治交代，宣讲政策；第二，在领导的组织下，在党员中开会学习，培养运动的积极分子，培养积极分子很重要，因为他们在政治运动中作用相当大；第三步，号召个人自我批评、自我检举和群众检举相结合，开声势浩大的群众大会，大会开始前，积极分子带头做表率。政治运动对于公共空间的改造作用巨大，但政治运动同时又对公共空间产生着破坏性的影响。特别是在“文革”时期，政治运动中采取的“大鸣、大放、大辩论、大字报”方式压制和破坏了民主，致使个人专断和个人崇拜盛行，群众运动使社会秩序和经济运动遭到严重破坏。

4.2.3 “百川汇大海”：监督·区分和处理两类不同性质的矛盾·团结

新中国成立之初，百废待兴，国际上也只有少数几个社会主义国家承认新政权。因此，中国共产党所领导的人民政权要想站稳脚跟，必须要团结一切可以团结的力量。和新民主主义革命时期相比，这一时期党要争取和团结的力量更为广泛。思想政治教育开展的领域也更为广泛，手段也更为多样。在社会主义革命和建设时期，党的领导既通过制定正确的方针和政策来团结民众，还通过对一切可能汇集到新政权的对象做了耐心而又细致的思想工作，争取和团结了他们，为社会主义革命和建设事业增添力量。具体而言，主要包括以下三个方面：

第一,党对各民主党派提出了“长期共存,相互监督”的方针调动了民主党派的积极性,巩固了党的领导地位。在新民主主义革命时期,各民主党派对于新政权的成立贡献了很大力量。新中国成立及社会主义革命期间,各民主党派成员及所联系的群众参加了国家建设,在各自的岗位上贡献了力量;在参加国家事务的管理和为社会主义服务过程中,各民主党派代表反映了他们所联系的阶级、阶层的合法利益和合理要求。在国家政治生活中,共产党同民主党派实行互相监督。这为“长期共存,互相监督”方针的提出奠定了基础。

毛泽东认为,各民主党派对国家、对人民的事业是有好处的。他指出:“究竟是一个党好,还是几个党好?如今看来,恐怕是几个党好。不但过去如此,而且将来也可以如此,就是长期共存,互相监督。在我们国内,在抗日反蒋斗争中形成的以民族资产阶级及其知识分子为主的许多民主党派,如今还继续存在。在这一点上,我们和苏联不同。我们有意识地留下民主党派,让他们有发表意见的机会,对他们采取又团结又斗争的方针。一切善意地向我们提意见的民主人士,我们都要团结。”①从不提监督,到提出共产党和民主党派之间互相监督,反映了政党制度的发展,也是中国政治文明发展的一大表现。“长期共存,相互监督”的方针扩大了人民民主,鼓舞并调动了各民主党派成员参加社会主义建设的政治热情。“长期共存,相互监督”方针的提出,意味着不论是共产党,还是各民主党派,都要耐心倾听不同的意见。这一方针的提出有助于解除民主党派害怕打击报复的顾虑,使民主党派敢于和乐于自由地、无拘无束地进行批评和争论。执政党对于一切正确的意见都要虚心接纳,从而为执政奠定更为坚实的基础。对于错误的意见,执政党要善于引导,采用分析和说理的方法,经过反复讨论以明辨是非,进而促进政治共识的达成。

第二,两类不同性质的矛盾的提出,团结了民族资产阶级、小资产阶级、知识分子等,扩大了党的执政的群众基础。毛泽东在 1957 年 2 月在《关于正确处理人民内部的矛盾的问题》中指出,“在我们国家现在的条件下,所谓人民内部的矛盾,包括工人阶级内部的矛盾,农民阶级内部的矛盾,知识分子内部的矛盾,工农两个阶级之间的矛盾,工人、农民同知识分子之间的矛盾,工人阶级和其他劳动人民同民族资产阶级之间的矛盾,民族资产阶级内部的矛盾,等等”②。人民内部矛盾不同于敌我之间的矛盾,人民内部矛盾是在人民利益根本一致基础上的矛盾。

这两类不同性质的矛盾,在解决矛盾的方法上有很大的不同。对于人民内部矛盾,如果处理方法不当,也会造成对抗。毛泽东提出要用民主的方法解决人民内

---

① 毛泽东. 论十大关系[N]. 人民日报,1976-12-26(1).

② 毛泽东. 关于正确处理人民内部矛盾的问题[M]//李德芳,等. 中国共产党思想政治教育史料选编. 武汉:武汉大学出版社,2009:259.

部矛盾的问题。"'民主的方法即说服的方法，而不是强制的方法'……就是说必须让他们参与政治活动，不是强迫他们这样做那样做，而是用民主的方法向他们进行说服教育工作。"[①]或者说如果用强制命令的方法，不但不能解决思想问题，而且极为有害。"凡属于思想性质的问题……只能用讨论的方法、批评的方法、说服教育的方法去解决，而不能用强制的、压服的方法去解决。"[②]要解决人民内部的矛盾，只能通过说理的方法、论辩的方法来解决人们的思想问题。

区分两类性质不同的矛盾，从而采用不同方法，不仅有助于消除民族资产阶级、知识分子、小资产阶级的思想疑虑，更主要的是通过说理的方法、论辩的方法能有效解决他们的思想问题。这才能有利于团结民众，而不是分裂民众；有利于社会主义革命和建设，而不是不利于社会主义革命和建设；有利于巩固中国共产党的领导，而不是削弱党的领导；有利于巩固人民民主专政，而不是削弱这个专政。简言之，严格区分和正确处理两类不同性质的矛盾，教育和团结了民众，大大巩固了党的执政基础。

第三，在民族问题上坚持民族平等，巩固民族团结；在宗教问题上团结广大信教群众。新中国的成立推翻了民族压迫，实现了各民族解放，党在民族方面的首要任务是实现各民族的平等联合团结，以提高中华民族的凝聚力。毛泽东指出："国家的统一，人民的团结，国内各民族的团结，这是我们的事业必定要胜利的基本保证。"[③]要实现民族团结，不仅要制定正确的方针、政策，同时也需要开展思想政治教育工作。不过，二者并不是分开的。如通过积极推行民族区域自治制度，使少数民族在政治上行使当家作主的权利，但是民族区域自治制度如何出台，就需要开展思想政治教育工作。思想政治教育者要多次同党外人士、民族代表人物谈话，广泛听取意见，进行协商，以促进民族区域自治制度的出台符合少数民族的现实需要。在巩固民族团结方面，除了推行民族区域自治制度，党还非常重视对少数民族干部的培养。通过设立民族学院、民族学院干部学校、民族干部训练班等，壮大了少数民族干部队伍。在巩固民族团结中，党对于影响民族关系和民族团结的两种民族主义倾向——大汉族主义和地方民族主义，做了大量的思想政治教育工作。因为这两种民族主义倾向产生的原因是复杂的，因此，不能采取简单否定的办法，要深挖原因，教育和帮助人们改正，只进行消极的批评并不能解决民族主义这两种思想倾向。

---

① 毛泽东文集(第 6 卷)[M].北京：人民出版社，1999：81－82.

② 毛泽东.关于正确处理人民内部矛盾的问题[M]//李德芳，等.中国共产党思想政治教育史料选编.武汉：武汉大学出版社，2009：262.

③ 毛泽东.关于正确处理人民内部矛盾的问题[M]//李德芳，等.中国共产党思想政治教育史料选编.武汉：武汉大学出版社，2009：222.

作为一个多种宗教的国家，信教群众占人口总数的比重虽然不大，但绝对数字还是不小。思想政治教育者如果主动放弃他们，那么无疑不利于社会主义革命和建设。因此，需要对宗教人士做思想政治教育工作。问题是，信仰宗教的群众和党的意识形态有着很大的不同，该如何对其开展思想政治教育？虽然信仰不同，但并不意味着不能对其做思想政治教育工作。要对宗教人士做思想政治教育工作，党提出了首先要具体分析宗教人士的政治态度，并作出正确的估计。其次，提出要团结宗教上层大多数。“我们的方针，就是要争取团结民族、宗教上层的大多数，把大多数争取团结到我们这方面来，同时对他们进行教育改造。”①对宗教上层人士开展思想政治教育，培养他们当中一批比较靠拢共产党接受党的领导的分子，有了这样一批人，团结信仰宗教的群众就有了可能。再次，有计划、有目的地培养和教育年轻一代红色神职人员，注重培养对政治上靠拢共产党的有丰富宗教知识的学者。历史表明，通过这些措施，争取和团结了绝大多数的信教群众。

4.3 改革开放以来中国共产党思想政治教育公共性历史的新探索

“文革”结束后，以党的十一届三中全会为标志，社会主义建设进入了改革开放新的发展时期。在这一新的时期，一方面党的思想政治教育经过扰乱反正，优良传统逐步得到恢复；另一方面新时期为党的思想政治教育公共性提供了新的时代境遇，党的思想政治教育公共性在这一时期不仅对已有的传统予以继承和发扬，而且随着思想政治教育学科建设被纳入规范的轨道，思想政治教育在发挥主流意识形态在社会公共领域的影响、促使大众向公众转变、促进政治共识的达成等方面，作出了新的探索。这种新的探索由于得益于思想政治教育公共性的优良传统、得益于思想政治教育学科建设和学科发展，因此，改革开放以来党的思想政治教育公共性在探索中取得了很大的成就。所以说，认真梳理新时期思想政治教育公共性新的探索的历史，有着重要的意义。

4.3.1 思想解放与理论创新：核心价值观的吸引力与凝聚力

新时期，党的思想政治教育再次成绩斐然，光彩照人。党的思想政治教育之所以如此引人注目，毫无疑问源自它的思想魅力。思想政治教育是在思想领域内展开的政治实践，思想的地位对于思想政治教育而言，给予再高的估价也不为过。帕斯卡尔曾说：“人只不过是一根苇草，是自然界最脆弱的东西；但他是一根能思想的

① 李维汉.统一战线问题与民族问题[M].北京：人民出版社，1982：617.

苇草。用不着整个宇宙都拿起武器来才能毁灭他;一口气、一滴水就足以致他死命了。然而,纵使宇宙毁灭了他,他却仍然要比致他死命的东西更高贵得多;因为他知道自己要死亡,以及宇宙对他所具有的优势,而宇宙却是对此一无所知。”[①]思想政治教育对象是人,确切地说,是人的思想。依照帕斯卡尔之见,人的伟大、高贵全在于思想。思想政治教育要在思想领域内教育人、说服人,如果没有思想优势,很难取得实效。没有思想优势也就没有教育的权威。早在抗日战争时期,党就认识到思想领先的重要意义。毛泽东指出:“思想、政治、政策、军事、党务五项为政治局业务的中心,而以掌握思想为第一项”[②],“政治局五大业务中以思想为第一位,要抓住思想首先以干部教育为主”[③]。改革开放以来,党的思想政治教育之所以能迅速地从“文革”中走出来,掌握思想上的优势应该说是最为重要的。只有不断解放思想和理论创新,才能增强核心价值观的吸引力和凝聚力。那么,新时期党的思想政治教育公共性又是如何体现的?这种思想优势又是如何取得的?具体而言,主要有以下三个方面:

第一,两次思想解放运动建立了邓小平理论并将之确立为党的指导思想,实现了思想政治教育公共性的历史性转折。1978 年,党的思想政治教育实现了历史性转折。邓小平同志在十一届三中全会上作的题为《解放思想、实事求是,团结一致向前看》的报告,使思想政治教育从“斗争哲学”“形式主义”“空头政治”中走了出来,重新确立了坚持实事求是,一切从实际出发的思想原则。思想政治教育观念、内容与方法随之进行了调整。首先,明确了思想政治教育的任务。党的十二届三中全会通过的《中共中央关于经济体制改革的决定》指出:“在新时期,党的思想工作和组织工作必须坚定地贯彻执行为实现党的总任务、总目标服务,密切结合经济建设和经济体制改革的实际来进行的指导方针。”[④]其次,确立了较为全面的思想政治教育内容:思想教育、道德教育、政治教育等三个有机联系的要素。最后,不断探索和创新党的思想政治教育方法,实现了思想政治教育方法的多样化。显然,没有解放思想和邓小平进行的理论创新,思想政治教育在思想领域就难以说服民众。

20 世纪 90 年代初,邓小平的南方谈话再一次在全国范围内掀起了一场新的思想解放运动。《人民日报》连续发表社论,为打破人们思想上的僵化造势,全国各地通过认真传达学习邓小平同志的南方重要讲话,使思想解放运动得以深入。思想的解放,观念的转变,坚定了社会成员走社会主义道路的信心。从思想解放的历

---

① 帕斯卡尔. 思想录[M]. 何兆武,译. 北京:商务印书馆,1985:158.
② 毛泽东年谱(1893—1949)(中)[M]. 北京:中央文献出版社,1993:364.
③ 毛泽东年谱(1893—1949)(中)[M]. 北京:中央文献出版社,1993:366.
④ 中共中央文献研究室. 十二大以来重要文献选编(中)[M]. 北京:人民出版社,1986:585.

史轨迹看，每一次思想解放运动以及带来的理论上的创新，不仅为新时期思想政治教育提供了指南针，更为思想政治教育公共性的实现提供了巨大的思想优势。从思想政治教育的科学定位、内容体系、教育方法来看，无不凸显了这种巨大的思想优势。

第二，“三个代表”重要思想的形成和发展为党的思想政治教育公共性的实现提供了强大的思想理论武器。“三个代表”重要思想的提出标志着中国共产党由革命党向执政党转变，实现了理论上的自觉，最重要的是增强了执政党的阶级基础。“三个代表”重要思想在理论上明确了思想政治教育公共性的立足点。思想政治教育公共性作为一种动态表现过程，无不反映为了更好地实现人民利益。思想政治教育公共性以促进政治共识的达成为旨归，这一旨归的背后正是人民的利益。“三个代表”重要思想为思想政治教育公共性提供了评估尺度。思想政治教育公共性要实现凝聚民心、激励全国人民的团结，要真正体现“三个代表”重要思想，就不能泛泛而谈。要促进政治共识的达成，思想政治教育公共性在思想领域内所宣扬的思想必须要紧跟时代、勇于创新，如果在思想上不能反映时代要求，必然被民众所抛弃。

“三个代表”重要思想完整论述了思想政治教育公共性的任务。思想政治教育是做人的工作，其任务是要“培养什么样的人”“为什么要培养这样的人”和“怎样培养人”的问题。“三个代表”重要思想从政党、国家与社会主义高度宏观揭示了先进文化的战略地位和作用，同时也论述了“人的全面发展”的重要手段和途径。人的发展不仅需要发达的物质文明作为基础，还需要发达的精神文明作为基础。既要以生产力的发展为前提，又要以文化的发展为前提。代表先进文化的发展方向，就要满足人民群众日益增长的精神文化需要。思想政治教育公共性要引领多种社会思潮的健康发展，它是以一种精神政治力量来引领并满足人民的需要，正是反映了党所代表的先进文化方向的要求。

“三个代表”重要思想有针对性地丰富了思想政治教育公共性的内容。思想政治教育要面向社会大众，“弘扬主旋律，就是要在建设有中国特色社会主义的理论和党的基本路线指导下，大力倡导一切有利于发扬爱国主义、集体主义、社会主义的思想和精神，大力倡导一切有利于改革开放和现代化建设的思想和精神，大力倡导一切有利于民族团结、社会进步和人民幸福的思想和精神，大力倡导一切有利于民族团结、社会进步、人民幸福的思想和精神，大力倡导一切用诚实劳动争取美好生活的思想和精神。弘扬主旋律，使我们的精神产品符合人民的利益，促进社会进步，不断满足人民群众日益增长的精神文化需求，这是发展宣传文化事业、繁荣社会主义文化市场的主题"①。不难看出，思想政治教育要向社会成员弘扬的主旋律主要是四个"大力倡导"。四个"大力倡导"已经具有很大的包容性，而且具有鲜明的时代精神。

第三，科学发展观的提出为思想政治教育公共性的实现提供了理论上系统的指导。科学发展观坚持发展是执政兴国的第一要务，但发展不仅是指经济发展，还指全面发展。"全面发展，就是要以经济建设为中心，全面推进经济、政治、文化建设，实现经济发展和社会全面进步。"②全面发展不仅包括人的发展，还包括社会的发展。人与社会的发展既是科学发展观的中心内容，又为思想政治教育公共性的价值理念提供了目标指向。思想政治教育公共性作为一种价值理念，首要表现为对人类理想的社会秩序的生成，但如果离开了人与社会的发展这样一个目标的指引，这一价值理念就可能成为空中楼阁。

科学发展观的核心是坚持以人为本，以人为本是思想政治教育面向社会成员的出发点。胡锦涛同志指出："思想政治工作说到底是做人的工作，必须坚持以人为本。既要坚持教育人、引导人、鼓舞人、鞭策人，又要做到尊重人、理解人、关心人、帮助人。"③"加强和改进思想政治工作，注重人文关怀和心理疏导，用正确的方式处理人际关系。"④思想政治教育公共性不仅面向大众，还要与大众不断地进行沟通、协商，辩论，但不注重人文关怀和心理疏导，就不能进入大众的思想深处。所谓人文关怀，就是对人的生存及其生命意义的关怀，是对人的尊严的认可，是一种文化和文明的诉求，更是一种态度和价值目标。疏导不同于教导，教导往往高高在上，缺乏亲和力，难免束之高阁，往往不能解决教育对象内心的疑虑。疏导不仅建立在对对象的尊重上，而且贴近对象的实际需求。人文关怀和心理疏导相结合，为思想政治教育在思想领域的展开增加了亲和力、感召力，更加贴近群众的实际，解决他们思想上的困惑，从而发挥思想政治教育主流意识形态对社会成员的价值吸引力和凝聚力。

科学发展观的根本方法是统筹兼顾，思想政治教育公共性的实现为之提供了新的科学方法。科学发展观针对我国进入全面建设小康社会的关键时期，提出了统筹兼顾是科学发展观的根本方法。统筹兼顾是实现思想政治教育公共性的科学方法。具体而言，主要包括两个方面：一是要树立全球视野。在新形势下推进思想政治教育公共性，不仅要立足国内的思想政治教育公共性，更要大胆地走出去，向

---

① 中共中央文献研究室．十四大以来的重要文献选编[M]．北京：人民出版社，1996：655．

② 胡锦涛．在中央人口资源环境工作座谈会上的讲话[N]．人民日报，2004-4-5(1)．

③ 胡锦涛在全国宣传思想工作会议上发表重要讲话[N]．人民日报，2003-12-8(1)．

④ 胡锦涛．高举中国特色社会主义伟大旗帜 为夺取全面建设小康社会新胜利而奋斗——在中国共产党第十七次全国代表大会上的报告[N]．光明日报，2007-10-25(1)．

世界传播中国主流意识形态，树立良好的国家形象。二是要树立全局视野。在全面建设小康社会的道路上，思想政治教育面对分化的群众，需要统筹好社会成员的个人利益与集体利益、当前利益与长远利益，充分调动社会民众的积极性。

4.3.2　公共空间的主导：扩大覆盖面·加强公民道德建设·抓住主渠道与主阵地

改革开放以来，特别是随着社会主义市场经济的发展，中国社会利益关系发生着越来越复杂的分化，社会结构发生了深刻的变革。随着越来越多的"农民工"进入城市，成为产业工人，不仅改变了占人口绝大多数的农民的阶级结构，也改变了工人阶级结构。且在原先的工人、农民和知识分子阶层以外，还崛起了一个以脑力劳动为主，靠工资和薪金谋生，具有谋取一份较高收入、较好的工作环境及条件的职业就业能力及相应的消费能力，有一定的闲暇生活质量；对其劳动工作对象有一定的支配权；具有公民、公德意识及相应修养的中间阶层[①]。简言之，与组织化的公共空间相比，新时期的公共空间发生了翻天覆地的变革。思想政治教育公共性既依托于公共空间，又对公共空间产生着深刻的影响。新时期党的思想政治教育公共性实践，没有也不可能简单套用革命时期思想政治教育公共性在公共空间的做法与经验，而是在新的历史时期作出了许多积极的探索。主要表现在以下三个方面：

第一，在新时期进一步解放思想，创新思想政治教育载体、方式方法，努力扩大思想政治教育覆盖面，提高了主流意识形态的影响力。1978 年进行的改革开放，特别是社会主义市场经济体制的建立，使经济、政治、社会都发生了巨大变化。新时期不仅有公有制经济，还有大量的民营经济、外资经济、合资经济等。社会组织得到了迅猛发展，政治观念多样化，社会阶层在不断分化，这些都为新时期思想政治教育公共性的实现既带来了很大的机遇，但又使其面临着严重的挑战。在思想意识形态领域，始终都存在着谁来占领的问题。无产阶级思想不来占领，非无产阶级思想必然要占领。毫无疑问，在社会主义革命和建设时期，党的思想政治教育公共性做到了全覆盖。但在新时期，社会发生大转型，本应覆盖于全社会领域的思想政治教育并未能做到全覆盖。新时期，党的思想政治教育为了扩大其辐射面，进一步解放思想，继承并创新了思想政治教育公共性实现的载体、方式方法。

一是高度重视非公有制经济的思想政治教育。首先澄清"非公有制经济组织不是党的依靠力量""非公有制经济组织中开展党建工作名不正、言不顺"等糊涂认识；其次，通过力争在一切有条件的非公有制经济组织中，建立健全党组织，发挥党组织的核心作用；再次，重点抓好非公有制经济代表人士的思想政治教育，以点带

① 陆学艺. 当代中国社会阶层研究报告[M]. 北京：社会科学文献出版社，2002：139.

面，把他们的工作做好，以发挥他们的示范作用。二是既重视已有的载体，又创造了许多新的载体，推动了思想政治教育向公共空间的拓展。通过文化载体、网络载体、先进人物事迹等为载体，做大众的思想政治教育工作。将思想政治教育公共性的内容寓教于文化之中，充分利用文化作为一种价值观载体的渗透性强、影响持久和形象、生动、直观等特点，起到很好的效果。随着网络的迅猛发展，它自身就形成了一个虚拟的公共空间。党在新时期通过创建思想政治教育网站、设立临时的主题网页网站、发掘和利用其他网站的思想政治教育信息等，主动占领网络新阵地，扎扎实实地推进思想政治教育进入网络工作。三是采取多种思想政治教育方式方法，扩大思想政治教育覆盖面。例如，党充分利用改革开放以来出现的先进人物、先进事迹，有计划、有目的地在公共空间中推出和宣传。提出了“三贴近”的原则和方法，即思想政治教育工作要贴近实际、贴近生活、贴近群众，充分体现人民群众的主体作用，尊重差异，包容多样，努力满足人民群众的精神需要，让人民共享文化发展成果。

第二，提出并加强公民道德建设。思想政治教育公共性的实现离不开公共空间中的人，新时期思想政治教育公共性在人的培养方向上作了积极的探索。从社会主义革命和建设时期提出培养的接班人、改革开放以来邓小平提出了要培养“四有”新人。在 21 世纪，《公民道德建设实施纲要》的出台实际上都是对老一辈无产阶级革命家提出的接班人、“四有”新人的进一步发展。《公民道德建设实施纲要》的指导思想明确指出：以马克思列宁主义、毛泽东思想、邓小平理论为指导，全面贯彻“三个代表”重要思想，坚持党的基本路线、基本纲领，重在建设、以人为本，在全民族牢固树立建设有中国特色的社会主义的共同理想和正确的世界观、人生观、价值观，在全社会大力倡导“爱国守法、明礼诚信、团结友善、勤俭自强、敬业奉献”的基本道德规范，努力提高公民道德素质，促进人的全面发展，培养一代又一代的有理想、有道德、有文化、有纪律的社会主义公民。

加强公民道德建设，显然有利于进一步实现主流意识形态对公共空间的主导。广泛开展群众性的道德实践活动，在全国范围内开展了“讲文明、树新风”活动，“创建全国文明城市、文明村镇、文明行业”活动，以及文化科技卫生“三下乡”活动，“百城万店无假货”等活动，推出了一批先进典型和示范点及“文明旅游景区点”，在群众中产生了广泛影响。这些实践活动强化了公民的社会责任意识，加强了公民自身的道德修养。在公民建设过程中，注意从群众的需要出发，从社会需要出发，努力为群众办实事，使群众看到了道德建设的力量，激发了群众支持和参与道德建设。各地群众自己开展活动，一些地方设立“道德评议会”，组织“职工宣讲团”，举办“城镇论坛”，发挥老党员、老干部、老教师、老工人、老劳模的“五老”作用。农村针对封建迷信、婚丧大操大办等现象成立了科普协会、计生协会、禁赌协会、红白理事会等“四会”组织。这些活动都有力地促进了城镇和农村良好社会风气、文明健康生活方式的形成。

第三，强调要抓住学校这一主阵地、主渠道。众所周知，学校在公共空间中扮演着重要角色，学校如果在培养什么样的人、怎样培养人的问题上认识不清楚，全面建设小康社会的伟大事业就可能遭受严重挫折。新时期，中共中央国务院颁发了《关于进一步加强和改进未成年人思想道德建设的若干意见》《关于进一步加强和改进大学生思想政治教育的意见》，这两个《意见》的出台，反映了中共中央国务院对于未成年人和大学生思想政治教育的高度重视。《关于进一步加强和改进未成年人思想道德建设的若干意见》中明确指出，学校是未成年人进行思想道德教育的主渠道，必须要按照党的教育方针，把德育工作摆在素质教育的首要位置，贯穿教学的各个环节。《关于进一步加强和改进大学生思想政治教育的意见》作为促进新时期大学生全面发展的纲领性文件，深刻分析了新形势下大学生思想政治教育面临的形势和任务，具有很强的针对性、指导性和操作性。

《关于进一步加强和改进未成年人思想道德建设的若干意见》针对未成年人的发展特点，强调要充分利用和整合各种德育资源，深入研究中小学生思想品德形成的规律和特点，把爱国主义教育、革命传统教育、中华传统道德教育和民主法制教育有机统一于教材之中。该《意见》要求积极营造有利于未成年人思想道德建设的氛围，明确指出，各类大众传媒要增强社会责任感、各类互联网网站要充分认识所肩负的社会责任，为净化未成年人的成长环境作出贡献。《关于进一步加强和改进大学生思想政治教育的意见》则从九个方面对加强和改进大学生的思想政治教育作了指示。不论是中小学，还是各级各类高等学校，抓住学校这一主阵地、主渠道，党的主流意识形态话语就能通过青少年学生对公共空间产生很大的影响。而且，青少年作为祖国的未来、民族的希望，抓住了这一主渠道，不仅有利于思想政治教育在当下的公共空间的影响，更有利于在相当长的一段时间内思想政治教育对公共空间的影响。

4.3.3 爱国力量的凝聚：政治协商·培育民族精神·文化共享

革命时期的思想政治教育公共性，因服务于革命斗争的需要，思想政治教育公共性的理念是为了寻求革命的大联合。因此，思想政治教育主要面向一切可能同情、支持革命的阶级，教育并团结他们。改革开放以来，思想政治教育公共性的理念是调节人与人、人与社会之间的关系，促进社会和谐。思想政治教育公共性注入了更多的包容性、凝聚性、建设性、可持续性。改革开放以来，党的思想政治教育公共性在凝聚爱国力量、促进政治认同方面，做了大量的探索，既进行了广泛的爱国主义教育，又加强了与各行各业社会人员的团结。为了凝聚爱国力量，思想政治教育所面向的对象不仅是国内民众，还面向海外。

第一，推进政治协商，促进政治共识的达成。虽然说中国共产党执政合法性是靠历史选择确立起来的，但“掌权并不只是以公共权力的归属为标志，还必须在这种归属基础上，获得民众对这种归属权的承认”①。为了团结各民主党派人士，促进政治共识的达成，执政党在新的历史时期充分重视并发挥人民政协的参政议政功能。执政党通过深化政协履职机制建设，进一步规范政治协商程序，不断拓宽协商的内容，切实落实履行协商职能的制度规定，使政治协商成为党委、政府实现科学决策、民主决策的重要环节；改进并完善了民主监督机制，重点在知情环节、沟通环节、反馈环节上健全制度，探索建立发动各界群众反映社情民意、参加民主评议机制，进一步加强了参政议政制度建设。

新时期，党为了进一步推进政治协商，还强化了政协组织的开放性、平等性、对话性，推进政协组织成为扩大公民有序政治参与的舞台。从这个意义上说，共产党与各民主党派进行的政治协商，不只是局限于执政党与参政党之间。执政党大力推进政治协商，促进了各民主党派在参政议政的过程中更好地反映其所联系的阶层及群众的利益，共产党和民主党派的政治共识的达成，又促进了各民主党派积极协助中国共产党和政府做各自联系的群众的思想政治工作，从而维护了国家安定团结，增强了民族凝聚力。

第二，弘扬和培育民族精神。思想政治教育公共性所要促进的政治共识的第一层次就是对民族国家的政治共识。然而，这一最基本层次的政治共识，却受到了严峻的挑战。众所周知，当今世界，文化与经济和政治相互交融，在综合国力的较量中作用越来越重要。文化的力量，深深地熔铸在民族的生命力、创造力和凝聚力中。在国际竞争日趋激烈、思想文化相互激荡的背景下，西方国家运用政治、经济、军事和文化等手段对我国进行渗透，我国的民族凝聚力受到严重挑战。如敌对势力利用宗教对学校进行渗透，他们打着宗教传播的旗号，通过学术讲座、授课、交流等方式，让青年学生对宗教产生兴趣，然后开始把他们的一些政治意识形态和价值观念灌输给学生。要有效抵御西方腐朽思想的侵蚀，维护社会主义文化的主导地位，必须要弘扬和培育民族精神，把全国人民的意志凝聚到共同目标上来。

执政党向广大人民群众弘扬和培育民族精神，需要对他们展开历史教育，使他们了解中华民族艰苦奋斗、自强不息的历史，特别是近百年来争取独立解放、民族振兴和光辉业绩。弘扬和培育民族精神，要把各类博物馆、烈士纪念建筑物、革命战争中的重要战役、文物保护单位、历史遗迹和风景名胜供社会民众免费参观，以使这些公共性环境真正具有思想政治教育价值。

---

① 王长江. 现代政党执政规律研究[M]. 上海：上海人民出版社，2002：167.

第三，从中国传统的历史出发，强调文化共享，教育并团结了港澳台同胞、海外华人华侨等，增进了民族认同。不论港澳台同胞，还是海外华人华侨，他们都对中国现代化建设事业作出了重要贡献。改革开放以来，他们直接投资、提供宝贵人才、举办教育和公益事业等，大大促进了中国现代化建设。实际上，港澳台同胞，特别是海外华人华侨对于让中国更好地走出去，让世界更加了解中国也作出了巨大贡献。中国的侨民已经超过3000万人，他们在世界上100多个国家或地区从事不同的职业，并融入当地社会。他们一方面比国内同胞更加熟悉国内政治、经济、文化状况，可以成为中国了解这些国家的“天然向导”；另一方面他们时刻都在关注着中国的进步，他们比外国人更加了解中国，成为外国人进入中国的“最佳引路人”。因此，思想政治教育公共性的开展如果不面向他们，就难以使中国的文化进入世界大舞台。

港澳台同胞、海外华人华侨生活方式、价值观念具有多样性，思想政治教育要面向他们，只有从中国传统和历史出发，强调世界华人同宗同源，才能激起他们的认同感。执政党在面向他们开展思想政治教育工作时，始终突出一个永恒的主题——民族团结。强调中华民族之所以能逐步扩展，可以归因为各民族之间的不断融合和团结。应始终贯穿一根历史主线——热爱祖国。向他们阐述中华文明在五千年的漫漫历史长河中，共同的血缘、共同的文化、共同的心理和共同的语言。因此，中华民族从很早时候就形成了国家意识。应通过挖掘传统文化资源，强调文化共享，而不是使用某些政治概念，更不是使用家长式的教导来增强民族凝聚力。

第 5 章 思想政治教育公共性的时代境遇

思想政治教育公共性是一定历史条件下的产物，在不同的历史时期它又面临着不同的境遇，对思想政治教育公共性的历史追溯已经在一定程度上反映了这一点。但不能认为对于自晚清以来的思想政治教育公共性的历史追溯已经足以说明它的这一性质，如果离开了对当下思想政治教育公共性的时代境遇的历史意识，这种追溯很可能就会沦落为编年史的另一种书写形式。具象些说，对思想政治教育公共性的历史研究总是需要在特定的历史生活“关联与境”①中认识这个世界。我们不可能镜像式地面对自然、客观地经验和感知纯粹的外部规定性，而面对历史时更是如此。从这个意义上，狄尔泰说：“洛克、休谟和康德所设想的认识主体的血管之中并没有流淌着真正的血液，而毋宁说只存在着作为某种单纯的思想活动、经过稀释的理性的汁液。”②这种不在场的血液，正是因为历史在他们的认识论中是作为白板式的受动载体出场的。然而，思想政治教育公共性的历史存在不同于自然物质，它是比自然物质要“复杂得多、神秘得多的东西”。

众所周知，中国自 1978 年以来第三次现代化运动变革了国家的“总体性支配”方式，这种“总体性支配”方式的变革在一定意义上可以说又是一场革命，而且这场革命带来的变革与西方发生的工业革命所致的变革有诸多相似之处：一是社会资源的占有控制已经不再是全能主义政府模式，而是呈现为多元化态势。社会在很大程度上可以利用这些资源和自由活动的空间发展出独立于国家的物质生产和社会交往，这加剧了国家与社会之间的分离。二是个人的独立性日趋扩大，如个人受组织、身份的限制逐渐减弱，个人寻求自身发展的选择余地大大增加，个人的财产权利、言论、发表、隐私权利都有了实质性的改善。显然，这些都根源于社会资源占

---

① “关联与境”是狄尔泰在《精神科学引论》第 1 卷引言中提出的，在引言中他指出此书的主导思想是将历史与系统的探讨结合起来。随着理解思想的发展，系统的思想越来越聚集为结构的理论（Die Theorie der Struktur）。在具体的研究中，这种结合是将哲学的思考落实到具体的历史性关联与境之中。参见狄尔泰. 精神科学引论（第 1 卷）[M]. 童奇志，王海欧，译. 北京：中国城市出版社，2002：1。进一步讨论可参见国内学者张一兵的详细解读，张一兵. 关联与境：狄尔泰与他的历史哲学[J]. 历史研究，2011(4)：173－184.

② 狄尔泰. 精神科学引论（第 1 卷）[M]. 童奇志，王海欧，译. 北京：中国城市出版社，2002：6.

有与控制的多元化。三是从旧体制中摆脱出来的新的社会力量和角色群体不断壮大,他们开始了在民间社会的组织化进程,经济、社会、文化领域的非营利团体和非行政化的营利性组织日益成为国家不能忽视的社会团体①。国家与社会之间的分离,不仅意味着社会成员渐渐地脱离了对单位或人民公社的依赖,这种依赖表面上是社会成员对组织的依赖,实质上却是对国家的依赖。更重要的是,社会的自主性增强,使作为一种现代社会的政治实践活动的思想政治教育获得了前所未有的机遇,但与此同时,对于革命战争年代,特别是计划经济时代形成的思想政治教育传统又带来了前所未有的挑战。比如说,思想政治教育作为社会整合的一种软权力,为什么这种软权力在社会公共空间中似乎是不存在的? 又比如,思想政治教育公共性的宗旨是为了促进社会成员的政治共识,但不论是日渐增多的群体性事件,还是"信访洪峰"的出现②,一方面凸显了思想政治教育公共性理论研究的重要;另一方面又表现了思想政治教育公共性在实践层面上严重缺失。最后,在当下的转型中国,社会不断地变迁必然涉及一系列社会结构的调整与创新,在这样一个过程中社会矛盾的冲突自然不可避免,这种矛盾既有不同部门、行业之间的,又有不同利益群体之间的。特别是在中国社会进入 21 世纪的十多年来,"经济体制的深刻变革,社会结构深刻变动,利益格局深刻调整,思想观念深刻变化"③表现得越来越明显。社会利益主体的多元化,社会成员的权利意识不断增强,对公共利益的分歧可谓日益强烈。尖锐的利益冲突在今天也越加突出,利益表达的无序也不是个偶然现象。这一切无不表明思想政治教育公共性在当下遇到了前所未有的挑战。

5.1 社会结构的转型对思想政治教育公共性的推动与冲击

根据思想政治教育公共性的产生和发展的逻辑,它首要关注的是公共领域是如何生产出来的,而公共领域究竟如何被生产出来很大程度上是由一定的社会结构所决定的。因此,要分析思想政治教育公共性遭遇到的困难,首先应该深入社会结构的层面。

---

① 郁建兴.社会主义市民社会的当代可能性[M]//文史哲编辑部.国家与社会:构建怎样的公域秩序?.北京:商务印书馆,2010:111.

② 中国社科院的信访调查报告(2004 年)显示,国家信访局每年接待的接受上访人群和信件 100 万人次以上。2003 年被中国媒体称为"信访洪峰年",然而 2004 年的形势更加严峻。是年,国家信访局受理群众来信比 2003 年上升 11.7%,接待群众来访批次、人次,分别比 2003 年上升 58.4%和 52.9%。见邵道生."信访工作:'将群体性事件'消弭于未萌期"[J].廉政瞭望,2005(9)。2005 年,虽然信访总量出现了 12 年来的首次下降,但信访总量仍在高位运行。

③ 中共中央关于构建社会主义和谐社会若干重大问题的决定[M].北京:人民出版社,2006:2.

改革开放以来，相对独立的社会逐渐形成已成为不争的事实。在改革开放前，国家几乎垄断着全部重要资源的局面被打破了。国家垄断的重要资源不仅包括物质财富，还包括了人们生存发展的机会以及信息资源等。在国家几乎垄断着这些资源时，社会生活只能全面地被国家所控制。但自改革开放以来，这一局面发生了根本性的变化。社会不仅成为一个相对独立的提供资源和机会资源的源泉，并日益成为相对独立的力量。从思想政治教育作为一种社会实践活动角度来说（思想政治教育是一种政治实践，但政治实践又总是在一定的社会空间中展开的），社会的变迁对于思想政治教育自然带来了深刻的影响。

5.1.1 社会结构的分化对思想政治教育公共性的推动

一般认为，1978年开始的改革开放，是中国社会30多年来发生翻天覆地的变革的起点，这种大变革毫不逊色于波兰尼所说的“大转型”（The Great Transformation）。在波兰尼看来：“在古代巨大的再分配体系中，交易行为和地方市场都是常见的，但总是只具有从属性现象。在互惠原则占主导地位的场合，情况也是如此：在这里交易，交易行为通常是嵌入在包含着信任和依赖的长期关系之中。”[①]但是市场经济改变了这一切，“市场经济是一种仅仅只受市场控制、调节和指导的经济体制”[②]。“自发调节意味着所有的产品都以在市场上出售作为目的，而所有的收入都来源于这种出售。”[③]不难看出，波兰尼的大转型的核心逻辑是市场专制主义的胜利，即自发调节的市场用交换原则代替了古代社会经济体系的互惠原则，再分配和家庭生计原则，使劳动力、土地和货币成为商品。在这个意义上，中国社会转型浓缩了人类历史上几乎所有重大的变革，它超越了常规的社会变迁，具有文明转折的意涵[④]。

毋庸讳言，中共十四大会议上提出建立社会主义市场经济体制，意味着中国社会转型又进入到一个新的阶段，“一个自发调节的市场必须把社会制度性地分离为经济和政治两个领域”[⑤]，从而使社会领域的分化进入到一个新的阶段。社会领域的分化对思想政治教育公共性有着正向的推动作用，主要有以下两个方面：

推动一：从领域的合一到领域的分离，为思想政治教育公共性提供了社会基础。改革开放前的中国社会是一个总体性社会，总体性社会是指国家几乎垄断着全部重要的资源。“这种资源不仅包括物质财富，也包括人们的生存发展机会及信息资源。

---

① 卡尔·波兰尼. 大转型：我们时代的政治与经济起源[M]. 冯钢，刘阳，译. 杭州：浙江人民出版社，2007：53.

② 卡尔·波兰尼. 大转型：我们时代的政治与经济起源[M]. 冯钢，刘阳，译. 杭州：浙江人民出版社，2007：59.

③ 卡尔·波兰尼. 大转型：我们时代的政治与经济起源[M]. 冯钢，刘阳，译. 杭州：浙江人民出版社，2007：59－60.

④ 孙立平. 社会转型：发展社会学的新议题[J]. 社会学研究，2005(1).

⑤ 卡尔·波兰尼. 大转型：我们时代的政治与经济起源[M]. 冯钢，刘阳，译. 杭州：浙江人民出版社，2007：61.

以这种垄断为基础，国家对几乎全部的社会生活实行着严格而全面的控制。同时，对于任何独立于国家之外的社会力量，要么予以抑制，要么使之成为国家机构的一部分。”[①]或者说，这种总体性社会和自然经济的总体性社会并不是一回事，在自然经济的总体性社会中，国家只能比较浅地渗透于共同体中。但在改革开放前的总体性社会中，国家是财产所有者同时又是使用者，所以国家能较深程度地渗透于共同体。这种较深的渗透又通过社会的高度组织化得以保障，反过来，高度的组织化又加深了国家对社会的高度渗透。高度控制和严密组织的城市的单位制、农村的人民公社和生产队使社会群体（成员）难以具备自觉性、自主性，因为在以阶级斗争为纲的年代，一切有别于“左”倾教条主义价值信念的都被看作执政党意识形态的敌对观念，凡是与极“左”政治原则不相符的思想观点都被冠以“封、资、修”的帽子，于是社会成员被高度地意识形态化。党的十一届三中全会果断放弃阶级斗争为纲，明确提出：“实现四个现代化，要求大幅度地提高生产力，也就必然要求多方面地改变同生产力发展不适应的生产关系和上层建筑，改变一切不适应的管理方式、活动方式和思想方式，因而是一场广泛、深刻的革命。”如果说党的十一届三中全会只是拉开了社会领域的大转型的序幕的话，那么空前的经济体制的改革则大大推进了这场大转型。经济体制的改革不但推动了经济的快速发展，更是推动了社会结构的深刻变动、利益关系的深刻调整、思想观念的深刻变化。一般认为，社会转型的核心是社会结构的转型，社会结构的转型根本上又是和社会资源的重新分配联系在一起的。社会主义市场经济一方面推进了生产力的发展，另一方面则推动了社会阶层结构发生了大变革。从改革之初的以经济建设为中心到经济、政治、文化、社会的四位一体的提出，从原先的两个阶级一个阶层到陆学艺所作的中国十大阶层的划分或有学者主张的用利益群体的多元化来把握社会分化，都指向了同一个问题——社会领域已经由合一走向了分化。思想政治教育作为一种社会实践活动来说，如果没有诸领域合一到分离，作为一种社会整合的软权力的思想政治教育也就不存在。当所有的社会生活都是以政治为基准时，即意味着一切都要从政治的角度看待和处理全部人类活动，意味着其他领域的活动基本上失去了独立性。在这个意义上，领域的合一到领域的分离，为思想政治教育公共性提供了社会基础。

众所周知，社会领域分化又必然导致意识形态的变化。马克思在《政治经济学批判》序言中指出：“人们在自己生活的社会生产中发生一定的、必然的、不以他们意志为转移的关系。这些生产关系的总和构成社会的经济结构，即有法律的和政治的上层建筑竖立其上并有一定的社会意识形式与之相适应的现实基础。”[②]从

---

① 孙立平，王汉生，王思斌，等.改革以来中国社会结构的变迁[J].中国社会科学，1994(2)：56.

② 马克思恩格斯选集(第2卷)[M].北京：人民出版社，1995：32.

1978年执政党破除极“左”思维，结束阶级斗争为纲，到新世纪社会主义和谐社会的提出，反映的正是执政党的意识形态的转型。如果说“执政党的意识形态转型是整个社会转型的思想前提或基础”①，那么社会转型带来的领域分化又进一步推进执政党的意识形态转型。毫无疑问，思想政治教育的主要功能是向社会成员传播主流意识形态，从思想政治教育公共性方面来说，则是促进政治共识的达成。我们看到，执政党的意识形态转型使社会意识形态进入了空前活跃与繁荣时期，如广泛存在的愤青主义、自由主义、新民族主义，普遍流行的怀疑主义、犬儒主义，等等。需要看到，非主流意识形态的多元化、多样化、多变化是中国社会转型的重要组成部分。非主流意识形态的繁荣不仅与主流意识形态在新形势下调整有关，更与社会领域的分化直接相关，确切地说是与利益的分化直接相关。思想政治教育公共性要最大限度地促进政治共识的达成，从意识形态的方面说，自然离不开主流意识形态和非主流意识形态之间的对话和沟通。因为，思想政治教育公共性如果不能将主流意识形态面向社会成员作广泛并有效的传播，那么其要实现引导人们的思想观念、培育人们的公共精神、促进政治共识的达成将成为一句空话。社会领域的分化为思想政治教育公共性提供了社会基础。思想政治教育公共性要通过载体、途径、方法、渠道等各要素的创新，才可能介入到公共话语空间的建构中去，才可能培育大众的公共精神。思想政治教育公共性的实现，当然又离不开思想政治教育话语的创新，通过思想政治教育话语的创新，才可能使思想政治教育建构公共空间，并顺利地进入公共空间。这特别是在计划经济体制下所塑造的铁板一块的“大众”崩塌后，取而代之的是立场、利益、兴趣极其多元化的“小众”，观点之间的分歧，争议的激烈已经是一种屡见不鲜的现象。而这些恰恰是历史提供给思想政治教育公共性的前所未有的机遇。

推动二：社会领域的分化、公民社会的发展，特别是“公民性”的发展，为推动思想政治教育公共性提供了基础。公民社会在中国社会转型中是一个备受争议的核心问题，这些争议集中包括两个方面：一是如何看待“防止落入西方公民社会的陷阱”②？二是中国是否有公民社会？这两个方面的争论说到底还是对公民社会的看法不一造成的。如果说第一个方面更多地在社会管理创新中对公民社会存在怀

---

① 刘少杰.新形势下社会意识形态的转型[J].学习与探索，2009(5)：89－91.

② 周本顺把公民社会看成是某些西方国家为我们设计的陷阱。参见周本顺.走中国特色社会管理创新之路[J].求是，2011(10)。虽然我们这里讨论的重点不是是否可能陷入西方国家公民社会的陷阱，但必须要指出的是，周文确实夸大了中国与西方社会的不同方面，即他所说的“中国与西方根本不同的政治制度、根本不同的国情、根本不同的发展阶段”，而忽视了中国与西方国家的共性，如市场经济制度。而正是市场经济是建立公民社会的必然所在。学界关于对周文的直接与间接的批判甚多，代表性的论文可参见夏禹龙，周罗庚.加强社会管理与培育公民社会——兼与周本顺先生商榷[J].探索与争鸣，2011(9)；阙光联.改革成功的关键在于公民社会的成熟[N].社会科学报，2011-10-27(3).

疑的话，那么第二个方面则更多地是由对中国公民社会是否有自主性的争论所引起的。颇有意思的是，各方都在力图寻找有“组织”的证据说服对方，也就是说他们共享着同样的定义和分析标准[①]。不过，张静却从另外一个路径对中国公民社会存在与否作了深入探讨。她以分析指标的变更为突破口，取主要观察社会言论中的正当性依据来协助观察中国社会的变迁，特别是公民社会成长的事实[②]。应该说，这一分析指标的变更是一次对历来公民社会研究的突破，超越了现有的公民社会存在与否所共享指标的纠缠，即从社会组织的研究转向了对社会成员言论的研究，这在一定意义上和思想政治教育公共性的研究存在契合之处。思想政治教育作为一项直接面向人的思想政治实践，它需要关注社会转型所带来的社会成员的想法、态度、言论及行动等。张静以三个刑事案件为个案，以社会言论为材料，解析了人们的正当性理据的变化。她的研究表明社会转型使社会成员的认同有所转向：从单一的政治立场或表现，转向依赖多种其他的原则，如守法、坚持程度、社会平等、制度公正等；社会成员开始尝试经由活跃的社会辩论，生产出社会自己鲜明独特的立场和价值，生产出社会自己“何为公正”的定义，并促进其在社会成员中产生共享；社会成员的相互关注、分享和依赖意识增强；社会价值的共享和分化都在发展，社会言论的参与者增加，相互的情绪强化增强，观点交流和影响增加，但他们并非自我认同属于一个言论共同体，因为分歧和差异也在增加[③]。问题是从这些变化中能否得出“公民性”发展呢？从社会秩序的形成依赖和支配关系来看，前现代社会人们主要是命令支配关系，在这种命令支配关系中是没有公共性可言的，因为这种命令支配不是经由组成“公共”的个体代表定义与授权的。现代社会秩序的

---

① 例如，历史学者们对民间社会组织的关注——乡村士绅集团、城市商业协会等，他们试图证明的是传统中国存在着有组织的公共空间；而政治学者们则挖掘社会力量及组织形式，试图证明社会多元力量促进组织进展；社会学者们则通过对社会连带（Tie）组织的观察，特别是集聚公共利益的次级组织——公民团体和非营利组织的发展，以证明这些组织在构建公民社会中的作用。不过，这些观点在反对者们看来是难以成立的。如有学者认为中国的城市社团和士绅集团一般被当作制衡国家力量的证据，但在历史上，这些组织针对官方的权力的挑战从未发生过。不仅如此，他们与体制的关系往往是合作性的而非均衡性的。而中国的非营利性组织多为官办或半官办的，它们的财务运用，包括目的、理念、结构和规则，与官方并无明显的差异。关于这些争议性的代表性文献可参见：边燕杰. 市场转型与社会分层：美国社会学者分析中国[M]. 北京：生活·读书·新知三联书店，2002；康晓光. NGO 扶贫行为研究[M]. 北京：中国经济出版社，2001.

② 张静. 社会言论：正当性理据的变化 [M]//高丙中，袁瑞军. 中国公民社会发展蓝皮书. 北京：北京大学出版社，2008：119.

③ 参见张静. 社会言论：正当性理据的变化[M]//高丙中，袁瑞军. 中国公民社会发展蓝皮书. 北京：北京大学出版社，2008：128 - 129.

形成主要靠的是公意支配[①]，它是由社会成员通过公共讨论阐述这些需要，并将其抽象为一系列的基本的原则，进而运用它们衡量社会或他人的行为，以扩展社会价值的分享。显然，在这一过程中必然伴随着公民性的发展。公民性的发展，对于新时期实现思想政治教育公共性而言显然是至关重要的。

5.1.2　社会结构的变迁对思想政治教育公共性的冲击

改革开放以来的社会变迁中最常使用的分析框架是国家与社会之间的二分，而这一分析框架主要是黑格尔的遗产。国内对国家和社会这两个领域的研究的文献可以说是浩如烟海，但对国家与社会之间的关系的研究却很少涉及，至于这两者之间关系的系统研究更是缺乏。而且，在国家与社会的分析框架中，社会通常被简约化为市民社会，这种化约应该说并不符合中国的实际。如中国社会中底层社会、广泛的农村社会的存在都表明市民社会并不是社会的全部。更要紧的是在国家与社会之间的二分中，把社会看作无需再进行细分的整体，这一点在把社会化约为市民社会的研究中表现得尤为明显。但实际上，如果我们对社会的主体是谁(谁的社会?)作一追问，不难发现，社会并不是一个不可分割的整体，国家本身也可能不再是一个有机的整体。要突破国家与社会这一分析框架，我们需要从社会自身出发，即从考察社会结构的变迁入手，明确国家与社会之间的关系并不是一种理想化的线性发育过程。不过，这里的重点主要还是在于对思想政治教育公共性的挑战。作为一项社会实践活动的思想政治教育而言，社会结构的变迁不仅能更细致明确国家与社会之间的关系，对思想政治教育公共性而言，这种挑战又是巨大的。

第一，社会结构的定型化，对思想政治教育公共性造成了严峻的挑战。社会结构的定型化是指社会结构经历的不断分化、演变和调整之后逐步定型化为一种相对稳定的社会结构、一种相对稳定的社会力量的组合。在孙立平看来，20 世纪 90 年代中期是社会结构演变的重要转折点，社会结构的定型化也由此开始[②]。社会结构的定型化一是意味着各阶层之间的边界开始形成。阶层之间的边界不仅反映在居住地域上的“区隔”上，更反映在生活方式和文化之中。二是随着阶层边界的形成，必然导致阶层内部认同的形成。三是社会阶层之间的流动逐渐减少。正如陆学艺在《当代中国社会阶层研究报告》中指出的：“在转型前和转型过程中，工人

---

① 这里所说的公意支配不同于卢梭所说的“公意”，在卢梭那里公意永远着眼于公共利益，而众意不过是私意(个别意志)的总和而已。但卢梭的公意理论导致公意与私意的对立，公共意志的产生以个人意志的泯灭为前提，而且这种公共意志并没有经过社会公众之间公开的、批判的辩论。这里的“公意支配”是以个体需要和规则认同为前提，以承认并肯定个意为前提的。关于卢梭的公意的研究的代表性文献有朱学勤. 道德理想国的覆灭——从卢梭到罗伯斯庇尔[M]. 上海：三联书店，2003：80 - 83；张奚若. 社约论考[M]. 北京：商务印书馆，1926：12 - 26.

② 孙立平. 博弈：断裂社会的利益冲突与和谐[M]. 北京：社会科学文献出版社，2006：24 - 25.

阶层成员具有向较高办事员阶层和管理阶层流动的较多机会。随着转型的深入和定型，这种流动的机会逐渐减少，不仅在劳动力市场上机会减少，而且在社会经济组织内部劳动市场上的流动机会也减少。工人阶层成为相对凝固的社会群体。”①一般说来，社会结构的定型化是一种常规现象，但国家的定型结构如果缺少顺畅的社会流动机制的话，那么这种社会结构的定型化是需要引起警惕的。主要表现在两方面：一是精英之间的联盟减少对话和沟通的可能，加剧了社会各阶层之间的冲突和不信任。若是说 20 世纪 80 年代出现的体制外精英让体制内精英感到不适应，那么在 20 世纪 80 年代末 90 年代初双方之间的关系就由怀疑和恐惧走向了合作与亲和。在精英联盟发展壮大的同时，精英和大众之间的裂痕加大。二是稀缺社会资源被垄断，导致政治共识的基础被削弱。稀缺的社会资源不仅包括众所周知的经济资源，还包括政治权力和社会资本。在弥散型的社会分配中，这些社会资源难以为某一个阶层或群体所独占，但在一体化社会分配中，这些资源往往被集中于一部分人手中。当这些稀缺的社会资源被少数人垄断时就意味着赢者能吃。不难看出，这两个方面需要警惕的社会结构定型化，不仅是转型社会学、政治学所要关注的，同时也是思想政治教育公共性研究中所不可忽视的。从思想政治教育公共性方面来说，如果离开了社会成员之间的相互尊重和相互沟通，思想政治教育公共性要促进各方达成政治共识就是一句空话。如果稀缺的社会资源被垄断，就可能加剧社会各阶层之间的隔阂、对立，甚至是尖锐的冲突，大众的公共精神的培育根本上失去了存在的基础。

第二，渐渐形成的利益集团，不仅妨碍了弱势群体的利益表达权，而且破坏了思想政治教育促进社会成员达成政治共识的基础。早在 1988 年中共中央的第十三届二中全会的工作报告里就提出了利益集团的问题，并指出“在社会主义制度下，人民内部仍然存在着不同利益集团的矛盾”。如果说在 20 世纪 80 年代中央还只是首次承认利益集团问题的话，那么当中共中央提出建设社会主义和谐社会时，提出必须防止“既得利益集团”的出现时，表明利益集团问题已经成为在社会转型期不得不加以重视，而且还是必须要加以解决的问题。应该说，利益集团是最近 30 多年改革开放的结果。原来单一的经济结构演变为多元化的经济结构，不仅使经济体制发生了大变革，也直接导致了社会阶层的分化。这些都为利益集团的产生提供了社会条件。那么何为利益集团？在杨光斌看来，利益集团是基于共同利益或态度而组织起来的、在政治过程中进行利益表达的行动性群体②。利益集团具有很强的政治性色彩，这也正是利益集团不同于这样一些社会组织之所在。这

① 陆学艺. 当代中国社会阶层研究报告[M]. 北京：社会科学文献出版社，2002：113.

② 杨光斌，李月军. 中国政治过程中的利益集团及其治理[J]. 学海，2008(2)：55 - 72.

样的社会组织成员虽具有共同态度，但并不关心公共政策。我国的利益集团在政治过程中的影响的彰显不过是近年来的事，但由于不同的利益集团的利益性质、组织方式、资源占有等方面的差别，使“利益集团对公共政策的制定和执行的影响根据他们不同的组织资源而表现出显著的不同”①。因此，哪些利益集团参与了政治、怎样参与政治、在参与的过程中谁的声音又被听取，等等，这些都是讨论中国利益集团不可回避的问题。

在孙立平看来，“在我国目前的制度背景下，利益集团的行动要真正取得效果，最有效的办法是与行政权力结盟”②。他认为，房地产行业所具有的巨大的社会能量，正是源于它和权力的结盟。如在 20 世纪 90 年代初的“圈地”运动中，通过地价差流入个人手中的财富，至少在几千亿元③。杨光斌则把这种官商勾结，并生成利益的联盟称为非组织化的利益集团④。

实际上，中国当下不仅存在着这种官商一体化的利益联盟，而且还存在着公司型的利益集团、机构型的利益集团，等等。公司型的利益集团是指有些公司本身就是利益集团，或者发挥着利益集团的作用。国有垄断行业就是这些公司型利益集团的典型代表，他们通过影响政府部门或监管部门以形成有利于自己的政策。机构型的利益集团主要是指部分政府部门在社会转型期钻了中央决策机制不健全等方面的空子，将部门利益凌驾于国家利益之上，这显然与其本应代表国家和人民公共利益的初衷是背道而驰的。当有些部门过多地从本部门利益出发，过于强调、维护与谋取本部门的利益时，不仅影响了决策的战略性、全局性和前瞻性，更是损害了社会公正与大众利益，增添了国家经济及政治风险⑤。也就是说，在政治过程中机构性利益集团通过利用国家权力而扭曲了公共政策。

不难看出，无论是机构型的利益集团，还是非组织化的利益集团、公司型的利益集团，他们都巩固了原先的强势地位，使强势变得更加强势，从而加深了强势集团和弱势群体的裂痕。贫富分化的加深又进一步加剧了精英与大众之间的冲突。于是在我们的生活中，一方面是精英的飞扬跋扈，另一方面是大众对精英的奚落和羞辱。精英和大众之间的力量是一种明显失衡的博弈，这种失衡的博弈一定程度上抽空了思想政治教育公共性实现的社会基础。因为从利益表达的渠道来说，强

① 迈克尔·豪利特，M 拉米什. 公共政策研究：政策循环与政策子系统[M]. 庞诗，等，译. 北京：生活·读书·新知三联书店，2006：100.

② 孙立平. 转型期中国社会结构的变迁及对国家/社会关系的影响[M]//高丙中，袁瑞军. 中国公民社会发展蓝皮书. 北京：北京大学出版社，2008：112.

③ 何清涟. 现代化的陷阱：当代中国的经济社会问题[M]. 北京：今日中国出版社，1998：135.

④ 杨光斌，李月军. 中国政治过程中的利益集团及其治理[J]. 学海，2008(2)：55－72.

⑤ 江涌. 警惕部门利益膨胀[J]. 瞭望，2006(10)：33－34.

势的利益集团使弱势群体的利益表达渠道被严重地窄化。导致“他们中间普遍存在着对体制内的利益表达渠道的‘不利用’以及‘表达无门’‘表达无用’等现象。他们的表达渠道，基本上也被局限在最基层的行政机构，以及事后表达，即政策实施过程中权利受到侵犯后，再进行维权”①。当弱势群体的利益表达和维护的渠道越来越窄时，又进一步加剧了社会下层的民粹化的可能。社会精英的寡头化和底层民众的民粹化，实际上使思想政治教育公共性被连根拔起。因为在一个民粹化和寡头化的国家，主导人们政治思维的不是话语或理性言说，而是赤裸裸的暴力，这种情况下显然不可能有思想政治教育公共性所说的公共精神、公共理性的存在。

第三，社会转型期中阶层利益分化必然要求建立并形成相应的利益表达、博弈等机制，而实然层面则是这些机制还处于“建立”的空档期，对思想政治教育公共性带来了严重挑战。如政府（特别是基层政府）治理体制的改革的滞后使相应的利益表达、博弈机制很不完善，甚至是缺失，直接导致了民众的政治信任的降低，从而对思想政治教育公共性造成了严重的挑战。在市场经济为主导的现代社会中，利益分化是一个普遍现象。随着我国市场体系的初步建立，利益分配的格局已经出现了较为严重的分化。更由于权力与市场化转型的紧密结合、城乡二元结构的持续、全球化进程的影响等诸种结构性因素，中国社会已经形成了以失地农民、进城民工、城市下岗职工、拆迁户等为代表的位于社会底层的弱势群体②。虽然说利益分化在任何一个转型国家都是一个普遍存在的现象，但利益分化导致的贫富分化的悬殊将直接危及社会稳定。因此，问题在于如何有效地防止贫富分化的进一步加剧。防止贫富分化的进一步加剧，建立并形成协调利益关系的机制，包括利益表达机制、利益博弈机制以及制度化的解决利益冲突的机制等，可以说是最基础的工作③。但这一最基础性由于政府治理体制改革推进的缓慢而大大延缓了。以占中国人口最多数的农民为例，“有关农民意愿表达和权利保障的机制、农民自组织和民间社会发育的机制、政府与官员的民主授权机制、公共权力的制约机制、政府间关系的分权与平等协作机制等方面的建设，至今并没有获得根本性进步”④。利益表达机制、博弈机制以及制度化的解决利益冲突的不完善，使政府很容易既是社会利益的裁判员，又是运动员。不难看出，一些地方政府由于卷入社会中的利益纠纷，加剧了社会矛盾的冲突，并由此而引发出社会成员，特别是弱势群体的政治信任的问题。政治信任不能简单地看作公民对政府的信任。据目前学界对政治信任

① 杨光斌，李月军. 中国政治过程中的利益集团及其治理[J]. 学海，2008(2)：55－72.

② 孙立平. 断裂：20 世纪 90 年代以来的中国社会[M]. 北京：社会科学文献出版社，2003：25.

③ 孙立平. 博弈：断裂社会的利益冲突与和谐[M]. 北京：社会科学文献出版社，2006：32.

④ 肖唐镖. 社会稳定格局变迁的影响因素分析——以近 30 年来农村稳定为例[J]. 学习与探索，2010(2)：54－56.

的研究达成的共识，政治信任不仅包括政府，还包括国家共同体、政治体制、政府机构、政治精英、公共服务、公共政策等多个层次的内容。当然，从狭义上的政府信任说，可视为公众对政府的信任。

许多学者调查研究发现，民众对党和政府的权威有较高的认同，但对基层政府和基层干部的认同较低；越是基层，认同越低[①]。那么，为什么民众对国家共同体、执政党和高层政府的信任水平处于很高的水平，而对基层政府的信任却处于低水平，甚至是很低的水平？是什么原因导致基层政府的权威下降？当然，这里面的原因很多，但不可否认，基层政府的治理体制与民众的利益诉求难以相适应是不可忽视的重要原因。如果这当中基层政府官员处理方式不当就会容易引发群体性事件（如基层政府以自己对公众利益的想象代替了公众没能表达出来的真实利益要求），特别是在当今社会成员的利益分化，观念多元化的情况下。我们知道，基层政府官员是思想政治教育公共性的主体，而社会成员对基层政府的政治信任度低，实质上是对政府官员的信任度低。罗姆·阿尔指出，人与制度之间的信任实质是一种人与人之间的关系。对政府官员的信任，实质上是一种制度信任，相信政府官员能秉公执法[②]。显然，如果不能建立起对制度执行者的普遍信任，就不可能建立起对制度的普遍信任。说到底，利益表达机制、博弈机制以及制度化的解决机制都离不开政治精英的作用。毫无疑问，民众当下的基层政府官员的政治信任度低，直接影响着思想政治教育公共性的实现。

5.2　唯私主义综合征和政治生活中大众的两副面孔对思想政治教育公共性的挑战

从思想政治教育公共性所要培养的人的目标来说，其核心是培养具有公共精神的人。所谓具有公共精神的人主要包括三个方面：一是充满着公共关怀，对公共事务及公共生活的积极关注、理解和承担的心理倾向。二是在参与公共生活中公共理性是前提，而且贯穿公共生活的始终。公共理性超越了个人的私人利益，以全局的、整体的和长远的眼光来认识事务和处理问题。用罗尔斯的话来说："他们互相视对方为世代社会合作体制中的自由与平等的公民，愿意按照他们认为是最合理的政治正义概念彼此提供平等的合作条件；而且，假设其他公民也愿意接受那些

---

① 许多学者对这一观点是肯定的或通过自己的调查也发现了这一特点。如李连江.信访与政治认受性的流失[D].2004；史天健，吕杰.Political Trust in the People's Republic of China:Continuity and Change,1993—2002[C]//"经济全球化进程中的和谐社会建设与危机管理"国际学术研讨会论文.2007.

② 肖唐镖，王欣.中国农民政治信任的变迁——对五省份60个村的跟踪研究(1999—2008)[J].管理世界,2010(9):88-94.

条件，即便是在特殊的情况下损失自身的利益，他们也同意根据那些条件去行动。”[①]三是能积极参与公共生活，并要求作为实现秩序的力量——公共权力体现公开和透明的原则，要求在利益取向上最终体现整体、长远和全局的利益[②]。培养具有公共精神的人，是社会主义民主政治的需要。因为民主政治意味着这个社会存在着差异、存在着分歧、存在着不同的意见、存在着不同的利益，但是又都期望达成一定的共识。如果没有达成共识的愿望与行动，也就没有民主可言[③]。培养具有公共精神的人，意味着人们会积极参与公共生活，讨论大家共同关心的问题，从而有利于促进达成政治共识。因为具有公共精神的人，能遵守共同认可的程序规定和伦理规范，包括尊重其他参与者的权利，遵守公共话语和理性规则，等等。社会主义市场经济体制的基本确立更进一步地解放了人，为培育公共精神的人提供了可能。但由于市场经济向社会的蔓延，即市场从社会关系中脱嵌出来，因此成为支配性的资源配置方式。波兰尼将这种市场处于支配地位的社会形态称为市场社会，它是一种全新的社会组织方式，逐利动机排除了生存动机而成为支配性动机。当前，社会大众的政治冷漠和政治狂热并存，已经在一定程度上表现出了社会主义市场经济向市场社会专制的蜕变，对思想政治教育公共性而言构成了严重的挑战，对于当下的社会建设来说也是需要引起警惕的。

5.2.1 唯私主义综合征对思想政治教育公共性的挑战

同传统社会相比，现代社会的一个重大变化在于形成了一个以崭新的形式出现的相对自主的私人领域。在世俗功利的冲击下，人们的生活主旋律逐渐翻转为在公开形式上喷涌而出的“私欲”。社会成员的自利动机和互惠的利益实现方式，则将人们的生产、分配、交换、消费的经济环节都打上“私”的烙印，而市场经济一方面为这种私欲提供了支撑条件，另一方面私欲又推动了市场经济。从“狠斗私字一闪念”到私欲的正名，反映的不仅是一种意识形态的变迁，而且也是个人自主性的成长。但这种私欲如果离开了正确的价值观的引导，不能在重大问题上不断发展人们的价值共识，就会使绝对的政治化变成绝对的个人化。事实上，当下这种绝对的个人化已经以一种唯私主义综合征表现了出来。唯私主义综合征的实质是以社会成员的自然欲望的公开释放和物质利益的追逐作为生活的唯一动力。这种唯私主义综合征直接后果是使社会成员远离公共生活，使人与人之间的关系日益冷漠，或者说唯私人主义综合征导致公共人的衰落。如果说要对这种唯私主义综合征原

① 约翰·罗尔斯. 公共理性观念再讨[M]. 时合兴，译. 北京：生活·读书·新知三联书店，2000：6.

② 刘鑫淼. 当代中国公共精神的培育研究[M]. 北京：人民出版社，2010：37.

③ 钱永祥. 民粹政治、选举政治与公民政治[M]//许纪霖. 公共性与公民观. 南京：江苏人民出版社，2006：234.

因作一历史追溯，那么在中国古代确实可能存在着这种唯私主义综合征的土壤。在明恩溥看来，中国人自古就缺乏公共精神：

中国的道路状况是一个最典型的例子，可以用来说明对公共事务的漠视和百姓公共精神的缺失。在这个帝国的许多地方都可以看到许多从前修建的帝国大道，这些大道曾用石条铺面，道旁曾经绿树掩映，是联结许多最重要城市的通途。这些道路的遗迹不仅在北京附近可以看到，就是在湖南、四川等边远地区也能发现。这些道路的修建无疑花费了大量钱财，修复它们则是相对容易的，但是，修复工作却被无一例外地忽略了，于是，这些大道的遗迹如今反而成了旅行的严重障碍，终于被废弃不用了……百姓的态度与政府如出一辙，百姓们无论个人还是集体，只要自己的财产没有遭受损失，就都不会对公共财产表示出责任心。事实上，一条道路或是其他什么东西是属于“公众”的，这样的概念完全没有进入中国人的大脑①。

必须指出的是，我们这里讨论的唯私主义综合征导致的公共人衰落与中国古代人公共精神的缺乏并不是一回事。中国古代人的公共精神的缺乏主要是由于中华帝国的政治专制，“‘江山’（也就是帝国）被认为是皇帝的财产，他在位一天就拥有一天，统治一天。道路也是他的，如果需要在这些道路上做点什么事情，那就让皇帝去做好了”②。唯私主义综合征主要是由于市场经济的负面因素过度膨胀所致，唯私主义综合征导致的公共精神的匮乏才是典型意义上的，因为私在市场条件被得以“正名”，即私才真正成为一个对应于公的概念。要进一步认识唯私主义综合征的危害，还需要分析唯私主义综合征的具体表现。

第一，唯私主义综合征不可避免地导致社会达尔文主义，集中表现为以占有式的个人主义登上了历史的舞台。众所周知，市场经济强调自由竞争，也正是通过放任式的自由竞争带来了高效率。斯密曾乐观地相信通过“看不见的手”会实现自然的平衡，这种乐观显然没有注意到自由竞争导致的贫富分化。结果，自由主义的信条出现了这样的吊诡：一方面强调个人权利，“这种或那种形式的个人主义通常被称自由主义者认为是任何价值准则理论的公理”③；另一方面则是贫富的两极分化导致的个人权利被践踏。放任式的自由竞争导致对失败者的专横，视失败者为“优胜劣汰、适者生存”的必然结果，甚至认为“如果他们没有足够的能力维生，就会死，那他们最好还是死吧”④。事实上，这一点早在18世纪的苏格兰启蒙思想家就已作

① 明恩溥. 中国人的气质[M]. 刘文飞，刘晓畅，译. 上海：三联书店，2007：76－77.

② 明恩溥. 中国人的气质[M]. 刘文飞，刘晓畅，译. 上海：三联书店，2007：77.

③ 乔治·霍兰·萨拜因. 政治学说史（下册）[M]. 北京：商务印书馆，1986：814.

④ 张凤阳. 现代性的谱系[M]. 南京：南京大学出版社，2004：101.

了出色的论述：

当人们认为单纯财富或王室恩宠就是地位的象征时，思想对于本应依赖的素质的想法就产生了偏离。大度、勇气、对人类的爱，因贪婪、虚荣而牺牲了或受到了依赖感的压抑。个人只有在群体有助于个人晋升或获得私利时才会考虑到它。他公开表明自己要与他人竞争。在竞争、恐惧、羡慕、嫉妒或恶意等情绪的驱使下，他对该信条的信奉程度就像一只动物执意要保存自身，沉湎于奇思异想或沉溺于个人欲望而不惜牺牲同类利益①。

从这段重要的话中，我们可以得知两点：一是人类的腐化堕落很大程度上是因为私欲的过分膨胀；二是私欲的极度膨胀导致人类变得要么贪婪、狡诈、动辄侵犯他人的权利，要么卑躬屈膝、毫无廉耻、随时交出自己的权利。显然，唯私主义很可能导致人与人之间的关系像狼一样。因为唯私主义综合征意味着个人排除了历史、自然、社会、团体要求，但是，“排除发现自我之外的每件东西，就会消灭一切要紧事物的候选者”②。

唯私主义综合征导致的社会达尔文主义，在当下以个人主义的姿态和面貌登场了，确切地说是以一种占有式的个人主义出场。即“自我的内在授权使个人成为一个‘自由人’，但是这很大程度上是通过个人之作为他或她自己的‘所有者’地位实现的”③。在占有式的个人主义者看来，社会所赖以建立的政治基础，不过是为了保护个人对其人身和物品的所有权，以及为了维持个人之间有序交换关系的一种发明。不难发现，在占有式的个人主义那里，由于个人是由自我内在授权加以确认的，所谓社会是为了保护个人及其人身和物品的所有权，到最后不仅使社会成为一种工具式的存在，而且社会这一工具又是由占有式的个人之内在授权决定它该如何出场。由于市场经济所衍生的“丛林法则”，使占有式的个人主义对社会公共利益置之一旁，公共利益要想重新进入社会成员的视野，除非其能够保护占有式的个人主义所说的保护个人及其人身和物品的所有权。但问题在于，为了保护个人占有物品的需要，那些赚钱有方、钻营有门、投机有道的强者肯定会将这种自由的占有发挥到极致地步。于是占有式的个人主义所说的保护个人及其人身和物品的所有权，沦丧为保护少数强者的占有，公共利益也就沦落为少数强者的利益。“在人与人的交往中，每个人的理性都给自己制定一些规则，而这些规则与公共理性对社会全体所制定的恰恰相反，每个人都在他人的不幸中追求自己的利益”④，在这

① 亚当·弗格森. 文明社会史论[M]. 林本椿，王绍祥，译. 杭州：浙江大学出版社，2010：266.

② 查尔斯·泰勒. 现代性之隐忧[M]. 程炼，译. 北京：中央编译出版社，2001：47.

③ 丹尼尔·沙拉汉. 个人主义的谱系[M]. 储智勇，译. 长春：吉林出版集团有限责任公司，2009：106－107.

④ 卢梭. 论人类不平等的起源和基础[M]. 北京：商务印书馆，1962：160.

个意义上说，占有式的个人主义和社会达尔文主义实质上是一回事。如果社会大多数成员发现公共利益和他们自身没有关系，那么他们自然不会关心这一所谓的公共利益，人们认为只有考虑财富才是聪明的。但是，公共利益弱化的后果是可怕的，“对公益事业撒手不管，对人类漠不关心被认为是节制、美德，从而得到了人们的赞许”①。弗格森批评说：“当公益事业不复存在，私利、肉体享受成为人们最为关注的目标时，当人们由于解脱了重大事务带来的压力而将注意力放在琐碎小事并在讨论安逸和烦恼的问题时，已经把他们喜欢称为‘敏感’(sensibility)、‘精美’(delicacy)的东西弄到差得不能再差，蠢得不能再蠢的地步，而诉诸装腔作势，以求提高一个有病态幻想、衰弱思想的人提出的所谓要求，增强他的欲望时，这个时期就到来了。”②在这里，卢梭看到了唯私主义者们的另外一面：“一旦有人在谈到国事时这样说，与我何干？我们就应当认为国家完了。”③确实，一个由腐化堕落、贪生怕死的人们组成的国家不仅是弱小的，更是缺乏凝聚力的。不难看出，唯私主义综合征引发了社会秩序崩溃和国家凝聚力趋于虚无。

第二，唯私主义综合征必然导致物质的崇拜，进而不可避免地导致价值虚无主义。唯私主义说到底是把一个人看作孤立的原子，并且退缩到自己的领域。原子化的个人成为价值的本原，而社会至多只是人们活动的场所罢了。而现代市场体系在交换价值及其货币符号的抽象形式上使谋利冲动获得了无限伸展，致使唯私主义者在品格上表现为毫不掩饰的物质崇拜或金钱崇拜。唯私主义者不遗余力地追逐财富，他们对于投入和产出的多少做极为精确的计算，计算成为唯私主义者们的普遍性格。可问题在于，对唯私主义者们而言财富追逐不只是一种手段，相反，财富的追逐已经成为目的本身，即“生意作为一种独立存在，其增长、繁荣以及盈利的上升，都已经变成了目的本身”④。物质财富的追逐成为目的本身，使人对金钱本身变得更加贪婪，进而使人与人之间的关系全面物化。人与人之间的交往如果不能带来显而易见的经济效益，或者说难以用货币比值来计算这种交往的价值，那么这种交往将不可持续。进一步说，全面物化的人与人之间的关系，一方面带来的是人与人之间关系的冷漠；另一方面更是透露出利己主义的面目。由于“利己主义者对别人的幸福或痛苦是无所谓的，愈是彻底的利己主义者，对他人的祸福就愈是漠然置之，他们的灾难也好，他们的福祉也好，他都不放在心上”⑤。如果说别人的幸福和灾难还和他有关的话，那则要看是否有利于他的目的。“他既能有意地对他

① 亚当·弗格森. 文明社会史论[M]. 林本椿，王绍祥，译. 杭州：浙江大学出版社，2010：286.

② 亚当·弗格森. 文明社会史论[M]. 林本椿，王绍祥，译. 杭州：浙江大学出版社，2010：285－286.

③ 卢梭. 社会契约论[M]. 何兆武，译. 北京：商务印书馆，2003：80.

④ 舍勒. 资本主义的未来[M]. 北京：生活·读书·新知三联书店，1997：27.

⑤ 腾尼斯. 共同体与社会：纯粹社会学的基本概念[M]. 林荣远，译. 北京：商务印书馆，1999：184.

们的灾难落井下石，也能让他们的幸福锦上添花。”在利己主义者那里，如果还存在着朋友或敌人的话，那也只是在涉及他们的追逐的目标时，“他只知道有盟友或敌手，两者对他来说只不过是力量或权势”①。

唯私主义导致的不仅是物质或财富崇拜，在更深层次引发的则是价值虚无主义。物质的崇拜依赖于经济理性，但经济理性并不会单纯地局限于经济活动领域。熊彼特说：“我们不需深入观察就能注意到，原本是经济理性发展产物的成本—利润计算法反过来对理性起作用；成本—利润计算法做到数字上的具体与明确，它强有力地推进企业的逻辑性，从而为经济部门确定内容与数量，于是这种类型的逻辑（态度或方法）开始了它的征服者生涯，强制地决定——合理化——人的工具和哲学、他的医药实践、他的宇宙观、他的人生观，事实上包罗万象，包括他的审美观念、正义感和他的精神抱负。”②用张凤阳先生的话来说则是工具理性的社会蔓延。但问题是，唯私主义者们试图以精确的理性计算来为自然欲望的功利谋划作为精神生活的圣餐可能吗？恰恰相反，工具理性的自然欲望的功利谋划使人嗅到的不过是浓烈的市侩气息，并可能导致处于社会底层群众的恼怒。唯私主义者原本打算从政治的公共领域退出，试图通过个人的生活世界来寻找意义，但令唯私主义者颇为吊诡的是，他们和生活的意义之间却出现了一个巨大的沟壑。

唯私主义综合征者们原先不过是因为政治的冷漠退出公共生活，但实际的结果不仅是公共生活的退出，更是人的意义世界的失落。弗格森直言：“如果没有人号召个人要和国家齐心协力，个人自顾自地追求私利，那么，我们会发现个人会变得骄气、唯利是图而且沉湎于感官享受。这并不是因为享乐和利润越来越具有吸引力，而是因为他所得到的，呼唤他关注其他目标的号召越来越少了，而且还因为他得到了更多鼓励，任他一味考虑个人好处，一味追逐私利。”③于是在唯私主义者那里，“欲求已经取代了需求——所谓欲求在本质上就是漫无限度和无法满足的”④，理想的崇高被一种向前迈进的力量所代替，而这一向前迈进的力量不过是一种基于个人欲望和无穷无尽的享受之上的追求奢侈的观念。或者说唯私主义最后剩下的只有享乐主义。唯私主义对私的迷恋成为“朝向和进入一种不再有任何明确标准的境地的运动”⑤。为了满足私的需要，为了得到欢乐，可以打破一切禁忌，“他们首先在情感体验中为自己构造一个小世界，接着用生命意志的重锤将长久受人遵奉的最高价值打翻在地，最后则在本能冲动中跳起了享受胜利果实的欢

① 腾尼斯.共同体与社会：纯粹社会学的基本概念[M].林荣远，译.北京：商务印书馆，1999：184.
② 约瑟夫·熊彼特.资本主义、社会主义与民主[M].吴良健，译.北京：商务印书馆，1999：199－200.
③ 亚当·弗格森.文明社会史论[M].林本椿，王绍祥，译.杭州：浙江大学出版社，2010：278.
④ 丹尼尔·贝尔.资本主义文化矛盾[M].赵一凡，等，译.北京：生活·读书·新知三联书店，1989：280.
⑤ 麦金泰尔.追寻美德[M].宋继杰，译.北京：译林出版社，2003：297.

乐歌舞"[①]。然而,"根基一旦被斩断只能是一个无家可归的文化漂泊者"[②]。或者说,当代中国人的物质生活虽然越来越丰富,但唯私主义者人数的增长却使公共的文化生活逐渐沙漠化。

第三,唯私主义综合征不仅导致人的共同体感的丧失,而且催生了自恋人格。唯私主义综合征使公共空间不断萎缩,亲密的社群面临着解体,如在中国的广大农村地区,不仅行政嵌入的正式公共空间在萎缩,而且内生型的非正式公共空间同样也在日趋萎缩[③]。由于村庄公共空间公共性的下降,虽然村民们生活在一个共同场所中,但他们彼此保持着精神和情感的绝缘,严重的"拔根"使每个成员原先的生命价值和意义受到挑战,最后必然导致的是没有公德、忽视公共责任和社会义务的个人。这正如鲍曼所揭示出的"生活总体上的私人化"是近代以来人类生活的一个基本现实。不仅如此,这种"私人化"触角延伸到了每一个地方,"在我们私人化的社会中,不满似乎指向不同的方向,甚至彼此冲突,它们极少积累并凝聚成一个共同的事业"[④]。共同体感的丧失,催生了自恋人格。据理查德·桑内特的论述,社会学意义上的自恋"就是不断追问'这个人、那件事对我有什么意义'。人们总是不断地提出别人和外界的行动跟自己有什么关系的问题"[⑤]。因此,在自恋人格的人那里,公共事务因为与自己没有直接的关系,或不能为自己带来直接的好处而遭到拒绝。自恋人格不仅导致了极端的政治冷漠,而且致使人们日益迷恋个人生活。

颇有意味的是,如果说唯私主义综合征导致了共同体感的丧失和政治冷漠,进而引发了对个人生活的过度迷恋的话,那么在我们当下的社会中,这种政治冷漠则以另一种畸形的形态出现,即对公共性事务的娱乐性围观。具体来说,对公共事务的关注不是以一种理性的公共讨论而展开,而是被整合进了娱乐快感的生产逻辑

---

① 张凤阳. 现代性的谱系[M]. 南京:南京大学出版社,2004:176.

② 丹尼尔·贝尔. 资本主义文化矛盾[M]. 赵一凡,译. 北京:生活·读书·新知三联书店,1989:168.

③ 曹海林通过考察苏北窑村后指出,村庄公共空间呈现出行政嵌入的公共空间日益萎缩和内生型的非正式公共空间日益凸现的大致趋势。进而他提出了行政嵌入和村庄内生两个理想类型。但实际上,不仅曹海林提出的行政嵌入的公共空间在萎缩,村庄内生的公共空间同样在萎缩。这不仅表现在公共活动日益减少、公共场所不断减少上,而且表现在村庄的公共权威不断式微和公共资源急剧减少上。农村公共空间的萎缩和私密空间的扩张往往是一对孪生兄弟。阎云翔在他的代表作《私人生活的变革:一个中国村庄里的爱情、家庭与亲密关系(1949—1999)》中指出:市场化以来,农民越来越缺乏参与公共生活,"因此,在公共生活日益萎缩的情况下,村民们只好待在家里打发越来越多的空闲时间,也正因如此,家庭、亲属关系和社会关系网络变得越来越重要"。而这一现象正是黄宗智指出的"公共生活的私密化"。分别参见曹海林. 乡村社会变迁中的村落公共空间——以苏北窑村为例考察村庄秩序重构的一项经验研究[J]. 中国农村观察,2005(6):61-73;阎云翔. 私人生活的变革:一个中国村庄里的爱情、家庭与亲密关系(1949—1999)[M]. 上海:上海书店出版社,2006:76-111.

④ 齐格蒙·鲍曼. 生活在碎片之中:论后现代道德[M]. 郁建兴,等,译. 北京:学林出版社,2002:321.

⑤ 理查德·桑内特. 公共人的衰落[M]. 李继宏,译. 上海:译文出版社,2008:9.

中。“我们看到，今天的很多公共事件都未能引发持久的公共讨论，相反，却变成了一次性消费的娱乐产品的原材料。比如周立波的海派清口秀以及韩寒、李承鹏等人的博客都关注公共事件，但他们之所以受追捧，与其说是因为他们对公共事件的解读比一般公众更加理性，不如说是因为他们幽默和调侃的技巧更能娱乐大众。”[①]与这种娱乐围观式地对待公共事件相互映照的是，“化妆美容、塑形健体、养生美食、家居装修、休闲旅游等产业蓬勃兴起，它们既全方位地呵护着人们的个人生活，也加速着他们对公共生活的遗忘”[②]。简言之，个人生活的意义既被放大又被改写。

5.2.2 政治参与中大众的狂热和生活的娱乐化对思想政治教育公共性的挑战

从公共人的政治参与的表现形态来看，可分为两类：一类是以个人身份出现的公共人；另一类则是以公众身份出场的。众所周知，思想政治教育公共性目标中公共人的培养离不开政治参与，公共人正是通过政治参与，实现自身以及公共利益。进一步说，公共人实际上正是在关心、讨论共同问题，参与共同事务中产生的。在当代中国政治发展的现实中，公共人对于社会主义民主政治的发展尤为重要，因为公共人不仅关心公共生活，而且能在政治参与中保持有序，而这正是同大众社会的本质区别。大众社会和公众的参与社会两者虽然都具有高水平的政治参与，但却有着本质的区别：

在大众社会里，政治参与是无结构的、无常规的、漫无目的和杂乱无章的。每一股势力都试图利用自己最强的手段和战术来确保自己的目标。政治上的冷淡和激愤相互交替，它们是缺乏权威性政治象征的制度的孪生兄弟。在这里，政治参与的独特形式就是暴力与非暴力、合法与非合法、胁迫与说服结合起来使用的群众运动。大众社会缺乏能够把民众的政治愿望和政治活动与他们领袖们的目标和决定联系起来的组织结构。结果，领袖和大众之间就存在着面对面的直接关系，用科恩豪泽的话来说就是：政治领袖可以任意动员大众，大众可以随时影响领袖。而参与政体则不是这样，它的民众高度参政是通过政治制度来进行组织安排的。在这一政治体制中，每一股社会势力都必须对自身的权力资本和行动方式——不论是人数、财富、知识，还是发生暴力的潜力——进行改造，以便使它们在该政治体系中成为合法的和制度化的[③]。

---

① 陈国战. 讨论“好生活”是为了凸显公共生活的危机——兼与韩东屏教授商榷[J]. 探索与争鸣，2011(12)：29－32.

② 陈国战. 讨论“好生活”是为了凸显公共生活的危机——兼与韩东屏教授商榷[J]. 探索与争鸣，2011(12)：29－32.

③ 塞缪尔·P 亨廷顿. 变化社会中的政治秩序[M]. 王冠华，等，译. 上海：上海人民出版社，2008：67－68.

当代中国正处于一个由大众社会向参与政体的转变过程中，要实现大众社会向参与政体的顺利转型，就离不开对大众作重新社会化，以实现大众向公众的转变。公众之所以能够保障有序的政治参与，一是由于公众在政治参与中是普遍的，普遍参与意味着参与者人人平等、自由，任何人不被排斥，所表达的意见受到同样的尊重与关注；二是公众参与是自主的，而群众的政治参与往往不是自主的，如在民粹派的政治参与中，一个个的“人”只是作为整体的“人民”的工具，前者在后者面前微不足道，为了后者的利益需要，就应当毫不犹豫地牺牲前者，而不必考虑他的意志；三是公众参与是通过合法的渠道加以组织和安排的，由于当代中国社会正处于转型期，利益表达的制度还很不完善，特别是利益分配的不公，使大众的政治参与出现政治狂热和政治冷漠并存的现象。毫无疑问，这两者都不利于社会主义民主政治的发展。因此，这两者都是需要警惕的，特别需要注意的是，由于社会转型的政治制度不健全，政治参与的剧增很可能引发政治动乱①。

第一，政治参与中大众的狂热与亢奋，在某种特定事件下会使通常状态下被忽视或压抑的政治情绪得以启动和运转，很容易破坏当下的社会秩序。随着市场经济的发展、社会结构的变动和利益关系的多元化，使得社会中风险问题日益凸显出来。大众政治参与中的狂热，无疑加大了社会风险，因为狂热的大众经常是和群体性事件搅和在一起的。群体性事件并不是一个严格的学术概念②，从群体性事件的发生来看，主要还是社会利益冲突，解决利益冲突应该是社会和谐的基础。但有一类特殊的群体性事件与利益冲突并无直接关系的社会泄愤事件。社会泄愤事件既无组织动员，也无利益诉求，无权威信息、无规则底线③。有学者把社会泄愤事件归因于国家的管治困境，即“国家在管理社会秩序方面的有效性存在问题的危机”④。确实，社会利益分化和社会不满增强，而政府的管治能力并没有能跟上社会不满群体的存在。但需要进一步追问的是，社会不满群体主要是哪些人？他们在政治参与中的狂热与亢奋情绪为何理性缺失？政治参与大众的狂热与亢奋的心理又是怎样的？毫无疑问，这些问题恰恰就是思想政治教育公共性所要分析的。在这里，我们主要根据《南方都市报》对安徽池州事件报道作一分析。

2005 年 6 月 26 日 14 时 30 分左右，安徽池州城区翠柏路菜市场门口，一辆挂着苏 A 牌照的丰田轿车将本地青年刘某刮伤，车主吴某要求刘某赔偿，刘某则希

① 塞缪尔·P 亨廷顿. 变化社会中的政治秩序［M］. 王冠华，等，译. 上海：上海人民出版社，2008：42.

② 目前学界对群体性事件的界定还存在着很大的争议，实际上，公安部颁发的《公安机关处置群体性治安事件规定》和中共中央办公厅《〈关于积极预防和妥善处置群体性事件的工作意见〉的通知》对群体性事件的解释也不尽一致。

③ 于建嵘. 抗争性政治：中国政治社会学基本问题［M］. 北京：人民出版社，2010：156－159.

④ 于建嵘. 抗争性政治：中国政治社会学基本问题［M］. 北京：人民出版社，2010：160.

望吴送他到医院检查但被拒绝，双方于是发生争执，争执中刘某打了车上的倒车镜，于是被车主吴某的两个保安殴打致伤，引起部分市民的不满并向池州110报警。接警后，秋浦路九华派出所立即派两名警员和一名协警赶到现场，将刘某送往池州市第一人民医院急诊室就诊，拟将肇事者连人带车带到派出所调查。围观群众认为警察在袒护打手，袒护商人，要求警察把人交出来。后有群众听说官方袒护商人、中学生打死了(即刘某)、超市老板是帮打人者等，致使18时左右，赶来围观群众达到近万人，有人开始推砸肇事车辆，将丰田轿车砸得面目全非并掀翻，18时50分已被砸毁的丰田车被烧毁。随后围观者把停放在派出所门前的一辆警车推倒，车子被推着翻了个身到了派出所门口，并点燃车辆，顿时派出所门口浓烟四起，现场混乱开始升级。接着围堵者开始袭警，6名武警被石块砸伤。20时左右，人们开始哄抢附近的东华东超市，3个多小时后，超市被洗劫一空。事后查明，这件事件的参与者与交通肇事双方都没有直接关系，大家都是抱着“凑热闹”的心理临时参与到事件中来的[①]。

在这一案例中不难看出，大众在这一事件中既无组织，也无领导，活动也无计划，只是因情绪亢奋，竞相作出了某种行为。引退大众的狂热的可能缘于他们长期积压心中的不满，借机发泄。然而，任何一个国家都不可避免地存在着一部分社会成员对现实的不满，但有些国家大众政治参与时狂热或亢奋爆发为何较为少见呢?如美国民众占领华尔街运动中并没有出现当代中国政治参与的狂热与骚动的一幕。进一步说，导致中国大众在政治参与时狂热或亢奋的心理原因是什么？是什么让大众在政治参与活动中丧失理性？如果对这类大众的政治参与的狂热事件作一分析，那么谣言四起又得不到澄清是加剧大众理性丧失的重要推手。又由于“群体是不受推理影响的，它们只能理解那些拼凑起来的观念”[②]，这些拼凑起来的观念的内在价值诉求可能是表达他们对社会的种种不满，这种不满通过一定载体传播从而与相同的社会处境者产生共鸣，使这种社会心理蔓延开来，加剧了大众政治参与的狂热。大体如果说是专横和偏执的，那么群体中的个人为什么会跟着失去理性呢？勒庞认为:“个人一旦成为群体的一员，他的智力就会下降。”[③]即使个体成为群体一员智力没有下降，他也可能因自己的思想和行为同群体发生冲突，理性的个体在群体压力下也会被迫放弃自己与群体规范相抵触的意识倾向，以服从群体大多数人的意见，作出与自己愿望相反的行为现象[④]。

---

① 王吉陆.安徽池州群体性事件调查:普通车祸变打砸烧抢[N].南方都市报,2005-7-1(3).
② 古斯塔夫·勒庞.乌合之众:大众心理研究[M].冯克利,译.北京:中央编译出版社,2005:35.
③ 古斯塔夫·勒庞.乌合之众:大众心理研究[M].冯克利,译.北京:中央编译出版社,2005:35.
④ 李宁.群体心理学[M].广州:暨南大学出版社,2000:49.

第二，政治参与中大众的冷漠，这种政治参与的冷漠在一种大众生活的娱乐化下凸显得更加明显，二者之间可以说是相映成趣。不过这种相映成趣并不是个孤例，即同在政治参与中大众的狂热和政治参与中大众的冷漠构成了另一种相映成趣的景观。政治参与大众的冷漠，在大众传媒，特别是互联网时代，常常以大众娱乐文化的形态出场。自20世纪90年代以来，大众娱乐文化以惊人的速度发展，大众消费/娱乐文化在今天的文化地盘上已经占据了半壁江山。互联网等媒体以其海量信息、即时互动、平权的特性，成为公众表达观点的新空间。由于互联网突破传统媒体的"把关人"的层层筛选，没有编辑的把关，没有三审制，每一个只要有一台电脑、能利用网络技术的人，都可以在网络空间中发表意见。在这个意义上说，网络对思想政治教育公共性提供了机遇。不可否定的是，网络在一些公共事件中发挥了积极的作用，推进了社会主义民主化进程，网民通过参与这类公共事件公共理性得以培养。但是，"网络传播给大众提供的政治参与远远不及娱乐参与"①。今天我们不难看到两个互为相反的社会景观：一方面是大众娱乐生活的繁荣，参与热情空前高涨、参与空间空前扩大；另一方面则是公共政治文化的日益冷清、政治参与热情的冷却。而这两个方面又互为强化，致使理性商谈的公共空间日益萎缩。

当理性商谈的公共空间日益萎缩之时，娱乐化主题、私人的议题在人们的公共生活空间中入驻下来并逐渐占据主导地位。从无聊恶俗的搞笑到一味拿弱势群体开涮的小品、从"超级女声"到"门事件"的大爆发，无不彰显出我们已处在一个娱乐业时代，大众彼此娱乐，"他们并不交流思想，而是交流图像。他们争论的问题不是靠观点取胜，他们靠的是中看的外表、名人效应和电视广告"②。进一步言之，"信息的价值不再取决于其在社会和政治对策和行动中所起的作用，而是取决于它是否新奇有趣"③。显然，一个人的主体性和自主意识，以及对公共生活的关怀，不可能是也不应是在这样一个娱乐—消费世界中培养。阿伦特对此说得更明确：娱乐—消费世界中所消费的时光不过是为了满足生命的需要，在其本质上仍是生物性的。"娱乐所要填补的空洞时光不过是受生物需要支配的劳动循环中的裂缝。"④当下这种为了消磨时光的生物性的娱乐不正是凸显了阿伦特的洞见吗？问题是如果人们在公共生活世界中不作为，对不合理的现实由无奈而忍受，由忍受而麻木，甚至连异化感、失落感、屈辱感、分裂感也彻底消失，那只能使大众更加远离

---

① 陶东风.去精英化时代的大众娱乐文化[J].学术月刊，2009(5):22-26.

② 尼尔·波兹曼.娱乐至死[M].章艳，等，译.南宁：广西师范大学出版社，2009:81.

③ 尼尔·波兹曼.娱乐至死[M].章艳，等，译.南宁：广西师范大学出版社，2009:60.

④ H Arendt. The Crisis of Culture:Between Past and Future[M]. Penguin Books, p. 205.

公共生活[①]。

大众生活的娱乐化，看上去是大众想摆脱精英化的生活指导方式，欲以一种“我的地盘我作主”的形式彰显自己，但这种自己作主不过是以从真正的公共生活世界的退出为代价的。因为在这一世界里，某个私人领域的问题可能通过网络媒体让人们所知晓，即获得可见性，但由于这一问题本身和公共利益毫无关涉，所以说这种生活并非是真正的公共生活。也就是说，这种自己作主不过是仅限于一种娱乐—消费的世界里而已。从这个意义上说，大众公共生活的娱乐化也是一种去政治化。在去政治化的环境里无聊像流行性的病毒感冒到处蔓延，而这种蔓延的载体正是去精英化的网络。不过，大众生活的娱乐化却不能将原因归之于网络这一传播方式。从思想政治教育公共性的角度说，可以将原因归结于教育者这一主体的缺位、主流意识形态自身及其传播方式等方面，致使这一蔓延变得更为迅速和剧烈。如新浪网对“芙蓉姐姐”现象原因调查发现，75.94%的人认为“没什么道理，只是觉得她蛮好玩”[②]。既然大多数人明明知道没什么道理，但又为何不能对此加以拒绝呢？从思想政治教育公共性角度说，首先需要追问的是思想政治教育公共性在场吗？思想政治教育的在场是形式上，还是实质上的？如通过喊一些口号能否说思想政治教育公共性在场？思想政治教育者常常强调自己以人直接作为对象的工作，那么为什么对社会大众的思想动态不闻不问呢？思想政治教育还能继续仅仅满足于高校一隅吗？这些问题都是每一位思想政治教育从业人员需要思考的，更是思想政治教育公共性实现过程中必须要直接面对的。

5.3 多种社会思潮的兴起对思想政治教育公共性的推动与干扰

思想政治教育公共性的实现，思想政治教育者都离不开借助大众传播媒介来和大众之间进行思想上的交流与互动。如果从大众传媒的视角来看社会思潮，不难发现社会思潮和思想政治教育公共性之间很是相似。众所周知，社会思潮要在社会当中产生较大的影响就不能忽视大众传媒。社会思潮同样离不开一些弄潮者，正是有了这些弄潮者借助大众传媒工具的引领才引发了潮流涌动。严格意义上说，社会思潮是现代社会以来的产物，具体到中国的社会思潮的产生则是晚清以

① 如2011年的“小悦悦事件”、上海公交女司机被毒打后扔下车等，18位路人选择性“失明”和40名乘客冷眼旁观与大众生活的娱乐化构成了鲜明对照。

② 尤红梅. 触摸芙蓉姐姐背后的大众心理[J]. 中国经营报，2005-7-9(10).

来的事。“从社会思潮必备的基本条件看，思能成潮，必有潮头与潮流两个基本因素。”[①]晚清之前虽统治阶级中不乏政治或知识精英作为他们的代言人，但他们的活动也仅仅局限于自身的阶级范围之内。因此，社会思潮如果没有同广大受众之间产生互动，那就只可能是某一政治精英的思想。换言之，社会思潮不等于某一精英的思想。一般认为，社会思潮是以社会心理为基础，以某种思想理论为支撑，以动态形式反映一定阶级、阶层或社会群体理想、愿望、利益、要求，并在社会中产生较大影响的思想潮流[②]。社会思潮之所以能形成潮流，确实是因为它反映了一定时期的社会存在，也就是说它以广大社会成员的社会心理为基础。自1978年以来大转型的序幕的拉开，不仅直接导致了多种社会思潮的产生，而且多种社会思潮之间相互激荡，各种社会思潮之间是“你方唱罢我登场”，直接加剧了人们思想观念的多样化。毋庸置疑，思想政治教育作为一种社会实践活动，不得不和各种社会思潮之间展开对话和批判，这也是思想政治教育公共性本命使然。

社会思潮从性质上分，有错误的也有正确的，有先进的也有落后的。显然，先进与正确的社会思潮对于思想政治教育公共性的实现起着积极的推动作用，而那些错误与落后的社会思潮，对思想政治教育公共性的实现造成干扰。然而，社会思潮这把“双刃剑”对于思想政治教育公共性的实现而言，不仅体现在社会思潮的阶级性上，而且体现在社会思潮的传播方式、受众群体等诸方面，社会思潮对思想政治教育公共性的影响是全方位和立体过程。

5.3.1 多种社会思潮的兴起对思想政治教育公共性的推动

多种社会思潮的兴起对思想政治教育公共性造成的影响，与其说是个理论问题，毋宁说是个实践问题。因为社会思潮是一定时期内一定阶级或阶层的利益诉求的反映，思想政治教育在社会公共空间中做人的思想工作，显然必须重视人的利益。而在现代社会中，其成员的利益一般是以一种思潮的形式反映出来的，这也正是社会思潮的价值。正如梁启超所说：“凡文化发展之国，其国民于一时期之中，因环境之变迁与夫心理之感召，不期而思想之进路，同趋于一方向，于是相涌呼应如潮然……凡‘思’非皆能成‘潮’，能成‘潮’者，则其‘思’必有相当之价值，而又适合于其时代之要求者也。”[③]毫无疑问，多种社会思潮的兴起对思想政治教育在社会公共空间中的开展带来相当大的冲击。但从另一方面看，多种社会思潮的兴起恰恰是思想政治教育公共性命题之合法性所在。如果在社会公共空间中没有不同的社会思潮相互激荡、相互冲突和相互争斗，也就无所谓要对广大人民群众做思想政

① 胡斌.关于晚清社会思潮问题的几点思考——以大众传媒为视角[J].学术界，2011(8)：186－192.

② 邓卓明.当代国外社会思潮专题研究[M].重庆：西南师范大学出版社，2002：9.

③ 梁启超.中国近三百年学术史[M].天津：天津古籍出版社，2003：12.

治教育工作，以达成政治共识。党的十七大指出："建设社会主义核心价值体系，增加社会主义意识形态的吸引力和凝聚力。"思想政治教育公共性旨在促进政治共识的达成，也就是说，在增加社会主义意识形态的吸引力和凝聚力方面，思想政治教育公共性的研究不可忽视。而要实现思想政治教育公共性的宗旨，又不得不重视多样的社会思潮，因为多样的社会思潮对于促进思想政治教育公共性的实现而言有着重要的意义。具体来说，主要体现在以下三个方面：

一是社会思潮的传播媒介与机制对于思想政治教育公共性的价值。有些社会思潮之所以能有如此大的影响，首先和这种社会思潮的传播方式是分不开的。如在互联网时代，当前社会思潮已经从过去注重书籍、报刊扩展到互联网和手机短信等现代科技手段上。不仅在传播手段上成功实现向现代转型，而且语言风格上也日趋大众化，由过去的学术化语言改为贴近百姓生活的语言，以利于群众接受。思想政治教育公共性要实现在社会公共空间中更好地传播，必然需要对传播手段、语言等方面加以重视。不过，从社会思潮的传播机制来看，不能只看到其传播方式，还应该看到是谁来传播，传播社会思潮的载体、接收者为何接受，接收者的传播等，这些都是社会思潮传播机制的重要组成部分。毫无疑问，厘清社会思潮的传播机制，对于思想政治教育公共性的实现有着重要价值。

二是社会思潮发展的兼容化对于思想政治教育公共性的推动。各种社会思潮不仅相互撞击、相互排斥，而且相互影响也越来越大。各种社会思潮为了扩大社会影响，纷纷在有限度地坚持自己传统的、特定的原则的基础上，注重吸收其他社会思潮对自己有利的内容，从而使得各种社会思潮的兼容性大大增强。各种社会思潮的兼容方式方法、机制等，对于思想政治教育如何面向公众、说服公众等提供了方法论借鉴。

三是社会思潮自身对思想政治教育公共性的推动。要促进社会成员达成政治共识，培育公共人，思想政治教育这一社会实践活动就需要对社会成员所普遍关心的问题加以关注，并能有效地和社会成员之间进行沟通。而综观改革开放以来比较有影响力的社会思潮，无不反映了社会成员集中关心和讨论的问题。思想政治教育者在社会公共空间中要想最便捷地了解社会成员所关心的问题，就必须关注社会思潮，因为社会思潮提供了社会成员的思想热点的"晴雨表"。思想政治教育者深刻洞察了社会成员的思想热点，才能更好地实现自己的目标。

5.3.2 多种社会思潮的兴起对思想政治教育公共性的干扰

社会思潮作为一种意识形态，其核心是反映一定阶级或阶层的价值观念，它有促进主流意识形态的传播、转型等方面的作用，但另一方面，多种社会思潮的泛滥（主要是错误的、落后的社会思潮）又对主流意识形态的实现产生干扰作用，这是就思想政治教育公共性所传播的核心内容而言的。然而，多种社会思潮对于思想政治教育公共性的这种干扰却不是这种单一向度，而是一个多向度的存在。具体来说，主要包括以下三个方面：

第一，削弱促进社会成员达成政治共识的基础。政治共识的核心层是对民族国家的共识，民族国家的共识是思想政治教育公共性的内在保障。社会成员如果丧失了民族国家的共识，意味着思想政治教育所要传播的主流意识形态失去了最根本的屏障保护。当前盛行的自由主义、历史虚无主义等思潮，虽有不同的价值取向与诉求，但都在不同程度地消解了社会成员的民族价值观。如历史虚无主义思潮主要通过贬低和否定中国革命，诋毁和嘲弄中国人民为争取民族独立和彻底解放而进行的反帝反封建斗争，试图从歪曲历史入手达到否定中国共产党的领导，从而在根本上抽空社会成员对民族国家认同的基础。新自由主义思潮的弄潮者们则主张私有化、自由化和市场化，政策上鼓吹以超级大国为主导的全球政治、经济、文化的一体化，推崇以西方的"自由""民主"等价值观念的"普世价值"，动摇人们对本民族国家的文化认同。对于中国这样一个由中华帝国到民族国家的国度而言，这些社会思潮直接影响了人们的民族价值观的形成，进而直接对思想政治教育公共性的宗旨产生极大的消极影响。

第二，淡化社会成员的公共精神。从当前比较有影响力的社会思潮来看，主要有历史虚无主义思潮、民主社会主义思潮、新自由主义思潮、拜金主义思潮、消费主义思潮、全球化思潮等。从这些社会思潮的本身来看，都存在着非历史性的倾向。如，全球化思潮只强调因经济全球化带来的各民族国家相互依存的一面，而忽视了民族国家自身的利益，忽视了各民族国家的历史的差异性。但是，人们只能依据一定的社会历史背景来定义自己，在现代社会中这一历史背景正是公共生活所提供的。然而，多种社会思潮的非历史性本质抽空了群体的公共生活，使人更容易陷入到原子化的状态之中。当下，人们在公共生活中互相说谎欺骗，互相提防戒备，彼此无信用，不信任，对公共事务冷淡麻木，对他人遭遇漠不关心，幸灾乐祸，待人处事以邻为壑。也就是说，人们在公共生活中缺乏实质意义的群体认同，这和群体认同的非历史性思维不无关联。

由于人们缺乏群体认同，致使现代社会的人们遭遇着前所未有的群体性危机。"现代世界最严重、最痛苦的见证……就是见证群体的瓦解与脱节。"[①]问题的吊诡之处在于，一方面公共生活中关心、讨论共同问题的公众缺席，另一方面则是群体的生活被抽象所统治着（抽象成为统治和社会思潮的非历史性本质上具有一致性）。这种抽象在现代世界中以货币形式集中表现出来。谁拥有了这种抽象的一

① 徐贲. 通往尊严的公共生活：全球正义和公民认同[M]. 北京：新星出版社，2009：4.

般财富，谁就能支配世界。在这个意义上，马克思的洞察极为深刻："货币本身就是共同体，它不能容忍任何其他共同体凌驾于它之上"①。于是，现代社会中的拜金主义思潮、消费主义思潮以一种前所未有之势，汹涌而起，致使社会被物欲主义所覆盖，公共关怀被道德冷漠所消解，奉献精神更是被金钱的信仰所消解。在这个意义上，错误的、落后的社会思潮对思想政治教育公共性的宗旨是颠覆性的。

第三，导致社会成员政治价值观的困惑、迷惑，造成人们对主流意识形态认同的困难。多种社会思潮之间的相互激荡，致使人们的价值观念发生改变，甚至使一部分社会成员在指导思想上误入歧途。胡锦涛同志深刻地指出："意识形态领域历来是敌对势力同我们激烈争夺的重要阵地，如果这个阵地出了问题，就可能导致社会动乱甚至丧失政权。敌对势力要搞乱一个社会，颠覆一个政权，往往总是从意识形态领域打开突破口，先从搞乱人们的思想下手。"②思想的混乱，不可避免地危及到社会秩序。在这个意义上说，错误的、消极的社会思潮冲击社会主流意识形态导致的绝不仅仅是价值观问题。必须看到的是，社会思潮影响力的扩散的广泛性和渗透性，而且这种渗透表面上看起来是价值中立的理论立场，这种影响看起来微不足道，但渗透力却极强。社会思潮以一种漫不经心的传播表象，零打碎敲地或者"静悄悄地进村"，腐蚀人们的思想。也就是说，思想政治教育公共性虽以一种正确的思想引导人，但是，思想政治教育公共性实现的困难致使其影响力日益式微，思想政治教育所传播的主流意识形态就可能被边缘化，进而给社会思潮的"乘虚而入"提供了机会。

5.4 思想政治教育学科公共性的时代困境

思想政治教育公共性的时代际遇，不仅表现在其外部社会结构的变迁、多种社会思潮的兴起以及社会成员公共精神的式微、公共意识的薄弱上，更表现在思想政治教育学科自身的公共性不足上。思想政治教育学科自身的公共性不足，不仅表现在理论层面上，更表现在学科的实践层面上。

5.4.1 思想政治教育学科理论的公共性不足

自 1984 年普通高校开设思想政治教育专业以来，思想政治教育专业经过二十多年的发展，学科建设取得了很大的成就。但是，思想政治教育学科中存在的问题却不容忽视，因为这些问题直接关涉思想政治教育学科的合法性。如思想政治教

① 马克思恩格斯全集(第 46 卷上)[M].北京:人民出版社,1979:172.
② 胡锦涛.在人民日报社考察工作时的讲话[N].人民日报,2008-6-21.

育学科的基本问题是什么？思想政治教育本质是什么？思想政治教育的逻辑起点到底是思想，还是行为？抑或思想与行为？等等。这些问题学界仍存在着较大的争议。由于这些问题没能得到厘清，致使思想政治教育学科归属不明确。教育部 2005 年 64 号文虽然解决了思想政治教育学科的归属问题，但是，思想政治教育学科归属并未能完成学术上的自我确证。这一确证没能完成，使思想政治教育理论研究者常常"种了别人的田，荒了自己的地"。问题是，即便是"种了别人的田"，也不能得到其他学科研究者的认可。长此以往，思想政治教育理论不仅别人不认同，而且还很容易导致别的学科研究者的反感。这些都凸显了思想政治教育学科理论的公共性严重不足。具体来说，思想政治教育学科理论公共性不足主要表现在三个方面：

首先，思想政治教育学科理论的理念公共性不足。根据思想政治教育公共性的本体分析，思想政治教育公共性产生并成长于公共性政治的土壤，它是民众通过教育的方式、说理的方式来解决民众政治生活中的事务。它不仅是社会走向文明，更是国家走向文明的反映。但是，思想政治教育学科理论的理念并没有意识到这一点。思想政治教育理论界仍主要视其为一个阶级或集团为了巩固政治统治而进行的符合本阶级或集团利益，包括政治、法律、哲学、宗教思想的意识形态理论的教育[①]。简单来说，思想政治教育学科的理论研究的背后的理念就是为统治阶级服务。但问题在于一个学科理论研究的理念就是为统治阶级服务，那么这种理论研究最终只能是依附于统治阶级身上的一张皮。在这种情况下，思想政治教育学科不仅很难自足，而且其公共性理念严重不足，其政治性更是与阶级性混为一谈。而看不到作为公共性政治形态是指这样一种场景，即"在一个由各种传媒所构成的公共领域里，公共权力被公民置于共同讨论或批判的位置之上，只有首先给公共权力以正当性为基础，并找寻到有效运行模式，每个公民才能获得公共的善，继而分享这种公共的善"[②]。思想政治教育作为一种精神形态的政治，恰恰正是通过这种公共活动本身，或通过仪式或通过传播媒介来分离精神产品，而达致人的身心和谐、人人和谐。

其次，思想政治教育学科理论研究者的公共性意识缺乏。思想政治教育理论研究的状况是和理论研究者紧密联系的。思想政治教育理论研究者的价值取向、研究方法论、研究者的视野等，很大程度上决定了思想政治教育学科理论研究成果和研究领域。据 2010 年思想政治教育研究前沿报告来看，思想政治教育对于诸多现实问题的研究还比较薄弱，而对于高校思想政治教育的研究成果则比较多[③]。

① 杨生平．思想政治教育理论研究[M]．北京：首都师范大学出版社，1999：2.
② 晏辉．现代性语境下的价值与价值观[M]．北京：北京师范大学出版社，2009：348.
③ 王伟光．马克思主义理论学科前沿研究报告[M]．北京：中国社会科学出版社，2012：332－351.

笔者通过图书馆电子期刊和资料对十年来思想政治教育的文献资料(2000—2010)的查阅,发现高校思想政治教育约占到思想政治教育研究的四成。从研究者的研究方法来看,经验性研究和思辨性研究占主导,学科研究方法和方法论争的场域尚未形成[①]。思想政治教育本质、价值等基础性研究关注较少且鲜有突破。此外,思想政治教育理论研究者大多热衷于学术应景式的研究。另据韩华对2000—2009年近十年的思想政治教育学科博士学位论文的数据统计,思想政治教育学科博士学位论文的研究方向还较为散乱和宽泛,学术研究成果中存在着对相关学科领域知识的简单移植和照搬等,而这又与博士生招生研究方向设置的庞杂和无序紧密相关[②]。简言之,思想政治教育学科边界不清楚、内涵不明确问题仍然较为严重。从现有的研究成果来看,思想政治教育学科的独立性仍然是个问题。没有独立的学科品位,思想政治教育学科的工具性定位难以超越,思想政治教育理论研究者自然难以有自治的学术品格带来的公共性关怀。在这种情况下,一部分思想政治教育学科的理论研究者谈公共性色变也就不觉得奇怪了。

最后,思想政治教育学科的理论研究成果难以引起公众的共鸣,有的研究成果甚至和民众需求之间存在着断裂。思想政治教育作为一门学科,它需要通过知识生产来展现这一学科的独特魅力,为思想政治教育实际工作者提供指导,继而为广大民众所接受。但在社会公共领域中,经常发现对于民众所需要的,思想政治教育理论研究者很少研究。思想政治教育理论研究者所研究的,往往又是民众所不关心的。思想政治教育学科的理论生产和民众的脱离,还导致了思想政治教育一线工作者对理论研究者的不信任,由于思想政治教育研究主体的碎片性、多元性,使得整个思想政治教育研究仍受制于各种理论范式并陷入分析框架的窠臼之中。“一是缺乏自上而下与自下而上的对接视角。二是缺乏纵向控制水平互动视角的切换实现由自上而下与自下而上的支配与回应切换到上下水平之间的回应。”[③]这两方面的缺乏,很容易造成理论研究者与实际工作者之间的隔阂,理论研究成果也是越来越远离群众。因为思想政治教育理论的自上而下,实际上就是过于强调思想政治教育理论研究的目的是实现“统治阶级的思想控制和精神指导”[④],在这种情况下,思想政治教育理论研究很少关注民众,特别是底层民众发出的苦难。思想政治教育理论研究虽然越来越学理化,但离群众却越来越远。实际上,衡量思想政治教育学科理论成果的公共性的标准,主要在于其理论能否说服人。马克思早就

---

① 王伟光.马克思主义理论学科前沿研究报告[M].北京:中国社会科学出版社,2012:330.

② 韩华.近十年来思想政治教育学科博士学位论文:回顾与反思[J].教学与研究,2010(12):81.

③ 卢岚.底层研究:思想政治教育研究的新视角[J].理论与改革,2012(3):124.

④ 李新颜.思想政治教育目的论[D].首都师范大学硕士学位论文,2002.

指出："理论只要说服人，就能掌握群众；而理论只要彻底，就能说服人。所谓彻底，就是抓住事物的根本。"①

5.4.2　思想政治教育学科实践中公共性匮乏

思想政治教育学科不仅理论性很强，而且实践性也很强。然而，思想政治教育学科不仅在理论上公共性不足，而且在实践中缺乏对现实的关怀和回应。具体而言，主要表现在以下三个方面：

首先，思想政治教育工作方法与公众的公共生活之间的断裂。思想政治教育作为一门现实性很强的学科，理应关注公众生活，只有关注公共生活，才能进入公众的思想深处，在精神层面上说服公众。要实现这一目标，思想政治教育实际工作者的工作方法无疑很重要。但实际的状况是，思想政治教育工作方法不仅公众难以接受，甚至公众本能地对思想政治教育加以拒斥，即是说思想政治教育工作方法和公众的公共生活之间出现了断裂。其主要表现在两个方面：

一是思想政治教育工作方法中采取单一的硬性灌输。在列宁那里，灌输是因为工人不可能自发地产生无产阶级的意识，因此需要通过意识形态的灌输使工人形成无产阶级的意识，从而为无产阶级革命奠定基础。有学者在这一意义上把灌输视为思想政治教育本质，而不是一种方法。于是，"否定灌输，就是否定或放弃思想政治教育"②。这一观点实际上是用意识形态灌输绑架了思想政治教育。革命斗争的长期实践，也使相当多的思想政治教育工作者们坚信只有通过意识形态灌输，才能培养具有无产阶级的接班人。从当时的历史条件来说，这种灌输是必要的。但是，在改革开放所带来的开放性社会中，群众对所硬灌输给他们的主流意识形态不再是盲目接受，而是批判、质疑。这时，自上而下的意识形态灌输不但没有效果，反而会起反面效果，很容易导致"你不说我不信，你越说我越不信"的窘境。

二是思想政治教育说理话语的色彩鲜明。在思想政治教育的硬灌输的效果已经日渐衰微的情况下，思想政治教育工作者开始逐渐用说理的方式来说服民众。但由于思想政治教育说理的功利性太强，因而在实际的思想政治教育工作中，总是过于强调教育者话语主体的主观价值，将公众置于被动的场域，话语主体和受众之间的地位、方式的不对称，造成在思想政治教育的说理教育中，情感力量介入并不明显或者说较为缺乏，思想政治教育说理就变成了无生气的说教。于是，"在思想政治教育的实践中，将政治教育代替思想政治教育，用政治话语、文件话语和权力话语代替思想政治教育话语的现象屡见不鲜，常常是不分时间、不分场合、不分对象地套用'上头的话'，一知半解，高高在上，刻板而乏味，群众(受教育者)不仅没有

① 马克思恩格斯选集(第1卷)[M]. 北京：人民出版社，1995：9.

② 侯爽. 关于灌输理论与思想政治教育本质的再研究[J]. 思想理论教育导刊，2009(10)：77.

理解、接受和内化教育者的思想，而且容易引起接受阻滞，形成思想政治教育的负向效应，‘言者谆谆，听者藐藐’讲的就是这样的尴尬……思想政治教育话语常常自居于高雅殿堂而孤芳自赏，理性话语在一定程度上变成了脱离生活实际的‘空话’‘大话’，以至于成了人们置之不理的贫困道学”[①]。由此可见，思想政治教育说理教育异化为教条主义和形式主义。假话、套话、空话使民众对说理教育方式本能地加以拒斥，继而引发公共生活崩溃和庸俗主义盛行。

其次，思想政治教育社会实践空间的日益萎缩和其广覆盖之间形成强烈对比。思想政治教育公共性意味着其始终是面向群众的，并在面向群众中教育群众。因此，思想政治教育实践活动应该在社会空间中广泛存在。但实际上，思想政治教育不但没有做到社会的全覆盖，而且已经覆盖的空间也在逐渐被蚕食。这主要表现在两个方面：一是社会转型中出现的“两新组织”、农民工群体、自由职业者等，这些组织和群体思想政治教育覆盖还很有限。这些群体和组织中有正式的思想政治教育机构、专业工作人员的少之又少。由于这些组织一般没有党组织，有组织的思想政治教育基本处于盲区。二是目前思想政治教育已经被覆盖的区域面临着阵地将要失守的危机。例如，在一些公有制经济组织或公有制控股的经济组织中，思想政治教育的机构和人员面临被精简或被裁撤。因为企业在市场经济中，节省成本是提高企业经济效益的重要方式，企业的思想政治工作部门很容易被看作“无关痛痒”的部门[②]。笔者 2010 年 7 月参加江苏省委宣传部关于江苏国有企业调研时发现这一现象是广泛存在的。如江苏扬农股份有限公司的党的宣传机构就多次遭到精简。有的公有制经济组织，党的思想政治工作机构虽然没有裁撤，但党的思想政治工作机构人员主要是做企业文化的策划和宣传，或者说党的思想政治工作已经被转换为企业文化。前文已述，企业文化和企业思想政治工作虽有重叠，但二者却存在着本质区别。即是说思想政治工作的空间被隐性地蚕食了。

最后，思想政治教育学科培养的人才难以在公共性岗位获得就业机会。思想政治教育专业自设立以来，它的人才培养目标的取向很明确，主要是党政机关、学校、企事业单位。但在每年的中央、省、市、县、乡镇的党群机关、行政机关、依法参照公务员事业管理的事业单位的招考中，很难发现对思想政治教育专业人才的需求。在事业单位的招聘中，也仅有学校对思想政治教育专业人才有所需求。即是说思想政治教育人才培养目标和其实际状况反差极大。对于思想政治教育专业培养的人才而言，实际上已经被边缘化。造成这一现象的原因与其说是社会公众对思想政治教育有着很大的偏见，毋宁说是思想政治教育学科自身的问题。

---

① 董世军.现代思想政治教育话语及其困境分析[J].长春大学学报，2007(1):49.

② 金林南，施宪.社会结构变迁与思想政治工作新模式的构建[J].求实，2002(11):47.

第 6 章 思想政治教育系统要素的公共性创新

思想政治教育公共性的时代境遇表明，思想政治教育公共性发展过程中所遭遇的不是某一环节、某一要素的问题，而是一个系统性的问题。众所周知，思想政治教育系统公共性是一个由多种要素相互联系、相互作用的有机体，思想政治教育公共性的实现，有赖于各个要素的公共性的发挥。从这个意义上说，对思想政治教育系统的公共性加以分析，是思想政治教育公共性适应时代发展要求的必然选择。

6.1 思想政治教育基本要素的判定及其公共性

一般而言，系统总是由要素构成的。所谓要素是指“组成系统的各个单元、因子、部分”①，它是组成一个整体相互作用的部分。对思想政治教育公共性系统的分析也应从对其要素分析入手。鉴于目前学界对思想政治教育公共性研究很少，遑论触及思想政治教育系统要素的公共性，故在这里，笔者从思想政治教育系统的要素入手，对构成思想政治教育各要素的公共性作一讨论，即将公共性渗透到思想政治教育系统的具体要素中，以实现思想政治教育公共性。

6.1.1 思想政治教育基本要素的研究现状

思想政治教育要素是构成思想政治教育系统的基本要件和因素，厘清思想政治教育要素有助于分析思想政治教育系统的基本结构、深化认识思想政治教育系统运行的基本规律以及提高思想政治教育的有效性。正因如此，学界对思想政治教育要素的研究颇为重视，并以此为主体取得了颇丰的理论成果。纵览现有的研究，学界对思想政治教育具体要素的争议不绝于耳，这些争议主要集中在思想政治教育要素所涵纳的范围上。思想政治教育究竟包含哪些要素，归纳起来，学界的讨论主要存在以下六种观点：

一是“三要素说”。该观点认为思想政治教育系统是由教育者、教育对象和教育要求这三种基本要素组成。也有学者对这一观点作出修正，提出了思想政治教

① 查有梁.系统科学与教育[M].北京：人民教育出版社，1993：49.

育者、教育对象和教育环境三个基本要素。

二是“四要素说”。这种观点认为思想政治教育基本要素主要有四个：思想政治教育主体、思想政治教育客体、思想政治教育介体、思想政治教育环体[①]。也有对“四要素说”作出如下概括：教育者（有目的地对受教育者施加影响的个人和团体）、受教育者（包括个人教育对象和团体教育对象）、教育环境（包括生产力状况、经济制度和政治制度、政治观点、道德风尚、人际关系等）和教育介体（教育内容和方法）[②]。

三是“五要素说”。这种观点认为思想政治教育系统的基本要素包括思想政治教育主体、思想政治教育客体、思想政治教育内容、思想政治教育方式、思想政治教育目标。这五要素形成了一个有机的统一体。思想政治教育主体围绕一定的教育目标，借助一定的教育方式，对教育客体施加与一定教育内容相关联的教育影响，从而完成思想政治教育过程。其中，思想政治教育主体、思想政治教育客体是思想政治教育系统的基础，决定着教育的内容、方式、目标，反之，思想政治教育的目标、内容、方式又反作用于思想政治教育主、客体，影响整个思想政治教育活动的完成[③]。

四是“六要素说”。这种观点认为思想政治教育系统应包括如下要素：思想政治教育者（思想政治教育组织和实施者）、思想政治教育对象（思想政治教育有意识地对其施以影响，以期形成相应的思想政治教育素质的对象）、思想政治教育目的（人们在思维中对思想政治教育所要达到的结果的预期）、思想政治教育内容（思想政治教育活动中思想政治教育者传递给思想政治教育对象的思想政治教育观念）、思想政治教育方法（思想政治教育者在引导思想政治教育对象的思想、行为发生预期变化过程中所应用的方法）、思想政治教育情境（为思想政治教育活动开展而创设的具体情境）[④]。

五是“八要素说”。这种观点认为思想政治教育系统包括思想政治教育者、思想政治教育对象、思想政治教育信息（目的、内容、原则、方法等）、思想政治教育载体、思想政治教育噪音、思想政治教育情境、思想政治教育效果、思想政治教育反馈这八个基本要素[⑤]。

六是“十要素说”。这种观点提出者实际上是从系统工程学的角度出发，将思想政治教育系统分为思想政治教育主体系统、客体系统、内容系统、方法系统、环境

---

① 张耀灿，郑永廷，等. 现代思想政治教育学[M]. 北京：人民出版社，2006：147.

② 陈万柏. 思想政治教育载体论[M]. 武汉：湖北人民出版社，2003：15.

③ 孟志中. 思想政治教育要素论[J]. 中国青年政治学院学报，2003(2)：15－19.

④ 沈壮海. 思想政治教育有效性研究[M]. 武汉：武汉大学出版社，2008：68－101.

⑤ 叶雷. 思想政治教育要素新论[J]. 前沿，2004(6)：156－158.

系统、思想系统、原则系统、信息系统、决策系统、评价系统。这十个子系统是思想政治教育母系统的十个基本要素，它们相互联系、相互配合，成为一个有机整体①。

6.1.2　思想政治教育基本要素的判定

由上论述可知，关于思想政治教育要素的研究分歧还相当大，其原因有二：一是对于思想政治教育理解的差异；二是基于思想政治教育要素划分的标准不同所致。那么，思想政治教育到底由哪些要素组成呢？在判定思想政治教育基本要素之前，我们需要对以上观点中争议较大的若干问题作一检视。

争议一：思想政治教育环境属不属于思想政治教育的基本要素？思想政治教育情境能否代替思想政治教育环境？反对者认为环境不能构成思想政治教育的基本要素，因为环境只是某一事物或某一活动存在的外部条件，而要素是指该事物或该活动的内部构成因素，它是内在地存在着。而思想政治教育环境是指影响思想政治教育运行的一切外部因素的总和，包括自然环境、社会环境和精神环境，相对于思想政治教育系统而言，它是思想政治教育活动运行的外部客观存在②。正是在这个意义上，有学者提出了不同于思想政治教育环境概念的思想政治教育情境，因为思想政治教育情境是为思想政治教育活动具体开展而创设的，这种情境相对于人的思想、心理和行为的生成而言是一种外部客观存在，但相对于思想政治教育而言，它又是内在于思想政治教育系统中的一个要素。笔者以为，随着风险社会的来临，所谓思想政治教育的情境的创设不过是一厢情愿的设想罢了。如突发事件借助网络等传播工具，思想政治教育者就难以创设一种特定的情境。因此，用思想政治教育情境取代思想政治教育环境还需要斟酌。

争议二：思想政治教育者和思想政治教育对象能否代替思想政治教育主体和客体？“六要素说”相比较于“四要素说”，除了增加思想政治教育目标要素之外，其他五要素和“四要素说”是一致的。也就是说，“六要素说”实际上是将思想政治教育者和教育对象等同于思想政治教育主体和客体。然而，思想政治教育者和思想政治教育主体是两个不同的概念，但在思想政治教育要素的争论中，“四要素说”和“六要素说”似乎有将这二者加以等同起来的嫌疑。确实，思想政治教育者是思想政治教育主体的核心，但思想政治教育主体的外延要比思想政治教育者广得多。即除了思想政治教育者，还应包括国家、群体组织，有时思想政治教育对象还可能包括在内。近年来，思想政治教育主体间性研究的兴起，以致人们很难将思想政治教育客体和思想政治教育对象等同起来。确实，思想政治教育对象是人，所以思想

① 田曼琦，白凯．思想教育系统工程学[M]．北京：人民出版社，1989：62－65．

② 孟志中．思想政治教育要素论[J]．中国青年政治学院学报，2003(2)：15－19．

政治教育不同于人类一般的实践活动，但思想政治教育对象的主体性是有条件的，即在思想政治教育者完成对教育对象的传授任务，转而进入引导受教育者内化形成自己的思想政治品格阶段时，无论从接受过程还是从内化过程来看，教育对象都具有了主体地位①。但并不能因此就否认思想政治教育对象作为思想政治教育客体的存在。应该看到，"以受教育者为中心"是一种教育理念，但并不能因此将思想政治教育中教育者的主导地位消解掉。毫无疑问，在具体的思想政治教育活动中，思想政治教育者是发动者、组织者，是主体，而教育对象具有能动性，拥有主动性，但教育者的主导性和教育对象的主动性并不是一回事②。教育对象的主动性确实使其获得一定阶段的主体地位，但绝不能因此而否认教育对象是客体，其客体性是始终存在的事实。

争议三：思想政治教育内容和方法能否统称为思想政治教育介体？有学者认为，不能把思想政治教育内容和方法合并成一个要素（介体），因为要素具有基本构件的单一性特征。如果某一"要素"是相对独立因素的综合，那就不是一个而是两个要素，我们不能因两个要素之间具有某一共性而加以合并③。思想政治教育内容和方法是两个内涵和外延都不同的概念，但并不能因此将思想政治教育内容和方法割裂开来。毛泽东同志早就指出："我们不但要提出任务，而且要解决完成任务的方法问题。我们的任务是过河，但是没有桥或没有船就不能过。不解决桥或船的问题，过河就是一句空话。不解决方法问题，任务也只是瞎说一顿。"④不难看出，桥或船是方法，但这一方法是由过河这一任务决定的。没有过河这一任务，桥或船也可能作为任务而存在。就思想政治教育而言，思想政治教育内容决定思想政治教育方法，将思想政治教育内容和方法合并成为介体并无不妥。况且，要素并不一定就是单一的，作为组成系统的具体单元，要素完全可能以一种两个及以上的结合形态而存在。

通过以上三个方面争议的辨析，思想政治教育基本要素的"四要素说"显然更具有合理性。不过，这里需要对四要素说作两点说明：

一是如何看待思想政治教育四要素的目标缺席。一般认为，思想政治教育目标"是指教育者根据社会的要求和人的发展要求，通过思想政治教育活动使受教育者的思想政治品德在一定时期内所达到的预期结果"⑤。即是说思想政治教育目标是思想政治教育的出发点和归宿。那么，思想政治教育基本要素中是不是目标

---

① 李合亮. 思想政治教育主体的判定[J]. 求实，2010(7)：72 - 76.

② 李合亮. 思想政治教育主体的判定[J]. 求实，2010(7)：72 - 76.

③ 孟志中. 思想政治教育要素论[J]. 中国青年政治学院学报，2003(2)：15 - 19.

④ 毛泽东选集(第 1 卷)[M]. 北京：人民出版社，1991：139.

⑤ 邱伟光，张耀灿. 思想政治教育学原理[M]. 北京：高等教育出版社，1999：182.

不可或缺？应该看到，思想政治教育目标主要是通过思想政治教育实践活动的教育者体现出来的，思想政治教育者在设定和依托教育内容进行教育时已经内在地蕴含了思想政治教育的目标。再一个方面说，思想政治教育内容已经是思想政治教育目标的具体化。因此，思想政治教育"四要素说"并没有忽视思想政治教育目标这一要素。二是思想政治教育"四要素说"更能体现时代发展的要求。毫无疑问，思想政治教育是面向全民的，思想政治教育的设计和实施自然要覆盖全体社会成员。这也是思想政治教育公共性提出的缘由之一。思想政治教育"六要素说""八要素说""十要素说"都更偏重于微观层面的思想政治教育活动，无法适应时代对思想政治教育需要作为一个社会结构中的宏大的"系统工程"的呼唤。思想政治教育要形成合力，就不能忽视宏观层面的国家、各类群体组织以及网络和新闻媒体的舆论等方法。也就是说，思想政治教育"四要素说"与"六要素说""八要素说"或"十要素说"相比，更能体现出时代特色，也更能适应时代对思想政治教育提出的要求。

6.1.3　思想政治教育要素的公共性及其研究意义

在思想政治教育公共性实现过程中，不同的思想政治教育要素担负着不同的思想政治教育公共性功能。总体而言，思想政治教育要素的公共性，诸要素所具有能够体现自身在实现思想政治教育公共性过程中所担负的公共性功能的积极的内容和特性。那么，为什么要对思想政治教育要素的公共性加以研究呢？主要原因在于：

第一，研究思想政治教育要素的公共性有利于全面、准确把握思想政治教育公共性的内涵。列宁指出："如果不是从整体上、不是从联系中去掌握事实，如果事实是零碎的和随意挑出来的，那么它们就只能是一种儿戏，或者连儿戏也不如。""要真正地认识事物，就必须抓住、研究清楚它的一切方面、一切联系的'中介'。我们永远也不会完全做到这一点，但是，全面性这一要求可以使我们防止错误和防止僵化。"①以系统论观点，思想政治教育公共性是个有组织的整体，可以通过将这个整体之所以为整体的要素列举出来，这时就要用全面性的观点来尽可能列出其作为整体的要素，以此分析思想政治教育系统的公共性这一整体。但由于思想政治教育系统公共性的条件和功能以及它们的关系十分复杂，因此，我们需要对思想政治教育系统公共性这一整体作进一步划分，即思想政治教育系统公共性可以进一步划分为各子系统。从这个意义上说，思想政治教育各要素的公共性各自成为一独立的子系统。由于"子系统的划分基于整体存在的条件和整体功能的集元素之间

---

①　列宁全集(第 40 卷)[M]. 北京：人民出版社，1986：291.

和功能分解成某些子集合，这些子集合正好是子系统的功能和存在条件”[1]。这样，对思想政治教育各要素的公共性子系统的分析，对于准确把握思想政治教育公共性的功能、存在条件及其内涵和外延提供了可能。

第二，研究思想政治教育要素的公共性有利于实现思想政治教育公共性。从事物发展变化的规律来说，任何事物的发展变化，往往是从某个局部或要素的变化开始的。由于思想政治教育要素的公共性的变化，导致当下的思想政治教育公共性不同于中国共产党革命时期的思想政治教育公共性。就如同山还是那座山，女人还是那个女人，但山的颜色和结构发生了变化、女人的年龄和容貌也发生了变化。从系统论角度说，思想政治教育要素的公共性发生变化，确切地说是思想政治教育要素的公共性的内涵和外延都发生了变化（注意思想政治教育要素还是那个要素），致使思想政治教育公共性在新的时代条件下呈现出明显不同于革命时代的思想政治教育公共性的特征。显然，要实现思想政治教育公共性，仅仅注意到新的时代条件下思想政治教育公共性的特征是不够的，只有深入思想政治教育要素的公共性层面，才能更为整体、更加全面地把握时代对思想政治教育公共性的要求。

第三，研究思想政治教育要素的公共性是思想政治教育公共性实现的前提和基础。毫无疑问，思想政治教育公共性的实现离不开思想政治教育要素的公共性所担负的公共性功能的发挥。思想政治教育要素的公共性与思想政治教育公共性的关系是整体与部分之间的关系，从系统论的观点看，思想政治教育公共性系统是由诸要素之间相互联系、相互作用所构成的一个整体。要素就是组成一个整体而相互联系、相互作用的部分。思想政治教育系统公共性是一个由各要素子系统组成的一个有机的整体。正如黑格尔所作的形象的比喻：“割下来的手就失去了它的独立的存在，就不像原来长在身体上那样，它的灵活性、运动、形状、颜色等等都改变了，而且它就腐烂起来了，丧失了它的整个存在了。只有作为有机体的一部分，手才获得它的地位。”[2]即是说整体之所以是整体，它不是构成这个整体的要素的机械相加，或者说这种各组成要素的机械相加并不能反映整体的活动特征和方式。依据唯物辩证法和系统论关于整体和部分的关系理论来看，思想政治教育公共性必然具体表现为各个要素的公共性，只有思想政治教育要素都具有公共性，思想政治教育的整体才具有公共性。因此，研究思想政治教育公共性，不能不分析思想政治教育要素的公共性。这是认识、把握和实现思想政治教育公共性的实现不可逾越的前提和基础。

---

① 金观涛，刘青峰．兴盛与危机：论中国社会超稳定结构[M]．香港：香港中文大学出版社，1992：313．
② 黑格尔．美学（第1卷）[M]．朱光潜，译．北京：商务印书馆，1979：156．

6.2　思想政治教育主体的公共性

思想政治教育主体是思想政治教育学科研究中争论比较大的问题，由于争论中观点分歧较大，以致产生了思想政治教育主体迷失的问题。因此，为了讨论思想政治教育主体的公共性，我们还需要对思想政治教育主体的研究现状作一分析。思想政治教育主体研究的分歧主要集中在主体的构成上，其中，比较有代表性，也已经被人们所熟知的观点有：单一主体论、双主体论、多元主体论、相对主体论和主体间性论。学界对这些观点的评述也比较多[①]，此处不再赘述。总体上看，这些争议的焦点主要还是局限于教育学框架。若对此现象作进一步追问，恐怕这和思想政治教育学科的“思想酵素”过多地来自教育学学科紧密相关。不仅如此，这些争论还反映了思想政治教育主体讨论更多的是对“什么是思想政治教育主体”作的回应，而对“思想政治教育主体是什么”的追问却鲜有涉及。

颇有意思的是，由于思想政治教育主体和客体的争论不断，有的学者干脆绕开思想政治教育主体、客体这一说法，而使用思想政治教育者与教育对象的说法，这似乎解决了思想政治教育主体这一问题。但实际上，却也同时遮蔽了思想政治教育主体更为丰富的一面。因为思想政治教育者和受教育者的称谓更多是将思想政治教育局限于一种微观层面的思想政治教育活动，而且这一微观层面主要还是静态的，即作为实体要素时的“教育者—受教育者”称谓还比较合适。一旦进入动态层面考察，我们随即发现思想政治教育者和思想政治教育的受教育者这一称谓有着很大的缺陷。因为在思想政治教育实践活动中，教育者和受教育者在互动中会彼此影响，二者之间甚至会发生地位的颠倒，教育者变成了受教育者，而受教育者却摇身一变成了教育者，这种现象实际上在生活中是时常发生的。因此，学界在这个意义上引进了主体—客体的称谓，依照《西方哲学词典》对主体的界定：“(1) 与对象相对而言，指认识和实践活动的实行者，可以是个人或社会集团。(2) 与属性相对而言，指属性、状态和作用的基体。”[②]笔者在这里讨论的思想政治教育主体并不是在认识和实践活动层面，而是同“教育者—受教育者”的分析路径一样，即这里所说的思想政治教育主体是作为一种实体要素而言的。随之而来的问题是，既然思想政治教育主体是作为实体性，那为什么不用思想政治教育者呢？这一问题的

---

① 这些评述中比较有代表性论文有：骆郁廷．论思想政治教育主体、客体及其相互关系[J]．思想理论教育导刊，2002(4)：34－48；李合亮．论思想政治教育主体的迷失[J]．学校党建与思想教育，2009(7)：9－12；邓福蓉．思想政治教育主体研究综述[J]．广西青年干部学院学报，2009(2)：51－54；等等。

② 谭鑫田．西方哲学词典[M]．济南：山东人民出版社，1992：612.

追问，实际上是在追问同处于实体性要素的思想政治教育者和思想政治教育主体到底有何不同。

一般认为，思想政治教育主体是思想政治教育活动的组织、实施与调控者。然而，分歧就出现在对这一句话的理解上。有学者引用马克思主义创始人的话："主体是人，客体是自然。"①认为思想政治教育主体是人，是处在一定历史条件下具有一定社会关系的人。从一般意义上讲，这并没有错。但由于思想政治教育学科资源过多地来自教育学的思想酵素，因此思想政治教育主体是人被更多地替换成了思想政治教育者。实际上，主体是人，也包括人有关的相关组织以及社会。马克思指出："人不是抽象的蛰居于世界之外的存在物。人就是人的世界，就是国家、社会。"②因此，思想政治教育主体还应包括国家及社会的群体组织。那么到底是哪些群体组织呢？科辛认为："在社会的整个过程中，同样，在社会的认识过程中，主体是一定发展阶段的人类社会。在不同范围的历史活动中和在认识过程中，阶级、集团、政党和集体都作为主体出现；在各种不同形式的个人活动中，则个别的人作为主体出现。但无论是个别的还是集体的主体都始终是由社会所决定的整个社会主体的一部分。它们的存在和活动都是由社会所决定的整个社会主体的一部分。"③由此可见，思想政治教育的群体组织这一主体在历史变迁中被赋予了不同内涵。实际上，不仅群体组织如此，国家和思想政治教育者（微观层面的思想政治教育活动的组织、施加者）都是在不同历史发展阶段中而有着不同内涵。即是说，不同时代对思想政治教育主体的公共性要求不同，思想政治教育主体能否抓住这一历史机遇，需要看思想政治教育主体能否在不同的历史条件下进行创新。

6.2.1 思想政治教育的实质主体——国家公共性之维的塑造

长期以来，在微观思想政治教育学的研究中，国家这一实质主体鲜有提及。即便偶尔提及，也语焉不详。随着宏观思想政治教育学的提出④，国家才开始渐渐受到部分思想政治教育学者的关注。但在把国家视为思想政治教育实质主体时，学界对国家的认知却是模糊的。如有观点认为："国家或统治阶级事实上是思想政治教育实践活动的当然设定者、控制者。它规定教育内容，选择教育者，决定教育方式和性质，享受教育成果，主导受教育者成为社会要求的建设和接班人。"⑤这种观

---

① 马克思恩格斯全集（第46卷上）[M]. 北京：人民出版社，1979：22.

② 马克思恩格斯选集（第1卷）[M]. 北京：人民出版社，1995：1.

③ 阿·科辛. 马克思列宁主义哲学词典[M]. 郭官义，等，译. 北京：东方出版社，1991：484.

④ 据笔者所查的材料来看，宏观思想政治教育学和微观思想政治教育学应该是沈壮海首次提出的。这一提法笔者猜测很有可能出自宏观政治学和微观政治学。这一提法也表明部分思想政治教育者已经意识到思想政治教育学科资源不能过多地局限在教育学资源之中。

⑤ 魏强. 思想政治教育主体论评析[J]. 学校党建与思想教育，2009(1)：26－29.

点看到了国家作为思想政治教育的实质主体，但却将国家和统治阶级加以混同①。确实，国家的实质是阶级统治的暴力机器。“国家是承认：这个社会是陷入了不可解决的自我矛盾，分裂为不可调和的对立面而又无力摆脱这些对立面。而为了使这些对立面，这些经济利益互相冲突的阶级，不致在无谓的斗争中把自己和社会消灭，就需要有一种表面上凌驾于社会之上的力量，这种力量应当缓和冲突，把冲突保持在‘秩序’范围以内；这种从社会中产生但又自居于社会之上并且日益同社会相异化的力量，就是国家。”②马克思和恩格斯早在《共产党宣言》中曾指出：“现代的国家政权不过是管理整个资产阶级的共同事务的委员会罢了。”③毫无疑问，在马克思主义创始人那里，对国家的实质的揭露显示了他们在国家理论方面的卓越洞察力。马克思主义创始人在揭示国家阶级性的同时，并没因此忽略国家的另一副面相——国家的公共管理功能。马克思早在 1853 年的《不列颠在印度的统治》一文中即指出：

在亚洲，从远古的时候起一般说来就只有三个政府部门：财政部门，或者说，对内进行掠夺的部门；战争部门，或者说，对外进行掠夺的部门；最后是公共工程部门……所以亚洲的一切政府都不能不执行一种经济职能，即举办公共工程的职能。这种用人工方法提高土壤肥沃程度的设施归中央政府管理，中央政府如果忽略灌溉或排水，这种设施立刻就会废置，这就可以说明一件否则无法解释的事实，即大片先前耕种很好的地区现在都荒芜不毛，例如巴尔米拉、佩特拉、也门废墟以及埃及、波斯和印度斯坦的广大地区就是这样④。

毋庸置疑，使用阶级分析方法去分析国家的实质是很有必要的，但同时我们也要清醒地认识到，国家并不只是这一副面相。国家的功能不是单纯的阶级统治，对社会的公共管理职能同样也是国家不可推卸的责任。国家的公共职能在当代“治理”理论框架中凸显得则更为明显，思想政治教育公共性的出场正是基于国家的公共性的向度提出的。然而，这里仍需要明确的是，国家作为思想政治教育公共性的主体是在何时历史形态上的。是传统国家，还是现代民族国家？根据前面的讨论，思想政治教育主体的国家是特指民族国家⑤。虽然民族国家和传统国家都担负着

---

① 长期以来，我们对国家自主性问题常常是忽略的。所谓国家自主性是指超越所有的阶级之上的政治行动能力，以及把自己的政治意志变成现实的政治行动能力。在这里，国家自主性是抽象的，但是在中国的制度是明确的，即所谓民主集中制。国内学者杨光斌对此曾作过初步的讨论。见杨光斌. 增强国家政治行动能力[N]. 学习时报，2011-12-15(3).

② 马克思恩格斯选集(第 4 卷)[M]. 北京：人民出版社，1995：170.

③ 马克思恩格斯选集(第 1 卷)[M]. 北京：人民出版社，1995：274.

④ 马克思恩格斯选集(第 1 卷)[M]. 北京：人民出版社，1995：762 - 763.

⑤ 民族国家这一概念就是现代性产物，而且它与现代个人主体意识的强化有着直接的关系。随着 19 世纪民主进程和政治平等意识、贵族与平民公民权利的增强，使得民族国家在现实中越来越成为可操作的意识形态概念。参见汪民安. 文化研究关键词[M]. 南京：江苏人民出版社，2007：195 - 197.

公共职能，但在国家的公共性这一维度存在着质的差别，而厘清这些差异对于现代民族国家公共性的生产是极其必要的。

在世界体系未形成前，“传统国家更多的是一种文化共同体，其核心是基于共同的血亲文化而产生的伦理关系”。而现代民族国家“则主要是一种政治共同体，其核心是基于利益分配而产生的权力关系”①。现代民族国家这一政治共同体不同于传统国家之外，还在于它是一种持续运转的政治性组织，它的行政机构成功地垄断了合法使用暴力的权力。由于主权是现代民族国家的核心，主权对内属性就是国家最高统治权力。显然，现代民族国家不可能如传统国家那样通过“家天下”来行使统治权。现代民族国家的统治权归属于谁、由谁来行使、按照何种法则来行使等，都关系着现代民族国家的合法性问题。卢梭的主权在民思想在现代民族国家最得人心，是因为这一口号确实顺应了时代之潮流。《中华人民共和国宪法》明确规定，中华人民共和国的一切权力来源于人民，正是彰显了国家的公共性。然而，由于社会主义民主政治建设还处于初级阶段，法制建设还较为滞后，长期的极“左”的革命斗争思维甚至使现代国家的公共性之维被遮蔽了。从这个意义上说，如何在新的历史时期重塑国家的公共性之维，不仅关系着思想教育公共性，而且直接影响着现代民族国家的建设。不过，这里的国家公共性之维的重塑，宗旨是为了促进社会成员对民族国家的认同，为更好地促进成员的政治共识达成提供坚实的基础。

第一，国家公共性之维塑造的关键是增强国家能力。随着中国改革开放的推进以及不断融入全球共同体，中国的利益主体不断呈现出多元化趋势，社会力量也日益异质化。如何整合这些社会力量，如何制度化并维持“妥协的不稳定平衡”以避免社会的断裂和失衡就极其重要。因此，国家公共性在新的时代面临着巨大的挑战。中国的国家公共性的实现是谋求国家管制范围的扩大，还是增强国家能力？实际上，由于越来越多的非政府组织要求分享原来属于国家的政治权力，民主政治的两个向度发展，即向国家层次以上（如跨国的民主政治）和国家层次以下（如基层民主、各种社会团体），使得国家管制的空间被大大压缩了。由此可见，国家要协调“妥协的不稳定平衡”，对社会多元化的异质力量，只可能是增强国家能力来提升国家公共性。必须指出的是，国家能力不同于国家的运作范围。“国家的运作范围是指政府施政的各种功能与目标，国家力量的强弱指称国家拟定与实施政策、执行法律并兼顾廉洁与透明的能力——现在通称之为国家或制度的能力。”②实际上，国家能力不仅包括拟定与实施政策、执行法律并兼顾廉洁与透明，还包括国家意志对

① 徐勇. 现代国家乡土社会与制度建构[M]. 北京：中国物资出版社，2009：9.

② Francis Fukuyama. State Building[M]. Cornell University Press，2004，p. 7.

大众的渗透。具体些说，国家能力主要表现在三个方面：一是国家对社会各阶级的文化渗透，这种渗透是以阿尔都塞所说的意识形态国家机器的形式实现的，如学校、大众媒介等。这种能力体现了国家的合法性。二是国家的社会控制能力，社会控制指的是对属民的外在行为的控制。三是国家实施其社会经济政策的有效性程度问题。或者说国家以动员、分配、使用各种资源的能力[①]。应该说，从思想政治教育主体的公共性角度看，国家的公共性的国家能力主要和第一和第三种表现紧密相关。

要使中国社会更加公正，推进社会主义民主政治进程等进而体现出国家更多的公共性，毫无疑问需要增强国家能力。王绍光对于增强国家能力给出了十字政策建议："财力要集中，权力要民主。"[②]确实，改革本质上是一次利益重新组合，打破原有利益格局，造就新的利益分配格局，这必然导致社会各阶层的地位发生变化。如果国家没有足够雄厚的财力支撑，就难以协调因改革而带来的社会各阶层利益分化的问题，如对改革过程中利益受损者的救助、民生投入。如果社会各阶级之间冲突升级，国家的公共权威不复存在，到时国家将普遍被阶级性所笼罩。财力集中要解决的是国家能力提升问题，实质上是提高国家自主性，即"在缩小国家权力范围的同时增强国家的能力，在限制国家专断权力基础上强化国家提供公共产品的能力"[③]。当然，国家自主性的重塑也应该有个限度，国家的权力不应该强大到成为干预市场和社会公共生活的专制性的自主性。也就是说，仅仅集中财力也不足以保障国家的公共性，更重要的还要权力民主。因此，还应建立使大众参与和影响国家决策过程及执行过程的制度，建立让人民大众通过其代表在国家决策过程中表达自己利益的机制。正是通过建立这样的制度或机制，国家的合法性权威才能取得牢固的基础，国家公共性也正是在权力民主实践过程中彰显出来(当然这也是现代民族国家不同于帝制王权代表型公共性的根本异质之处)。这正如郁建兴所说："对中国当下的国家建构而言，如何通过国家的制度建设来完善国家的制度形式，以及加强国家的策略应变和调适能力，从而使国家的策略选择尽可能兼顾各阶层利益，这是我们应当努力的方向。"[④]

第二，国家公共性之维塑造的根本途径是回归到社会之中。需要再次强调的是，我们并不是在一般意义上讨论国家的公共性之维的塑造，而是基于思想政治教育主体的公共性讨论的。思想政治教育作为一种社会实践活动，它在根本上反映

---

① 王绍光. 安邦之道：国家转型的目标与途径[M]. 北京：生活·读书·新知三联书店，2007：5.

② 王绍光. 安邦之道：国家转型的目标与途径[M]. 北京：生活·读书·新知三联书店，2007：31.

③ 李强. 自由主义与现代国家[M]//陈祖为. 政治理论在中国. 香港：牛津大学出版社，2001：166.

④ 郁建兴. 马克思主义国家理论与现时代[M]. 北京：东方出版中心，2007：295.

的是国家意志。思想政治教育作为国家意志的体现并不是飘浮于社会空气之中，而是通过嵌入社会之中，如获得社会建制而展开，并以此推动国家与社会之间的良性互动。这就是说，国家的公共性一旦离开了社会，这一公共性只能是虚假的公共性或极少数人的公共性。这也是社会主义国家和资本主义国家进行划界的一个关键（如美国华尔街运动中喊出的“我们是99%”）。实际上，“国家与社会自身都不是一个抽象、同质的实体，而是自身都包含着各种异质的因素，这些因素的关系也是多样化的”[①]。因此，中国的国家公共性生产，必须基于国家和社会之间的良性互动。从思想政治教育公共性的视角看，国家和社会的良性互动首先需要由“斗争政治”观念向“整合政治”观念转变，即将政治性质定位于社会服务于社会保障，使政治国家和社会环境之间建立起和谐、合作和互动的关系[②]。特别是随着社会的自主性成长——社会个体性的独立、相对独立的社会自主性的社会文化的成长和发育等，使得国家必须实现政治观念的变革。再者，国家与社会之间的良性互动离不开国家制度建设的包容性，也即张弛有度。如果国家政治体系要求对社会环境的绝对控制，或者是绝对放弃，而不是通过思想政治教育在社会公共空间中与民众进行平等的、建设性的、互动的沟通，那么国家的公共性必然受到侵蚀。

第三，国家的公共性离不开国家政治营销。现代民族国家虽然用行政机构垄断了合法使用暴力的权力，但它无法通过暴力建立起国民对国家的信仰。必须承认，今天的中国人心中的“国家”观念已经大大淡化。在毛泽东时代，中国人普遍有一种强烈而自觉的国家观念，有一种为建设自己的国家而吃苦受累、无私奉献的精神。而在当下，“上有领导层的腐败，下有宗教繁荣”局面足以让我们惊出一身冷汗和反省。毋庸置疑，国家公共性自然包括国家观念在民众心中的认同。如何重建国民对国家的信仰直接关系着国家公共性之维的塑造。约瑟夫·奈在《注定领导：变化中的美国力量的本质》一文中明确提出了“软权力”的概念，在奈看来，在世界变革情况下，“所有国家，包括美国，要学会通过新的权力源泉来实现其目标：操作全球相互依存，管理国际体系结构，共享人类文化价值”[③]。这种权力源泉就是软权力。软权力主要是通过精神和道德诉求，影响、诱惑或说服别人相信和同意某些准则、价值观念和制度安排，以产生软权力一方所期望的过程与结果。

这一概念对于我们实现国家的公共性不无启示，依照软权力这一概念，国家公共性的实现侧重的是文化价值观层面，这显然不同于国家的政治、经济、文化等硬

① 郁建兴. 马克思主义国家理论与现时代[M]. 北京：东方出版中心，2007：295.

② 刘京希. 国家与社会关系的政治生态理论诉求[M]//文史哲编辑部. 国家与社会：构建怎样的公域秩序？北京：商务印书馆，2010：24.

③ Nye Joseph. The Changing Nature of World Power [J]. Political Science Quarterly, 2012：105(2), p. 189.

实力。当下，国民对国家观念的淡化，国家信仰的动摇，从一定意义上说，则是和文化自卑有很大的关联。要根本上改变国民的这种心态，重建国家在公众心中的形象，仅仅依靠国家硬实力的提升是不够的，还需要国家营销来重振公众对国家的信仰。学界目前一般将国家营销的着眼点只放在了对国外的民众身上，而忽视了国内民众的需要。国家营销一般是指用合理规范的方法使雄心勃勃的国家以经济方式来实现国家的显著度目标和形象目标①。由于我们这里使用的国家营销概念主要是面向本国民众，故本书所使用的国家营销概念不能等同于一般意义上的国家营销概念。由于对象不同，国家营销的手段、途径、策略等都存在着明显不同。如针对国民对国家信仰的弱化，国家营销就需要着重在文化层面加以定位，以重塑国民对中国文化的信心。

第四，国家的公共性实现需要实现从税收国家到预算国家。虽然税收很久以前就有，但税收国家却是在税收出现相当长的一段时间以后的事情，这犹如“科学饮食”这一概念之前人们早就学会了吃饭一样。中国进入税收国家的时间相比于欧洲要早一些。中国在秦汉之前主要还是靠“贡”作为财政的主要来源，但在秦汉及以后，财政的来源就变成了依靠农民及其他劳动者缴纳的税赋。预算国家是王绍光提出来的概念，他把“预算国家”定义为拥有现代预算制度的国家。所谓现代预算是指预算必须经过法定批准、政府机关在一定时期的财政收支计划。“它不仅仅是财政数据的记录、汇集、估算与汇报，而是一个计划。这个计划必须经由行政首脑准备与提交；它必须是全面的、有清晰分类的、统一的、准确的、严密的、有时效的、有约束力的，它必须经代议机构批准与授权后方可实施，并公之于众。”②王绍光认为，只有具有这种预算体制的国家才能称得上是预算国家。

党中央在 2007 年就提出了社会建设的问题，笔者以为，不能就社会建设而只谈社会建设，谈社会建设还必须要重视国家建设，这是由现代性条件下国家和社会之间的关系所决定的。国家建设的关键是要管好钱袋子，或者说国家建设必须从重视预算开始，这是国家公共性生产不得不重视的一个环节。从王绍光的预算国家的概念来看，中国要实现预算国家还有相当长的一段路要走。改革开放三十多年来，中国国家政府的钱袋子是越来越鼓，他们花钱很猛，甚至是拼命花钱③。应该说，预算国家还未能建立和政府拼命花钱之间存在必然关系。政府拼命花钱，说明年度预算出了问题，更严重的是拼命花钱更可能导致滥用公款、滋生腐败。由于预

---

① Kotler, Philip. Semiotics of Person and Nation Marketing[M]// In Marketing and Semiotics: New Directions in the Study of Signs for Sale. Mouton Gruyter Press, p. 4.

② 王绍光. 从税收国家到预算国家[J]. 读书，2007(10)：2－3.

③ 韦森. 只有政府在拼命花钱[J]. 商界评论，2012(1)：66.

算账目不清晰，有的甚至没账目，故搞不清楚钱从何处来，又被用到何处去，结果国家财政收入常常出现拆东墙、补西墙的现象。毫无疑问，这些都严重损害了现代国家的公共性。

推进中国由税收国家向预算国家转变，既要重视收，又要重视支。因此，一方面要建立一个全国的政府收支体系，使各级政府的收支有一个完整的统一的预算。这项工作目前还极为艰巨，因为全国性的非税收性收入目前占财政收入比重较大，这些钱又分散在千千万万个财政账本之中，整理起来不仅会碰到各种阻力，而且就整理本身来说也是困难重重。另一方面，建立一套合理有效的预算监督制度。重视国家权力部门人大对国家财政的监督，特别是对财政部门预算编制的最终审核和国家预算情况的执行审计。由于目前人大会议时间较短，但议程却很多，政府提交的人民代表大会的预算报告过于笼统和模糊，使人大代表大呼看不清楚。但如果政府部门提交预算信息极为详细，同样会因海量信息、庞杂的数字使人大代表们看不懂。从制度建设方面来说，这需要改进人大机构配置和人员安排，制定统一的预算报告格式，以解决人大代表看不懂、看不清的问题。

6.2.2 思想政治教育群体类主体的公共性——以政府为例

思想政治教育的主体除了实质性主体国家之外，还包括各类群体主体。这些群体主体主要包括各级党组织、政府机构、部队、各级各类企事业单位、社区、学校等正式群体主体，各类自发组织等非正式群体，还包括担负着思想政治教育职能的工会、妇联、共青团等群众性组织。鉴于各级党组织（主要讨论基层党组织）和政府机构在思想政治教育公共性的特殊地位，以及限于本书的篇幅，这里仅以政府为例对思想政治教育的各类群体主体的公共性作一讨论。

政府机构作为思想政治教育公共性的主体，毫无疑问，承担着思想政治教育公共性的功能，这种功能的实现不仅与具体的政府工作人员有关，而且和政府行政机构的设置、信息透明度等都紧密相关。笔者以为，在新的时代条件下，政府机构对于思想政治教育公共性需要从以下几个方面着力：

第一，需要塑造良好的政府形象，这是提升政府机构面向公众做思想政治教育的基础。政府形象是公众对政府的施政理论、政府的行政管理能力、政府的业绩等方面的认知和评价。政府形象不同于一般的个人形象，它直接关系着民众对政府的政治信任，而这种政治信任又直接关系着思想政治教育公共性的实现。必须指出的是，不能认为政府的实际作为好政府形象就好。马丁·李普塞特说：“任何一种特定民主的稳定性，不仅取决于经济发展，而且取决于政治系统的有效性和合法性。"[①]显然，政府的实际作为只是关系着社会各组成部分要求能否得以满足，即实现政治系统的有效性，而不能"使人们产生和坚持对现存政治制度是社会最适宜制度的信仰之能力"[②]。因此，政府形象的塑造不能单纯地依赖政府的实际作为，还要注重政府形象的传播。也就是说，要塑造良好的政府形象，使政治权力转化为蕴含信念和服从的权威，必须是做和说的结合。

具体而言，一是要制定宣传战略。政府形象的塑造单纯地靠实际作为是不够的，还要将自己实际作为的成绩宣传出来。互联网时代不仅为政府机构宣传自己提供了更为有效的传播方式，也为政府了解公众需求、制定宣传战略提供了极为有利的条件。二是政府机构工作人员要廉洁自律。政府机构工作人员不是一般的职业工作者，而是公务员。社会公众和政府机构打交道首先是和政府机构的工作人员交往开始的，政府机构工作人员如果不能奉公守法，不仅直接影响公众对政府机构的信任，甚至使公众产生对政府的抗拒意识。因此，政府公务人员的行为要以"社会公众利益为第一"作为基本原则。三是实行政务公开，推进信息公开制度的建设。当前政府系统对于大多数社会公众而言是个"黑箱"，由于政府透明度不足，社会公众只能常常将其对政府行为中个别的、局部的现象当作全部的、整体的现象加以评价，并借助现代传播媒介而迅速地广泛传播，使政府形象的宣传效果大打折扣。因此，政府的宣传要使公众相信，需要实行政务公开，这也是防止公众对政府形象形成负面的口碑的有效途径。特别是在大众传媒如此发达的今天，只有第一时间向公众传达真实的信息，并积极回应公众对政府的质疑，才能有效防止因错误的信息或谣言的广泛蔓延，产生对政府不信任的"一边倒"形势。

第二，应重视和公众之间的政治沟通，以建立政府和公众之间的互信。显然，公众对政府机构的思想政治教育工作的接受程度，同公众与政府建立的政治信任有关。而现代政府要获得社会公众的信任，乃至政府和公众之间互信，重视政治沟通是必然选择。从广义上说，所谓政治沟通是"赋予政治过程以结构和意义之信息和情报的流动"，"不只是精英对民众发送信息，还包括全社会范围内以任何方式对公众舆论的影响"[③]，即我们所熟知的政治信息、思想和态度的沟通活动。狭义的政治沟通则强调政治系统通过信息的沟通达到正确的决策，从而有效地适应和控制环境，即政治系统的输入—输出工具。但不论是广义的，还是狭义的，都没有完全把握政治沟通的涵义，即缺乏"交往"层面的政治沟通。

因此，笔者以为，要使政府和公众之间的政治沟通顺畅，首先要重视政治交往。

---

① 马丁·李普塞特. 政治人：政治的社会基础[M]. 张绍宗，译. 上海：上海人民出版社，1997：55.

② 马丁·李普塞特. 政治人：政治的社会基础[M]. 张绍宗，译. 上海：上海人民出版社，1997：56.

③ 戴维·米勒. 布莱克维尔政治学百科全书[M]. 邓正来，译. 北京：中国政法大学出版社，1992：592.

从政治交往的角度理解政府机构和公众之间的政治沟通，实质上是政府和公众之间通过基于相互理解的对话协商达成对于公共事务的一种行动性共识，从而促进社会整合、政治认同。政治沟通的意义在于某种意义或价值的建构，而不是政府要硬灌输或传递其施政理念。这种意义或价值的建构正是通过政治交往而实现的。简言之，政治交往层面的政治沟通强调的是以公共意见的形成和利益的表达以及政府的回应为中心的。其次，要建立一整套的制度来保障政治沟通。毫无疑问，制度作用巨大，社会转型期更是如此。邓小平指出："制度好可以使坏人无法横行，制度不好可以使好人无法做好事，甚至会走向反面。"[①]离开完善的制度保障，政府的政治沟通很可能蜕变成政府的独角戏、一言堂，特别是对于中国这样拥有深厚的政治专断传统的国家来说。如通过建立一定的中间组织来组织原子化个人，既监督了政府，又实现了社会公众的利益表达权。最后，进一步拓宽政治沟通的通道，特别是要重视和充分发挥工青妇组织等群众组织的作用。所谓通道是社会公众或政府的"要求可以被看作由一个子系统传到另一个子系统的信息或信息群，它表明系统的某些成员试图通过权威性输出方式使自己的愿望得以实现"[②]。政治沟通的通道在任何系统中不是单一的，而是一个复合体，即通道网络。应该说，中国不是没有政治沟通的通道，而是这些沟通的通道过长和过窄。过长的通道容易导致信息失真，过窄的通道容易使政治沟通因输入过大，而压力剧增。因此当下需要建立一个多通道的政治信息传输机制，以形成一个纵横交错、四通八达的沟通网络。拓宽沟通的通道的关键在于对社会性通道的使用，充分发挥社会性通道的功能。如工会、共青团、妇联等。这些组织本身就应承担政治沟通的功能，但由于很多地方政府长期唯 GDP 的硬发展观，使得这些社会性组织承担着本不是他们的任务，如招商引资[③]。不仅如此，工会、共青团、妇联经过长期的发展演变，其行政化和机关化现象特别严重。使得这些组织"官"的色彩远远大于"民"的色彩，致使作为执政党和民众之间沟通桥梁堕落为脱离群众。因此，新时期工青妇等群众组织要在党的领导下加强自身改革和建设，完善组织群众、引导群众、服务群众、维护群众合法权益的职能。工青妇等群众组织要充分利用党委和政府赋予的工资资源和条件，做好直接服务群众的工作，发挥好在社会管理和公共服务中的桥梁、纽带作用。

第三，政府机构应对政治不信任保持适度紧张，这是政治机构思想政治教育公共性的纠错功能。政府形象的塑造、政治沟通的开展都有一个中心，提高政府机构

---

① 邓小平文选(第 2 卷)[M]. 北京：人民出版社，1994：333.

② 戴维・伊斯顿. 政治生活的系统分析[M]. 王浦劬，译. 北京：华夏出版社，1999：139－140.

③ 笔者 2011 年 10 月在苏北阜宁县调研中曾和妇联一位同志交谈，在她看来，妇联在县招商引资中起到作用有限，没能为县域经济发展作出大的贡献，这是她们妇联的工作人员感到极为惭愧的一件事。

的公信力，增加公众对政府的政治信任，这也是政府机构能否实现思想政治教育公共性的关键所在。学界也集中对政治信任，特别是政府公信力进行了研究，取得了丰硕的成果，但对政治不信任研究甚少。实际上，在社会转型期，政府的公信力离不开对政治不信任的研究，而且转型期政治信任与不信任是并存的，它们在一定条件下还会相互转化。从这个意义上说，政治信任和不信任对政府公信力同样至关重要。

在社会转型期，政府可能经常遭到公众的政治不信任。因此，政府如何看待与处理公众的政治不信任同样构成了政府和公众之间能否达成政治共识的关键。我们常常看到，政府机构在处理社会公众的质疑时，由于处理方法不当而加剧了双方矛盾，甚至引发激烈的冲突。当今世界，任何一个国家和政府都存在着或多或少的政治不信任。因此，政府需要对政治不信任辩证地理性看待，政治不信任不是洪水猛兽，要看到政治不信任对提升政府公信力的积极作用。一要看到政治不信任对政府公信力的促进作用。在一定意义上，政治不信任是政府工作改进、作风提升的动力，甚至政府机构改革的突破都和公众的政治不信任紧密相关。二要看到政治不信任是公民的权利。在社会民主制度中，政治不信任是公民的一项基本的政治权利，而且作为公民政治权利表现形态的政治不信任是有法律和制度保障的。党的十七大报告明确提出“保障人民的知情权、参与权、表达权、监督权”，这四项权利实际不仅承认了公众有保留对政治不信任的权利，而且还提出了要对公众的政治不信任的权利实现提供保障。三是政府在政治思想上，面对公众的政治不信任时要坚持政治的基本原则。要克服公众对政治的盲目性，就要以正确的沟通方式引导公众，增强政治的自觉性。

6.2.3　思想政治教育者的公共性

在社会实践活动中，对思想政治教育者是谁的追问并没有太大的意义，因为凡是有目的、有计划地以政治观念为核心对人们施加影响者都可视作思想政治教育者。也就是说，在一个国家，社会民众都可能成为思想政治教育者。故对思想政治教育者的讨论需要限定，这里讨论的思想政治教育者主要是指能履行、承担、组织、实施思想政治教育职能的人。毫无疑问，履行、承担、组织、实施思想政治教育职能的人需要特定的素质，没有这一点，思想政治教育者难以发挥其主体性。实际上，这一点在马克思主义创始人那里就已经引起注意。恩格斯在《共产主义者和卡尔·海因岑》一文中对海因岑批判道：“党的政论家应当具备完全不同于海因岑先生(前面已经指出，他是本世纪最无知的人之一)所具有的素质。海因岑先生也许怀有人间最善良的愿望，他也许是全欧洲信念最坚定的人。我们也知道，他是一个正直的人，具有勇气和毅力。但是，单凭这些条件还不能成为党的政论家。作为党的政论家，除了一定的信念、善良的愿望和洪亮的嗓音而外……党的政论家还需要具有更多的智慧、更明确的思想、更好的风格和更丰富的知识。”[①]显然，思想政治教育者的素质直接影响着思想政治教育公共性的实现，要实现思想政治教育公共性，思想政治教育者至少应具备以下三点素质要求。

第一，思想政治教育者要具有较强的政治修辞能力。思想政治教育的实质主体是国家和各类群体性的组织，但在现实的操作层面则落实到具体的思想政治教育者。从这个意义上说，思想政治教育者是国家的依托者、代言人。作为实际的思想政治教育的发动者、组织者、实施者，要在社会公共空间中取得思想政治教育效果，自然要有一定的政治修辞能力。政治修辞源于修辞学研究。在亚里士多德看来，“修辞术的定义可以这样下：一种能在任何一个问题上找出可能的说服方式的功能”[②]。但不能因此将修辞术等同于诡辩，“修辞术的功能不在于说服，而在于在每一种事情上找出其中的说服方式。造成‘诡辩者’的不是他的能力，而是他的意图”[③]。这一点后来在美国修辞学家劳埃德·比彻尔那里得到进一步的发展，“修辞坚持理性辩护，把真理和价值看作规范原则”，修辞“就是影响听众的观念和态度，唤起他们某种期望的行动”[④]。在这个意义上，可以将思想政治教育的政治修辞看作思想政治教育者围绕政治利益而进行的修辞行为，他的目的是更好地传播主流意识形态和路线方针。

毋庸讳言，思想政治教育者的政治修辞能力对于思想政治教育公共性的实现至关重要，因为思想政治教育者修辞能力的强弱直接影响着社会公众的政治态度，直接影响着政治正当性。韦伯指出：“经验表明，没有任何支配会自愿地仅仅限于诉诸物质、情感或理想的动机作为其存续的基础。除此之外，每个这样的体系都会试图建立并培育人们对其正当性的信仰。”[⑤]也就是说，政治主体并不能依靠或指望暴力来建立政治共识，可取的途径只能是通过“理性言说”来说服公众自觉服从统治或管理。而在一定意义上，思想政治教育就是一种政治说服。在政治说服中政治主体一般通过政治语言改变、维持或强化政治客体的政治态度，从而影响社会公众的政治正当性的信仰。显然，政治说服效果的好坏是和思想政治教育者的政治修辞能力密切相关的。从历史角度看，早在革命时期党的思想政治教育工作者就已经高度重视政治修辞。如毛泽东在1949年发表的元旦社论——《将革命进行到底》，其间气势磅礴、激奋人心的革命话语，大大激发了人们的革命斗志。在经历

① 马克思恩格斯选集(第1卷)[M]. 北京：人民出版社，1995：203.

② 亚里士多德. 修辞学[M]. 罗念生，译. 上海：上海人民出版社，2006：23.

③ 亚里士多德. 修辞学[M]. 罗念生，译. 上海：上海人民出版社，2006：20.

④ 李元书. 政治体系中的信息沟通——政治传播学的分析视角[M]. 郑州：河南人民出版社，2005：88.

⑤ 马克斯·韦伯. 经济与社会[M]. 阎克文，译. 上海：上海人民出版社，2010：319.

了浮夸性的政治修辞(如“大跃进”)和破坏性的政治修辞(如“文革”)之后,当下的思想政治教育者在社会公共空间中该如何进行政治修辞?简单地说,至少包括四个方面。首先,在开展思想政治教育活动时,必须明确思想政治教育者的政治修辞的情景。思想政治教育者的政治修辞情景就是思想政治教育者说话或创造修辞语言的环境。思想政治教育者必须意识到:“修辞话语是因修辞情景而产生”[①]。显然,社会转型期的公共空间显然不同于先前革命形势下的政治环境,如果仍然试图用原先的那套政治修辞话语来做思想政治教育工作,其效果自然大打折扣,甚至会起到相反的效果。从这个意义上说,弄清楚思想政治教育的政治修辞的情景是思想政治教育者政治修辞实践的前提。其次,思想政治教育者应该掌握一定的政治修辞的语言技巧。思想政治教育者的政治修辞所要表达的内容丰富与否固然重要,但即便再丰富的内容如果离开了恰当的语言形式也会影响所要表达的内容本身[②]。再次,思想政治教育者的政治修辞需要对受众进行分类。受众是思想政治教育者政治修辞的对象。显然,思想政治教育者的政治修辞必须认真考虑受众,可以根据年龄、种族、民族、文化背景、宗教背景、教育背景、政治倾向等方面对受众加以分类。例如,思想政治教育者的政治修辞的目的是维持或改变受众的政治倾向,只有那些潜在需要维持或改变的受众才是思想政治教育者的真正的受众。最后,思想政治教育者要具有主题设定的能力。思想政治教育者与受众的沟通交流过程并不是元主题的,恰恰相反,思想政治教育者的政治修辞具有很强的主题意识。正是有了这一主题意识,使思想政治教育者的语言选择、组织与安排得以从容展开。但受众是生活在一定的社会之中的,他们的猎奇心理、追求时尚的习惯等都可能使社会生活充斥着伪公共性。因此,思想政治教育者的政治修辞需要对此展开说服论证,使受众沿着思想政治教育者的想法去思考相关的逻辑主题。这也是政治修辞的目的,即利用语言实现人与人之间的对话,在意见中寻求共识。诚然,社会公共生活中的共识的实现既不是一厢情愿的单向呈现也不是另一方被动接受;但也不是离开思想政治教育者的积极引导与推动。显然,这一过程中思想政治教育者必须具有较强的主题设定的能力才能实现。

第二,思想政治教育者要具有人道主义精神。早在 1986 年,《中共中央关于社会主义精神文明建设指导方针的决议》中就指出:“在社会公共生活中,要大力发扬社会主义人道主义精神,尊重人,关心人。”这份决议打破了以往我们将人道主义精神等同于资产阶级的专利。但实际上,人道主义精神并不是资产阶级的专利,马克

---

① 肯尼斯・博克.当代西方修辞学[M].常昌富,顾保桐,译.北京:中国社会科学出版社,1998:119.

② 在这一方面,美国许多总统在就职典礼等公共场所的演讲,彰显了他们的思想政治教育者政治修辞能力。

思主义经典的创始人及其真正的马克思主义者，无不是社会主义的人道主义者。特别是当下，中国社会处于这样一个历史大转折时代，在这样一个人的价值更加凸显的时代，尊重人、关心人是每一个思想政治教育者参与社会公共生活的基本品质。思想政治教育者的人道主义精神更体现在尊重人的思想自由的权利方面。思想政治教育绝不是要禁锢人的思想，而是要解放人的思想。思想政治教育者也只有尊重人们思考的权利，倾听社会成员的各种不同意见，并从中吸取各种有益的因素，才能解放人们的思想，从而解决问题，使人们的情感得宣泄，激发社会成员的责任感，促进思想政治教育公共性的实现。

思想政治教育者的人道主义精神自然体现在对公共生活的关爱方面。这种关爱不是挤牙膏式的"关爱"，不是形式主义的，不是假、大、空式的，而是体现了思想政治教育者广博的胸怀、高尚的责任感。不仅如此，思想政治教育的人道主义精神还体现在思想政治教育实践过程中。由于历史原因，当前思想政治教育者和社会公众之间在政治地位、经济资源和文化资源等方面有明显的差异，甚至"不平等"，如在企业思想政治教育公共性中，企业党委书记（思想政治教育者）和基层员工之间在政治、经济、文化方面存在着实际的不平等，为了防止这种不平等蔓延到具体的思想政治教育活动中，思想政治教育者必须要以一种人文精神作为支撑，而这种人文精神支撑的背后则是马克思主义的公共性理论素养。

第三，思想政治教育者应该具备马克思主义的公共性理论素养。从学科属性方面来说，思想政治教育学科是马克思主义理论学科的重要组成部分。因此，思想政治教育者自然应该具备马克思主义理论素养。同样，思想政治教育公共性也是以马克思主义公共性理论为根本指导思想。诚然，马克思主义创始人那里并没有直接使用过"公共性"这一词语，但并不能由此否认马克思主义创始人那里根本就没有公共性的理论。实际上，马克思主义创始人那里不仅有着浓浓的公共性关怀，而且对于公共性问题有着深刻的洞见。因此，这里有必要对马克思的公共性理论作一梳理，以明确思想政治教育者具备的马克思主义的公共性理论素养的内涵。

在马克思主义创始人之前并不是不存在着公共性的理论探讨，前文已述，古希腊的公共性理念主要是以城邦共同体为代表、中世纪以教会为主的公共性理念、资产阶级的契约主义或自由主义等公共性理念。马克思则基于自己所处的时代，看到以"市民社会"和政治国家二分的近代公共生活形态仍是一种虚假的公共性。因为这种公共性反映的不过是资产阶级的"私人性"。"这是一个只对资产阶级开放，准许这个阶级自由进出、共同参与和共享的场所，体现着这个阶级的利益追求、情感、意志和目的、价值与审判趣味的有限的'公共空间'。"[①]用哈贝马斯的话来说，资产阶级公共性仍然是一个"代表性的公共性"场所。这样的公共性，对于广大的无产阶级来说是一种同他们相对立的、异己的存在。马克思基于无产阶级的生活状况对此作了深刻的反思与追问："谁给了资产阶级依照自己认为合理的方式建立并合法化公共生活秩序的权利？资产阶级何以有权利要求无产阶级服从、认同这种本质上与自己相对抗的'公共生活'规制？"[②]正是有了这样深刻的反思，才为马克思的公共性理论超越前人关于公共性的理论成果找到了新的基础——"旧唯物主义的立脚点是市民社会，新唯物主义的立脚点则是人类社会或社会的人类"[③]。

马克思揭露资产阶级公共生活的欺骗性、虚伪性、抽象性应该说是从他发现人的异化开始的，他从人的异化发现了劳动的异化。"工人生产的财富越多，他的产品的力量和数量越大，他就越贫穷。"[④]这种劳动对工人来说既是异己的，又是外在的。"劳动的异己性完全表现在：只要肉体的强制或其他强制一停止，人们会像逃避瘟疫那样逃避劳动。外在的劳动，人在其中使自己外化的劳动，是一种自我牺牲、自我折磨的劳动。最后，对工人来说，劳动的外在性还表现在：这种劳动不是他自己的，而是属于别人。"[⑤]马克思指出："一个种的整体特性、种的类特性就在于生命活动的性质，而自由的有意识的活动恰恰就是人的类特性。"[⑥]但人的类特性被异化劳动所夺去，把人区别于动物的生产抹平，即使人的生产水平降低为动物的生产水平。即人的生产变成了片面的、只是在肉体需要的支配下生产，只生产自身，生产的产品直接属于他的肉体。简言之，"异化劳动把自主活动、自由活动贬低为手段，也就把人的类生活变成维持人的肉体生存的手段"[⑦]。造成异化劳动的根源在于私有生产，而私人生产的根源在于私人财产制度。马克思说国民经济学虽然从私有财产的事实出发，但是"它没有给我们说明这个事实。它把私有财产在现实中所经历的物质过程，放进一般的、抽象的公式，然后把这些公式当作规律。它不理解这些规律，就是说，它没有指明这些规律是怎样从私有财产的本质中产生出来的"[⑧]。马克思正是在这里发现了这一规律："工人同劳动的关系，生产出资本家

① 袁祖社. 文化"公共性"理想的复权及其历史性创生——马克思哲学的一种新的解释视域[J]. 学术界，2005(5)：17－26.

② 袁祖社. 文化"公共性"理想的复权及其历史性创生——马克思哲学的一种新的解释视域[J]. 学术界，2005(5)：17－26.

③ 马克思恩格斯选集(第 1 卷)[M]. 北京：人民出版社，1995：57.

④ 马克思. 1844 年经济学哲学手稿 [M]. 北京：人民出版社，2000：51.

⑤ 马克思. 1844 年经济学哲学手稿 [M]. 北京：人民出版社，2000：55.

⑥ 马克思. 1844 年经济学哲学手稿 [M]. 北京：人民出版社，2000：57.

⑦ 马克思. 1844 年经济学哲学手稿 [M]. 北京：人民出版社，2000：58

⑧ 马克思. 1844 年经济学哲学手稿 [M]. 北京：人民出版社，2000：50.

(或者不管人们给雇主起个什么别的名字)同这个劳动的关系。从而,私有财产是外化劳动即工人同自然界和自身的外在关系的产物、结果和必然后果。”①

不难看出,马克思充满着对公共生活的深切关怀。这种关怀不只是一种基于人类的情感上的,而且他还使这种对人类的情感获得了历史的维度。在马克思看来,虽然人本身是一种类本质的存在,但人所渴望的公共性世界,即合理的人类公共生活却不是既定的,而是要通过无产阶级按照合乎人的方式自己自主地创造出来。“整个所谓世界历史不外是人通过人的劳动而诞生的过程,是自然界对人来说的生成过程。”②“共产主义是作为否定的否定的肯定,因此,它是人的解放和复原的一个现实的、对下一段历史发展来说是必然的环节。”③从马克思的公共性理论来看,思想政治教育者具有马克思的公共性理论素养,至少应包括两方面涵义:一是思想政治教育者不仅要关心公共生活,更要有公共生活的能力。如通过思想政治教育理论研究,社会实践发出思想政治教育学科的呼声,发动和组织讨论,交流和引导公共意见,以培育社会的公共精神。二是思想政治教育者要意识到公共生活不是既定的,而是历史的、实践生成的。因此,思想政治教育者所要培养的公共人、促进达成政治共识等都是在社会公共生活中生成的。思想政治教育者要树立历史性意识,并对公共生活中发生的事件予以历史性的分析和评论。

6.3 思想政治教育客体的公共性

思想政治教育客体是相对于思想政治教育主体而言的。一般认为,思想政治教育客体是思想政治教育主体认识和施加可控性影响的对象。但思想政治教育客体不是一般物,而是人。有学者认为将思想政治教育对象看作思想政治教育客体不妥,他们将主体间性概念引进到思想政治教育主客体的讨论中,提出了思想政治教育的主体—客体—主体结构,将思想政治教育的内容、教育资料等看作思想政治教育客体④。然而,如果说思想政治教育有主体间是成立的,那么思想政治教育客体间指的又是什么呢?即使不讨论思想政治教育客体间问题,将思想政治教育客体指认为思想政治教育内容、信息和知识,似乎将思想政治教育客体接受的对象混同于思想政治教育客体。退一步说,思想政治教育者和教育对象置换成主体间关系后,思想政治教育者和教育对象双方都成了平等的主体,而且都具有主体性,那

① 马克思恩格斯全集(第42卷)[M].北京:人民出版社,1979:100.
② 马克思.1844年经济学哲学手稿[M].北京:人民出版社,2000:92.
③ 马克思.1844年经济学哲学手稿[M].北京:人民出版社,2000:93.
④ 张耀灿,等.思想政治教育学前沿[M].北京:人民出版社,2006:357-361.

么思想政治教育者的主导地位怎样体现呢？笔者以为，将思想政治教育对象作为思想政治教育客体并不存在理论和逻辑上的诸多困难。思想政治教育对象作为思想政治教育客体，并不意味着将思想政治教育对象是人这一特殊性等同于物。恰恰相反，思想政治教育实践活动正是以承认并实现思想政治教育客体的主体性而努力的。如果思想政治教育实践过程中没能激发思想政治教育客体的主体性，那么这种思想政治教育很难说是成功的。只有引导思想政治教育客体由“他律”走向“自律”、由“自我”走向“超我”，才能真正实现思想政治教育的目的。但即便如此，也不能因此而否认思想政治教育对象的客体地位，或者用主体间性来置换思想政治教育对象作为客体地位存在的事实。思想政治教育对象作为主体时，他依然是客体。教育对象的“他律”走向“自律”是不可能离开整个思想政治教育实践过程的，恰恰相反，思想政治教育对象的自我教育是思想政治教育实践过程重要的有机组成部分。确实，教育对象的内化过程、自我教育过程是由其独自完成的，但思想政治教育者并非置身事外，他拥有引导、调整、评估的职责。

思想政治教育客体的复杂性在于其是由人构成的，具有主动性，在一定条件下会成为自我教育的主体，但只是对某个阶段而言，而不是在整个思想政治教育过程中都是主体。因此，思想政治教育对象的客体地位是毋庸置疑的，而思想政治教育实践过程恰恰是要将思想政治教育对象的主动性激发出来。思想政治教育客体的公共性是指教育对象作为自我教育的主体时，即表现为一种自我教育的公共性。因此，这里主要对思想政治教育客体的公共性所表现出来的时代要求作一揭示。

6.3.1 对公共生活保持着热情与关注

如果思想政治教育客体不能对公共生活保持着热情与关注，那么思想政治教育公共性就不可能实现。思想政治教育不同的客体对公共生活的关注，自然对公共生活(事件)有着不同的看法，进而形成不同的思想观念，思想政治教育主体只有积极地与不同客体之间进行交往与互动，错误的思想观念才能得以被澄清，政治共识才可能促成。思想政治教育客体选择对公共生活的关注，实质反映了思想政治教育客体对美好公共生活的追求以及对思想政治教育主体教育目标的认同。好生活不在于理解当中，而是存在于如何生活之中。美好公共生活不能也不应该由一个人来定，需要众人一起来讨论。但是如果众人没有关心并热爱公共生活，关于美好公共生活的讨论也就不可能。思想政治教育主体要培养人的公共精神，要促进社会成员达成政治共识，前提同样是人们要关注乃至热爱公共生活。

改革开放以来，随着国家与社会的逐渐分离，特别是社会主义市场经济体制的确立，主体性意识逐渐觉醒乃至高涨。革命年代盛行的“我是一块砖，哪里需要哪里搬”的口号式宣传遭到了强烈的质疑，长期被意识形态化遮蔽了的自我从意识形态化的总体性逻辑中解放出来,"不是抽象的总体性来安排人的精神生活,而是在个人的独特的生活经历中,打开自己的精神天空,这成为80年代以来一个逐渐在深化、扩展的精神生活新景观,这意味着自我的发现:个人不再是国家、民族与世界历史实现目的的一个工具,而是有其不可化约的独立存在"①。个体意识的觉醒、个体权益的伸张,为社会成员关注公共生活奠定了坚实的基础。在社会大众的生活少了些崇高、多了些世俗公共利益的关切,在合理合法的基础上追求个体的利益最大化,以更加积极的姿态参与公共话题的讨论,关注公共制度的设计和对个体公共身份的认同。应该说,市场经济很大程度上促进了社会成员自觉地对公共生活的关注。具体来说,主要表现在两方面:一是市场经济制度使自由、平等、自主、公正的观念深入人心;二是促进了社会成员的竞争合作、团结协作意识。但是,社会主义市场经济只是推动社会成员自觉关注公共生活的一个重要方面。社会领域中大量的NGO、NPO组织的出现,使社会成员讨论或争论的问题通过组织被放大。互联网的兴起更是为社会成员关注公共生活提供了便利的条件,特别是微博的出现,140字的低门槛使每一个"小我"都可以发出自己的声音。微博通过网络围观的动员,使每一个围观者学会了效仿和批判。微博用户既是信息的发布者、信息的接收者,又是信息的传播者。尤其是某件事通过微博的转发,就如同网络病毒的传播模式一样,很快就可能成为社会公共事件。微博为人们关注公共生活提供了平台,人们通过这一平台在互动中畅所欲言、即时交流、汇集观点、合流意见、凝聚共识。微博在一定意义上打破了身份和权力的藩篱,使每个社会成员关注公共生活的机会得以均等化。

6.3.2 有序、有效的公众政治参与

思想政治教育客体如果仅仅对公共生活有所关注,却缺乏实质性行动,那么所谓的培育公共精神、促成政治共识仍将是一句空话。正如詹姆斯在研究美国公民时指出的:"公民要真正变得文明起来,就必须通过参加实际的管理工作来完成他们的文化教育,真正的启蒙的主要来源之一是经验,如果美国人不是逐渐地习惯于管理自己,那么他们的文化水平不足以使他们走向成功。"②政治参与反映了思想政治教育客体的一种高质量、高水平的生活。通过政治参与能有效地激发思想政治教育客体的自我实现意识,促进自我成就感和满足感的增强,即思想政治教育的客体能在高质量的政治参与中获得自身的发展。如在政治参与过程中思想政治教育客体有机会扮演各种角色,在政治参与中他们可能获得詹姆斯·博特金所说的

---

① 张辉.时代的精神空白[M]//李静.中国问题:来自知识界的声音.北京:中国工人出版社,2002:69.

② 詹姆斯·西瑟.自由民主与政治学[M].竺乾威,译.上海:上海人民出版社,1998:187.

理想的参与性教育的效果，在这一教育中，“每个学生都有机会扮演总统、领袖、公民、支持者和追随者等角色，以便尽可能多地体验各种不同角色”①。实际上，思想政治教育客体不仅在政治参与中学会和适应公共生活，培养了合作精神，而且增进了公众参与公共决策的认同感。因为公众政治参与是指公众依法通过各种途径和方式，参与国家事务、经济、文化及社会公共事务管理，通过观念的表达，影响公共政策决策的行为。在这个意义上，公众的政治参与又是思想政治教育客体和思想政治教育主体达成政治共识的过程，而且这种政治共识是思想政治教育主体和客体之间通过合作而产生的。简言之，思想政治教育客体的政治参与是思想政治教育公共性实现的关键一环。

亚里士多德曾言：“人是天生的政治动物。”但亚氏所说的人只局限于少数城邦中的公民。在现代社会中，参与政治生活不只是少数人的专利。“现代政体区别于传统政体的关键乃在其民众的政治意识和政治介入的幅度。……传统政体的制度只需要组织社会上少数人的参与，而现代政体却必须组织广大民众的参与。”②参与式民主也正是在代议制民主遭遇危机时提出的，当政府的决策未能成功地满足人民的愿望，又使他们丧失对公共机构和领导人的信任时，于是对权威的怀疑充斥整个社会，公众对于选举的兴趣发生根本性的下降，致使投票率大跌，重塑民主政治的合法性的参与式民主由此提出。社会主义民主政治同样离不开社会成员的政治参与，这也是社会成员行使权利的体现。党和国家也非常重视和保障公民参与政治的权利。从党的十五届五中全会改变“人民参与”“群众参与”的提法，首次使用“公民参与”概念，到党的十六大提出“健全民主制度、丰富民主形式、扩大公民有序的政治参与”；从十七大明确提出“坚持一切国家权力属于人民，从各个层次、各个领域扩大公民有序参与政治，最广泛地动员和组织人民依法管理国家和社会事务，管理经济文化事业”，到 2008 年 5 月 1 日《中华人民共和国政府信息公开条例》的施行，无不表明党和国家重视和保障公民政治参与的权利。确实，公众的政治参与不仅使政治获得了有力的支持，而且为政府注入了新鲜的活力，有助于提升政治的公信力。因为“民主的正当性体现在意志的形成过程中，而不是集体意志本身”，“一项集体决定之所以具有令全体成员（包括持少数意见者）信服的效力，是因为它是在让每个成员自由表达意见后形成的，而不是仅仅按照法律规则形成了一致意见”③。

---

① 詹姆斯·博特金，等. 回答未来的挑战——罗马俱乐部的研究报告《学无止境》[M]. 上海：上海人民出版社，1984：40.

② 塞缪尔·P 亨廷顿. 变化社会中的政治秩序[M]. 王冠华，等，译. 上海：上海人民出版社，2008：68.

③ 蔡定剑. 公众参与：欧洲的制度与经验[M]. 北京：法律出版社，2009：5.

但是，公众的政治参与也存在着参与度的问题，特别是在社会转型期。政治参与度过低时，公众则缺乏主动的政治实践，缺少自觉的政治参与，公众的主体职责也难以得到有效发挥，这时所谓的政治共识应该说是脆弱的。而如果公众的政治参与过度，特别是在公众政治参与中缺乏引导和控制，就很有可能引发暴力的冲突，导致社会陷入不稳定状态。据亨廷顿的研究，大多数处于现代化之中的国家，过度的政治参与则会引发政治动乱，因为这些正处于现代化之中的国家政治制度化水平还跟不上剧增的政治参与①。因此，对于中国这样一个处于现代化之中的国家而言，必须处理好公众政治参与度。

与公众政治参与度问题同样重要的是，就当下中国而言，公众的政治参与与其说是有序问题，毋宁说是有效问题。直言之，有效的公众政治参与在当下还颇为匮乏。据雪莉·阿恩斯坦的研究，公众的政治参与可分为四个层次：第一层次是低档次的参与，主要包括操纵和训导。操纵是指组织者按自己的目的和意图组织并操纵公众参与的过程；训导是指组织者以公众参与的形式，以达到组织者让公众支持自己的目的。这一层次的参与实质上是"无参与"，因为这种参与不过是组织者以公众参与的名义，把参与者置于虚假的位置上而已。第二层次是表面层次的参与，主要包括告知和咨询。告知是组织者把信息通知参与者，使参与者了解情况；咨询是组织者提供信息，公开听取参与者的意见。之所以说这一层次是表面参与，是因为这种参与在形式上强调的是信息的单向流动——从政府官员到公民——没有任何反馈渠道及相互谈判的权利。第三层次是高层次的表面参与，即"展示"参与。这一参与允许参与者提出建议，但仍是表面化的。"展示"策略是把几个精心挑选的"代表"安排进行参与，他们被允许提出一些建议或计划，但最后由组织者判断建议的合法性。第四层次是合作性参与。在合作关系中他们可以进行谈判并与传统权力持有者进行协调。权力通过公民与决策者的谈判得到实质上的重新分配；决策者与参与者同意共享规则的决策责任②。不难看出，当下中国公众的政治参与主要还局限于第一到第三层次，合作性参与则明显匮乏。当然，这和中国的政治传统、政治体制改革滞后是分不开的。但思想政治教育客体的政治参与的主动性不足同样不可忽略。我们知道，要促成社会成员的政治共识、培育大众的公共精神，就离不开高质量的公共生活，因为高质量的公共生活是防止假"公共"之名谋一己之私的最为有效的办法。要防止高质量的公共生活蜕化为工具化的公共生活，就不能不重视合作性的政治参与。

① 塞缪尔·P 亨廷顿. 变化社会中的政治秩序[M]. 王冠华，等，译. 上海：上海人民出版社，2008：42.
② 蔡定剑. 公众参与：欧洲的制度与经验[M]. 北京：法律出版社，2009：14－15.

6.3.3　自觉选择对主流意识形态的认同

据《辞海》中对"认同"的解释，认同是指："在人们的交往过程中，为他人的感情和经验所同化，或者自己的感情和经验足以同化他人，彼此间产生内心的默契。"[①]应该说，思想政治教育客体对主流意识形态认同(实质上是政治价值认同)，是思想政治教育主客体双方达成政治共识的基础。因为政治共识一般是指不同的政治主体之间通过相互沟通而就某种政治价值观达成的一致意见。即政治共识不仅包括政治价值观的认同，还包括政治价值观的差异。在同质性社会，意识形态的认同主要通过强制性的硬灌输来实现。在异质性社会，意识形态的认同仍然存在着强制性，但这种强制性表现得更为隐蔽。例如，马克思在《共产党宣言》中指出："资产阶级，由于开拓了世界市场，使一切国家的生产和消费都成为世界性的了。"[②]"资产阶级，由于一切生产工具的迅速改进，由于交通的极其便利，把一切民族甚至最野蛮的民族都卷到文明中来了。它的商品的低廉价格，是它用来摧毁一切万里长城、征服野蛮人最顽强的仇外心理的重炮。它迫使一切民族——如果它们不想灭亡的话——采用资产阶级的生产方式；它迫使它们在自己那里推行所谓的文明，即变成资产者。一句话，它按照自己的面貌为自己创造出一个世界。"[③]不难看出，近代全球化资产阶级通过其先进的生产方式不仅强制性地推销了商品，也强制性地推销了自己的价值观，而且在落后的生产方式条件下的人们很能对他们的价值观予以拒绝。

应该承认，在多样社会思潮的激荡中，主流意识形态受到了很大的冲击。在这种情况下，思想政治教育客体自觉地选择对主流意识形态的认同，显然与强制地被认同有着本质性的区别。以往我们常常通过开大会、作报告、念文件、记笔记等方式让大众接受主流意识形态，大众也往往以应付差事的心态来参加理论学习活动。这种主流意识形态的认同对大众来说很大程度上是强制性地被认同。而自觉选择对主流意识形态的认同意味着思想政治教育客体充分发挥其主体性，在和思想政治教育主体的不断互动过程中，双方都能理解相同的主流意识形态并产生共鸣，内化于心，真正认同和接受主流意识形态。只有在这种认同中，才有可能真正促进政治共识的达成。因为思想政治教育客体的自觉认同，不是全盘接受，而是包含着一个选择性吸收过程，如图 6-1 所示。

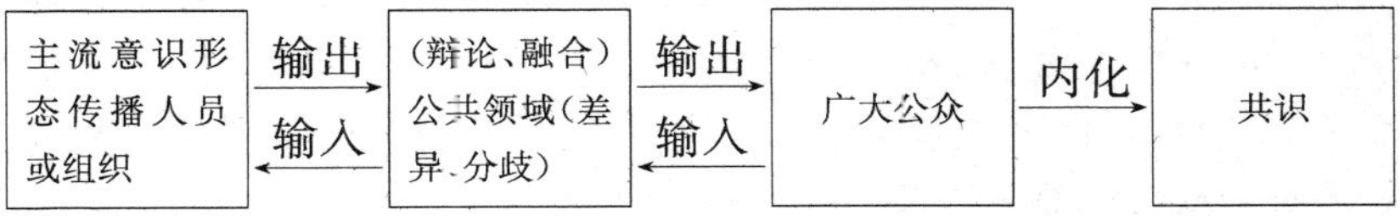

图 6-1

① 辞海(第三册)[M]. 上海：上海辞书出版社，1989：1004.

② 马克思恩格斯选集(第 1 卷)[M]. 北京：人民出版社，1995：276.

③ 马克思恩格斯选集(第 1 卷)[M]. 北京：人民出版社，1995：276.

6.4 思想政治教育介体的公共性

思想政治教育主体和客体相互联系、相互作用的中介，称为思想政治教育介体。思想政治教育作为一项社会实践活动，自然离不开思想政治教育主体与客体之间相互联系、相互作用。问题是，对于思想政治教育主体与客体之间相互联系和作用的中介却没有受到应有的重视。如果没有中介，仅仅相互作用，等于空洞无物。中介实质上是依矛盾而存在，没有矛盾也就无所谓中介。换言之，要真正认识和把握思想政治教育系统各要素之间的联系，就必须认识和深入了解事物联系的中介。一般而言，思想政治教育介体包括三个方面：思想政治教育内容、方法和载体。不过，有学者认为，思想政治教育内容不是介体，而是教育过程主体的内在有机组成部分。“也就是说，教育内容应当并入教育主体并成为主体的内在有机组成部分。”①确实，思想政治教育者具备教育主体资格的内在要素是认同和掌握教育内容，但由此而认为应当将思想政治教育内容看作思想政治教育主体则是有问题的。如果没有思想政治教育客体对思想政治教育内容的认同和接受，思想政治教育目标实现的可能性就失去了前提。即是说，思想政治教育内容不仅是思想政治教育者的有机组成部分，同样也是思想政治教育对象的有机组成部分。思想政治教育内容对于教育者或教育对象而言，不是非此即彼的存在，而是亦此亦彼。因此，笔者以为可以将思想政治教育内容、方法和载体看作思想政治教育的介体。

6.4.1 思想政治教育内容的公共性

思想政治教育内容是思想政治教育目标的具体化，是为了实现思想政治教育目标的思想、理论、观点、准则等规范的总和。思想政治教育内容的公共性是思想政治教育公共性实现过程中表现出来的内容属性。具体来说，思想政治教育内容的公共性主要包括以下两个方面：

第一，培养大众的公共精神。思想政治教育公共性实现的目标之一就是要实现大众向公众的转变。公众虽然也是“众中之众”，但又“与众不同”。一是公众与大众虽都是人的集合，但公众超越了私人利益，能够将目光聚集到共同利益的个人构成上。大众的集合则是缺乏深入交往的原子式个人的汇聚。二是由于公众是在关心、讨论公共问题中产生的，因此公众是经常在公开场所对超出个体的公共问题发声的人群。大众则对于超出个人利益之外的事情不感兴趣。他们不仅相互信息

① 王立仁，吴林龙. 论思想政治教育过程的主体和介体[J]. 北京交通大学学报（社会科学版），2010(4)：99-103.

交流少，而且不愿意、不能公开表达自己的意见。所以他们“表达意见的人比接受意见的人少得多”[①]。三是公众不仅是理性聚集，而且他们具有公共理性，他们以“公众人”的人格特征出场。而大众不是以理性自觉地集合，却始终是以非理性作为维持群体的黏合剂。“于是，群体永远漫游在无意识的领地，会随时听命于一切暗示，表现出对理性的影响无动于衷的生物所特有的激情，它们失去了一切判断能力，除了极端轻信外再无别的可能。”[②]简言之，是否具有公共精神是划分公众和大众的主要标准。从这个意义上说，公共精神犹如大众和公众之间的一道分水岭。那么何为公共精神？只有厘清这一问题，才能准确地回答为何公共精神构成了大众和公众之间的分水岭。应该看到，公共精神在不同时代有着不同的表现，反映这一历史时代的面貌。因此，要厘清何谓公共精神，不能离开历史这一纬度。

在以血缘伦理和宗法为本位的社会中，公共精神普遍处于压抑与内涵被抽空的状态。集中表现为两方面：一是公共精神的蛰伏[③]。在小农经济时代，人们普遍缺乏公共意识、公共关怀，对公共事务也漠不关心。由于各怀其私，缺乏凝聚力，表现为“一盘散沙”。所以孙中山说：“中国人的团结力，只能及于宗族而止，还没有扩张到国族。”[④]二是公共精神内涵被抽空。在中华帝国时代，“普天之下，莫非王土；率土之滨，莫非王臣”，公共利益就是君王的利益，公共精神的内涵被帝王所褫夺，成为维护帝王专制统治的工具。“家天下”借用“公”的名义实现了私的利益最大化，使公共性徒具形式意义。颇具讽刺意味的是，中国历史上一再崇公抑私，但结果却是公共精神普遍压抑。中国共产党早期通过革命动员、唤醒民众走出宗法血缘关系，积极投身于公共事务，这时的公共精神被赋予了特定的时代内涵。如勇于牺牲，舍己为公，无私奉献等。井冈山精神、长征精神、延安精神都是这一时代公共精神的集中体现。1949 年，中国共产党取得了国家政权，中国共产党把苦难的大众从深重的旧社会中解放了出来，大众的公共精神被进一步地激发了出来；但很快这种公共精神又因为缺乏理性的导引而走向了反面。随着城市的单位制和农村的人民公社制的建立，大众生活被高度地组织起来。“在这里，国家与民众的关系完全是面对面的，在一个人的一生中，无时无刻不在与国家直接打交道，个人的全部生活几乎完全取决于国家，国家的力量以历史上前所未有的深度和广度渗透于基

① 哈贝马斯. 公共领域的结构转型[M]. 曹卫东，译. 上海：学林出版社，1999：296.

② 古斯塔夫・勒庞. 乌合之众：大众心理研究[M]. 冯克利，译. 北京：中央编译出版社，2005：24.

③ 温振英，陈付龙. 论我国公共精神生长的历史进路[J]. 南昌大学学报（人文社会科学版），2007(3)：20－24.

④ 孙中山. 三民主义[M]. 长沙：岳麓书社，2000：2.

层的社会生活。"[①]国家与社会力量的失衡,致使公共生活过度扩张,导致私人生活被公共化和政治化。当公共精神的生长失去了应有的空间,人们参与公共生活与其说是以理性、温和的形式,毋宁说是激进与冲动的形式。特别是在"文革"时期,群众参与公共生活往往是被煽动的。然而,问题不仅在于群众参与公共生活是情绪性和非理性的,更严重的问题在于群众往往只是以一种整体的身份出场,而且这种整体是被抽空了个体价值的整体,成了抽象的、虚幻的整体。这时的公共精神只能是扭曲的、抽象的。因为作为公共精神的前提的个人生活、个人价值是被忽略的。

应该说,思想政治教育公共性所要培养的公共精神是一种重建过程,这既要继承中国共产党革命时期唤醒民众参与公共生活,培育大众公共精神,又要反映时代要求。因此,思想政治教育公共性所要培养的公共精神并不同于一般意义上说的公共精神。具体些说,一是政治性。公共精神所具有的政治性是公共精神区别于私人的人格美德的重要标志之一,但这里的政治性并不同于革命时期的解放政治,而是转变为民主(公民)政治。"我把解放政治定义为一种力图将个体和群体从对其生活机遇有不良影响的束缚中解放出来的一种观点。解放政治包含了两个主要的因素,一个是力图打破过去的枷锁,因而也是一种面向未来的改造态度,另一个是力图克服某些个人或群体支配另一些个人或群体的非合法性统治。"[②]对于我们国家来说,解放政治主要是打倒剥削阶级对民众的剥削和压榨,"翻身""解放"成为了主流意识形态话语。1978 年中国共产党十一届三中全会提出"改革开放"的战略方针后,中国社会开始了第三波突飞猛进的现代化进程,革命语境下的解放政治逐渐被民主政治所取代。随着社会主义市场经济体制的建立,更是促进了民主政治的大发展。民主政治的主体是公民,没有公民就不可能形成民主政治。公民使解放政治语境中的人民当家作主获得了确切的内涵,摆脱了臣民地位的大众在解放政治中充当主体,但获得独立而自主的主体性不够的状况。民主政治使公民获得了相对独立于国家政治生活之外的自主性,这种自主性也使公民的公共精神获得了进一步的生长空间。二是公共性。这里的公共性包含三层含义:其一是公共精神是以一定的政治共识为基础的,离开了这一基础,公共精神只可能成为一种乌托邦式的彼岸之物。作为底线的政治共识首要的是对民族国家的认同。有学者将公共精神界定为人类共同体的精神纽带[③],但人类共同体并不是固定不变的,如果

① 孔令栋.权威与依附——传统社会主义模式下的国家与社会关系[M]//文史哲编辑部.国家与社会:构建怎样的公域秩序?北京:商务印书馆,2010:97.

② 安东尼·吉登斯.现代性与自我认同[M].赵旭东,等,译.北京:生活·读书·新知三联书店,1998:247-248.

③ 刘鑫淼.当代中国公共精神的培育研究[M].北京:人民出版社,2010:21.

将公共精神泛化到不论是基于本质意志构成的共同体，还是以选择意志构成的共同体，那么公共精神将陷入非历史主义之中。应该说，作为人类共同体纽带的公共精神只有在现代民族国家中才获得了确切内涵。因为在帝国专制的社会中，社会结构主要是以家和家族为主，而且家国之间是一体的，市民社会远远没有形成，公共生活极度匮乏，很难说有公共领域存在。但现代民族国家是基于主权原则建立的，国家的存在是为了更好地确认和维护人的权利。现代民族国家的意识形态基础是人民对祖国的热爱和忠诚。这也是思想政治教育公共性所要培养人的公共精神的核心内容之一。或者说公共精神包括民族认同以及民族精神，没有民族精神的公共精神就很难有公民素养。如人格意识、法治意识、权利和责任意识等。其二是价值观上的共享性。思想政治教育传播的是主流意识形态，也是社会成员的公共价值观。从这个意义上说，思想政治教育服务的是公众，而非少数个人。在当代社会，物质财富日益繁荣，而人们的精神生活日趋沙漠化；个人利益高度重视，而公共利益渐渐式微。因此，培养社会成员正确的公共利益观和公共权力观，构筑符合社会发展规律、符合时代发展要求的公共精神，是思想政治教育所要培养人的公共精神的公共性的价值旨归。其三是实践性。昆廷·斯金纳认为，公共精神是“我们每一个人作为公民最需要拥有的一系列的能力，这些能力能够使我们自觉地服务于公共利益，从而自觉地捍卫我们共同体的自由，并最终确保共同体的强大和我们自己的个人自由”[①]。公共精神作为一种能力，不是在空洞的说教中形成的，而是在社会公共生活中生成的。密尔认为，公民只有在亲身参与和实践中，在讨论或辩论中，作出判断和裁决，公共精神才会得以增进。公民在参与中不仅成就自我，而且超越自我。在与他人的沟通中分享，超越自我之私。从这个意义上说，学校学生公共精神的培育主要不是通过老师“包办式”的集体建设，而是通过学生积极参与集体生活和公共交往形成的。

第二，培养大众的媒介素养(media literacy)。据第 28 次中国互联网络发展状况统计报告，截至 2010 年 6 月底，中国网民规模达到 4.85 亿，互联网普及率攀升至 36.2%，手机网民规模为 3.18 亿，家庭电脑宽带上网网民规模达到 3.90 亿，占家庭电脑上网网民的 98.98%，农村网民规模为 1.31 亿，占整体网民的 27%，网民平均每周上网时长上升到 18.7 小时[②]。从这个意义上说，我们不仅进入了全球化时代，而且进入到了网络新媒介时代。网络媒介所带来的海量信息、知识爆炸，对受众的认识能力构成了严重挑战。David shenk 认为：“在人类历史的长河之中，每

---

① 昆廷·斯金纳. 政治自由的悖论[M]//许纪霖. 共和、社群与公民. 南京：江苏人民出版社，2004：74.

② 第 28 次中国互联网络发展状况统计报告 [EB/OL]. http://wenku.baidu.com/view/2ffe2f283169a4517723a3a1.html.

当新的信息出现，人都有能力对此进行检测和思考。然而在过去的几十年当中，信息量每年以翻番的速度在急剧增长，而人处理信息的能力并没有变化，于是人就处在永久性的信息处理能力缺乏的状态之中，这种信息过剩的现象命名为'信息迷雾'。"①随着"芙蓉姐姐""程菊花""红衣主教"和超女预备队等的大量涌现，确实说明人们在海量信息面前不但认识没有提高，而且成为了真正的丑角。毋庸置疑，在这样的闹剧里，平面媒体、网络媒介本身扮演着重要角色。正是它们以"花脸"代替"花旦"、用"愚乐"代替"娱乐"、以"呕像"代替"偶像"，使得这些闹剧你方唱罢我登台。但我们更应该清楚地看到，构成当下这些闹剧的真正主角既不是大众媒体本身，也不是丑角本身，而是那些娱乐的大众。正是因为他们对每一个自我献身的偶像作出热烈反响，他们在互联上不仅表达意见，而且发出震耳欲聋的声响，才使这些闹剧得以上演。因此，如何培养乃至提高大众的媒介素养便构成了我们这一时代的不可回避的一个问题。

媒介素养作为一个舶来品，1997 年才首次被译到中国大陆。从此概念传入至今已经有十多个年头了，媒介传播的方式也发生了极大的变化。传统的媒介素养强调帮助大众对媒介的本质有知晓和批判的理解力，懂得大众媒介所运用的技术以及这些技术所产生的影响。不难看出，传统的媒介素养是以假设人们能够认识和把握世界为前提，持一种精英式的立场，对大众媒介持一种精英式的警惕，因此强调培养受众的媒介理解力和批判力。确实，批判意识是受众在信息"狂轰滥炸"面前保持独立思考、抵制诱惑和庸俗的文化环境的关键。批判意识不仅是受众主体性的表现，也是公众意识的反映。能够质疑媒介，特别是在质疑大众媒介传播的庸俗、低俗和媚俗内容方面，充分表现出了这是作为一个公共人而行动。批判意识仍然是新时期媒介素养的重要组成部分，因为批判是真理的生命，人类的精神和文化的未来离不开真正的批判。从这个意义上说，批判意识的培养不仅是媒介素养的不可或缺的组成部分，也是人类精神守望的重要保障。

新媒体的出现改变了受众只是作为媒介的消费者角色的现状，新媒体使传统媒体传者和受者之间的界线被打破，使得二者之间的界线变得模糊。特别是微博的出现，使每个人都可能成为媒介的生产者。在这里，媒介的消费者摇身一变成了传播者。一方面，网络确实为每个人提供了实现言论表达权利的平台；另一方面，由于不是每个人都能理性地使用这一权利，因此诽谤、侮辱、谩骂、反动等不负责任的言论又随处可见。换言之，虽然新媒体激发了大众参与公共生活的热情，拓宽了大众参与公共生活的渠道，但大众参与公共生活并不是由此就会自然形成公民意识。这种情况的消除，与其说靠大力加强网络监管，不如说要培养大众的媒介素

① 张开，石丹. 提高媒介传播效果途径新探[J]. 现代传播，2004(1)：81－84.

养。相比于网络监管治标来说，大众的媒介素养的培养才是治本之策。问题是，新媒体时代的媒介素养相比于传统的媒介素养而言内涵发生了怎样的变化？应该说，传统的媒介素养强调受众的媒介理解力和批判力，总体上是一种技术性的目标。而新传媒的出现则强调大众媒介素养的政治内涵，即作为一个现代公民意识的政治性目标应构成新时期媒介素养的不可或缺的纬度。即在新的媒介环境下，大众的媒介素养需要强调“积极的受众”。“积极的受众”不仅筛选噪音，而且意为“人们寻找到了使媒介服务于自己的方法，这样使他们的生活更加有趣，更加有目的性”①。

6.4.2　思想政治教育方法的公共性

一般认为，方法是人们认识世界和改造世界，达到一定目的所采取的活动方式、程序和手段的总和。但方法不是实体性的因素，而是联系主客体之间的关系因素、中介因素。正如列宁的《哲学笔记》中所摘录的黑格尔《逻辑学》中论述方法的一段话：“在探索的认识中，方法也就是工具，是在主体方面的某个手段，主体方面通过这个手段和客体相联系。”②毫无疑问，方法这一中介因素在主体实现自己的目的过程中地位尤为重要。毛泽东说：“不解决方法问题，任务只是瞎说一顿。”③因此，认真思考完成任务方法的问题是能否完成任务的关键。这一点正如毛泽东把完成任务比喻成过河，而把方法比喻为船或桥，所揭示出来的方法问题的极其重要的一面。

一般而言，思想政治教育方法是为了实现教育目标、传递教育内容，是教育者对受教育者所采取的思想方法和工作方法④。思想政治教育方法不仅是实现思想政治教育目的或者说完成思想政治教育任务的重要手段，而且又是思想政治活动的中介，它是联结思想政治教育者和教育对象的纽带与桥梁。思想政治教育过程的有效运行是以教育者和教育对象的良性互动为基础的，教育者和教育对象之间的良性互动显然又离不开科学的思想政治教育方法。从这个意义上说，思想政治教育方法比教育内容还要重要。因为科学的思想政治教育方法不但是思想政治教育对象能否接受思想政治教育内容的关键环节，而且又影响着思想政治教育对象与教育者的认同，即关系着思想政治教育对象和教育者良性互动关系的建立。思想政治教育公共性离不开思想政治教育各要素公共性，由于思想政治教育方法在

---

① 斯坦利・巴兰，丹尼斯・戴维斯. 大众传播理论：基础、争鸣与未来[M]. 曹书乐，译. 北京：清华大学出版社，2004：8.

② 列宁全集(第 55 卷)[M]. 北京：人民出版社，1990：189.

③ 毛泽东选集(第 1 卷)[M]. 北京：人民出版社，1991：131.

④ 张耀灿，等. 现代思想政治教育学[M]. 北京：人民出版社，2006：362.

思想政治教育过程中的重要性，因此，思想政治教育方法的公共性在思想政治教育公共性过程中的地位尤为关键。所谓思想政治教育方法的公共性是指思想政治教育活动中所选用的方法在思想政治教育实施过程中实现其公共性所表现出来的积极属性。在革命年代，思想政治教育的成功与符合革命年代实际的思想政治教育方法是分不开的。但不能因此将革命年代的思想政治教育方法简单移植到当下，因此，只有对思想政治教育方法不断创新和发展，才能促进思想政治教育者和教育对象之间的良性互动，才能实现思想政治教育的公共性。反之，如果紧抓那些不合时代要求的思想政治教育方法不放，就可能导致思想政治教育和教育对象之间的不协调、紧张，甚至是对抗，思想政治教育公共性就难以实现。从这个意义上说，思想政治教育方法有没有公共性，关键看它是否促进了思想政治教育公共性的生成。具体来说，思想政治教育方法的公共性应具有如下特征和要求：

第一，议程设置的科学性。思想政治教育公共性的实现，显然需要加强社会舆论的引导。舆论导向正确，就有利于促进社会成员的公共精神的形成，有利于政治共识的达成。由此可见，“舆论十分重要，千万不能忽视”①。江泽民同志在 2001 年全国宣传部长会议上指出：“舆论反映着国家形象和社会的精神面貌……现代社会，各种媒体特别是信息网络化迅速发展，舆论的作用和影响越来越大。”②胡锦涛同志在 2002 年全国宣传部长会议上首次明确提出了“提高舆论引导的水平和效果”的问题。“提高舆论引导的水平和效果”，按照党和国家领导人的讲话和文件精神，最主要的内容是既要“尊重舆论宣传的规律，讲究舆论宣传的艺术”③，又要“尊重人民的主体地位，发挥人民首创精神，保证人民的知情权、参与权、表达权、监督权”，“按照新闻传播规律办事”，“善于因势利导”④等。要增强思想政治工作的针对性、实效性、感染力、吸引力，提高舆论引导的水平和效果，最重要的是要重视议程设置的科学性。议程设置理论虽然是诞生于马尔科姆·麦考姆斯和唐纳德·萧，但这种想法却来源于李普曼的《公众舆论》，在该书中他指出：现代人的生存环境异常复杂，难以把握，更难以完全直接经历，为此，人们在发生关系之前，必须将它改造成为简单的模式，大众媒介正是承担了这一“改造”的任务。他对柏拉图的《洞穴人》思想作了延伸后说：“我们就像囚犯一样，也只能看见媒介所反映的现实，而这些反映便构成了我们头脑中对现实图像的基础。”这也正是李普曼在该书开篇

① 江泽民文选(第 1 卷)[M]. 北京：人民出版社，2006：501.

② 江泽民. 宣传思想工作事关改革、发展、稳定的大局，事关建设有中国特色社会主义事业的全局——江泽民同志在全国宣传部长会议上的讲话摘要[J]. 党建，2001(2)：4－6.

③ 胡锦涛. 在全国宣传部长会议上的讲话[M]//中国新闻年鉴. 北京：中国新闻年鉴社，2003：5.

④ 胡锦涛. 在人民日报社考察工作时的讲话(2008 年 6 月 20 日)[M]//中国新闻年鉴. 北京：中国新闻年鉴社，2009：3.

的标题《外部世界与我们头脑中的景象》[①]所揭示的。40 年后伯纳德·科恩对议程设置作出经典性阐述："在多数时间，报界在告诉人们怎么想时可能并不成功；但它在告诉它的读者在该想什么时，却是惊人的成功。"[②]议程设置的界定也几乎都是从这一经典表述出发所作出的，如在《新闻学大辞典》中将议程设置定义为大众传播媒介在一定阶段内对某个事件或社会问题的突出报道会引起公众的普遍关心和重视，进而成为社会舆论讨论的中心议题[③]。在网络没有兴起之前，传统媒介能够通过议程设置引领公众舆论。但随着网络成为人们社会生活的重要组成部分，公众具有了在网络中制造和传播信息的能力和条件，具备信息能力的公众完全可以通过网络陈述事实或发表意见，从而将公众的注意力引导到这类事件上来，形成公众议程，这就对传统的媒介议程设置方式方法形成了挑战。显然，传统的媒介议程设置需要作出调整或变革，以实现政府、媒体和公众三者的完美统一。因此，这就需要议程设置的调整或变革更加具有科学性。

首先是议题设置要有科学性。具体而言，包括三个方面：一是议题要为公众所关心。议题要为公众所关心，就不能对和人民群众有切身利益关系，以及对社会中的疑点、难点问题采取消极回避的态度。不能"在一些问题上，我们想说的人民群众不太感兴趣；人民群众痛切感受到而议论纷纷的事情，新闻报道中又很少报道，或者虽有报道，但与人民群众关心的程度相差甚远"[④]。只有以公众所关心的议题为突破口，才能激发公众的讨论，从而才可能对公众的意见进行说服和引导。必须指出的是，公众所关心的议题难免比较敏感，在坚持正面宣传为主的方针下这些议题很容易被斥为负面报道，常常遭到封锁。因此，需要正确看待负面报道。负面报道严格来讲应该是涉及负面题材的报道，而涉及负面题材的报道不等于负面影响。再者说，坚持正面题材宣传为主也不等于正面题材宣传是唯一的。实际上，只要负面题材的报道有利于人民群众的利益，不仅不应该加以拒斥，相反需要从这些负面题材中寻找具有正面启示的意义，既做到议题契合受众，又能促进消极因素向积极因素的转化。二是议题设置要适量。一旦议题设置过量，就会因为超出受众所能承受的信息量，使原先设置的议题效果大打折扣，进而导致舆论引导难以展开。三是议题设置要有方向性，特别是在原则性的大是大非问题上，要旗帜鲜明。而要做到在原则性的大是大非问题上的导向正确，就必须尊重民意。一切议题设置必须以民意为基础，只有在民意的基础上进行系统总结，才能由朴素上升到科学。而任

---

① 沃尔特·李普曼. 公众舆论[M]. 阎克文，等，译. 上海：上海人民出版社，2006：3.

② Bernard Cohen. The Press and Foreign Policy[M]. Princeton University Press, 1963：13.

③ 甘惜分. 新闻学大辞典[M]. 郑州：河南人民出版社，1993：131.

④ 王树成. 新形势下舆论引导的战略思考[J]. 北京社会科学，2003(2)：132－136.

何违背民意的议题即使说得再动听，也难以具有科学性。

其次要重视议程设置的时机，快慢得当，牢牢把握话语的主导权。在信息爆炸的全球化时代，面对突发事件，任何隐瞒或拖延的报道都是徒劳的。要引导公众舆论，防止小道消息的四处蔓延，只有快或先发制人的信息传播，才能牢牢地掌握公共空间的话语主导权。但在大众媒介时代，快也不是康德式的绝对命令。不能为求快而快，后发制人同样是可能的。议程设置的快慢主要根据时机、环境决定，只有准确地把握时机，控制节奏，才能使议程设置表现得游刃有余。正如毛泽东所指出的："具体问题要做具体分析，新闻的快慢问题也是这样。有的消息，我们就不是快登慢登的问题，而是干脆不登。"①

再次是议程设置的科学性要有绩效评估机制。长期以来，议程设置的绩效评估机制是缺失的，如在媒体议程设置中习惯依赖于收视率、收听率或点击率来进行评估议程设置的高低。然而，议程设置的到达率并不等于议程设置的实际效果。点击、收听或收看并不等于就相信了议程设置中所宣传的，甚至还可能产生怀疑。因此，这就需要建立公众对议程设置的舆论反馈机制和效果评价体系。

第二，积极发挥好"意见领袖"的作用。"意见领袖"一词最早由美国传播学者、哥伦比亚大学教授保罗·拉扎斯菲尔德提出。"意见领袖"这一观点源于他在1940年就"总统在竞选过程中大众媒介对选民的影响"而展开的伊利县调查。他原本以为大众媒介对选举有重大影响，但结果发现，人们投票的结果和他们最亲近的人是一致的。即真正影响人们投票的不是大众媒介，而是面对面的人际影响。据此，他们首次提出两级传播模式的假设："概念往往先从无线电广播和报刊流向舆论界的领导人，然后再从这些人流向人口中不那么活跃的部分。"②在此过程中，意见领袖主动地选择与阐释经由媒介获取的质询，担负着媒介与社群之间的向导作用。意见领袖扩大了大众媒介的影响，加快了传播速度，对媒介的信息传播起着协调或干扰的作用。因此，在传播学中，意见领袖一般是指能够非正式地影响别人态度，或在一定程度上改变别人行为的个人。在传播学理论中，意见领袖一般有三个方面的特征：一是与被影响者之间不是上下级的关系，而是平等的关系；二是意见领袖均匀地处于任何社会阶层之中，而不是集中于某一特定阶层或群体；三是意见领袖社交范围广，拥有广阔的信息渠道，占有大量的信息资源，而且知识渊博，视野开阔，对大众传播的接触频度高。

网络时代的到来使意见领袖影响不是缩小了，而是扩大了。因为意见领袖不仅突破了传统的单纯的人与人之间的传播，而且兼有了大众传播与人际传播的双重

---

① 毛泽东．同新闻出版界代表的谈话[M]//毛泽东新闻工作文选．北京：新华出版社，1983：186.

② 威尔伯·施拉姆．传播学概论[M]．陈亮，等，译．北京：新华出版社，1984：130.

性质，如微博的信息传播就是兼具人际传播与大众传播的混合机制。不仅如此，网络时代的意见领袖不满足于传统的意见领袖接受大众媒介的信息，以支持或反对的态度再传播给其追随者，而是常常制造出稀缺信息或新闻，并致使大众媒体卷入其中。而对于大部分农村地区，虽有广播电视村村通工程、“三送”等活动，但意见领袖的作用仍然巨大。如“三送”中的送书下乡，虽使农民有书可读，但读书看报却是需要相当的文化素质、一定的文字理解力，而农村中仍有相当一部分人由于文化水平有限读不懂书，看不了报。应该说，电视是农民接触最多的媒介，对一些人来说甚至是获取外界信息的唯一渠道。但是，“在社会中处于边缘的群体，比如农民，他们每天观看电视节目和城里人没什么两样，但那些电视剧的内容，与他们几乎完全不相干，甚至也不属于他们的时代”①。不难看出，农民的信息欲求和舆论传播的欲望与现有的渠道供给之间明显失衡，这很容易产生舆论的畸变形态，如流言在公众中的传播。要对农村的讯息形态给予准确的指导，使主流意识形态不仅送达，而且送进农民的内心深处，大众媒介就需要积极发挥意见领袖的作用。因为意见领袖作为公众舆论的灵魂人物，不仅可以说服、引导和示范农民，而且对农村政策的传播和解读扮演着重要角色。一言以蔽之，不论是网络公共空间，还是广大农村的公共空间，都需要积极发挥意见领袖的作用和能量，以引导公众舆论，促进政治共识的达成。

首先，大众媒介要与意见领袖建立良好的互动关系，使用好意见领袖。要尽可能地吸引意见领袖参与大众媒介组织的各种论坛，在版面上尽可能地发表意见领袖的各种意见。因为意见领袖作为社会公共空间中的文化传播的“二传手”，不仅可以起到以点带面、以一带十的作用，而且能够将普通公众意见反馈给大众媒介，形成“大众媒介—意见领袖—普通公众”的良性互动。要言之，意见领袖对于思想政治教育公共性的实现来说往往起到事半功倍的作用。但是，对于消极型的意见领袖，则应该利用大众媒介全面覆盖的特点，垄断信息发布渠道，限制他们的影响②。

其次，借助意见领袖进行权威解读，以抢先发声引导公众舆论。意见领袖之所以在一定的社会公共空间中占有很高的威信，这和他们对事件的准确和敏锐的把握是分不开的。因为他们一般具有较强的文字或语言表达能力、独特的见解和深刻的分析，而且深谙公众心理，能和公众有针对性地积极沟通。因此，在稳定的群体中，他们往往具有影响众人价值判断和行为选择的能力。因此，面对社会公众中争论激烈、分歧较大的问题，利用意见领袖的权威解读，在社会公众舆论中往往能

① 孙立平. 断裂：20 世纪 90 年代以来的中国社会[M]. 北京：社会科学文献出版社，2003：158.

② 张昆. 大众媒介的政治社会化功能[M]. 武汉：武汉大学出版社，2003：381.

占据制高点，从而引导公众舆论的健康发展。

再次，挖掘意见领袖的信息资源，让事实说话。在网络时代，越来越多的党政干部、公务员在网络上大显身手，有的普通机关干部、公务员甚至成为“网络明星”。这些官员意见领袖和普通网民相比，在网络公共空间中极其具有影响力。一是他们本身掌握着权威信息，发言可信度高。二是他们往往掌握大量的内部信息，成为舆论的信息源地。挖掘这些意见领袖的信息资源，能够澄清普通公众所未知的事实，能够有效说服公众，促进政治共识的达成。

6.4.3 思想政治教育载体的公共性

在思想政治教育学科研究中，思想政治教育载体常常和思想政治教育方法混为一谈，这很大程度是因为思想政治教育载体和方法都具有中介性。然而，思想政治教育载体和思想政治教育方法有着本质上的差异：一是思想政治教育方法的选择决定着思想政治教育的载体运用。或者说相比较于思想政治教育方法，载体具有从属性。二是作为从属地位的思想政治教育载体承载着思想政治教育的信息和内容，而处于支配地位的思想政治教育方法不能承载思想政治教育的信息和内容。思想政治教育载体一般被看作在实施思想政治教育的过程中，能够承载和传递思想政治教育内容或信息，能为思想政治教育主体所运用，促进思想政治教育主客体之间相互作用的一种活动形式和物质实体[①]。不难看出，思想政治教育载体为思想政治教育主体之间提供了一个平台，思想政治教育主客体通过这一平台相互作用、相互影响。不同的时代、不同的思想政治教育目标或思想政治教育方法等，对思想政治教育载体的选择都会有很大的差异性。如果思想政治教育载体选择恰当且得到较好的运用，思想政治教育活动就能顺利开展。反之，思想政治教育效果不佳，进而会阻碍思想政治教育实践的发展。显然，我们不能将学校思想政治教育载体简单照搬到社会公共领域的思想政治教育中，反之亦然。思想政治教育公共性的实现离不开载体的选择与运用，思想政治教育载体的公共性就是基于思想政治教育公共性的实现，探讨载体的选择与运用问题，即思想政治教育和社会公众之间互动的平台有哪些，如何对这些平台加以运用是思想政治教育载体公共性不可回避的问题。从这个意义上说，思想政治教育载体的公共性主要关注的是选择何种载体能够促进思想政治教育公共性的实现。但这里必须要指出的是，思想政治教育载体的选择与运用固然重要，但也要防止陷入“载体本体化”之中。所谓载体本体化是指将载体当成本体，仅仅停留于做好载体本身的事务性工作，抛弃了其中的

① 张耀灿，等．现代思想政治教育学[M]．北京：人民出版社，2006：192．

思想政治教育特性[①]。不可否认,革命年代中有的思想政治教育载体在当下思想政治教育公共性实现过程中仍起着重要的作用,如开会、谈话沟通等,但随着时代的变化,思想政治教育目标、内容、方法的变迁,思想政治教育公共性更要关注的是载体的拓展问题。或者说,思想政治教育载体的公共性关注的是选择何种载体来促进思想政治教育公共性的实现。应该说,思想政治教育载体的公共性的选择不仅要具有时代性、历史的继承性等,更重要的是要基于思想政治教育公共性而生成。具体来说,从思想政治教育公共性的实现来说,以下三类载体是必须要加以重视的。

第一,公共政策。在思想政治教育公共性实现过程中,公共政策这一载体是需要尤为重视的。其原因主要有三个方面:一是公共政策具有对公众的思想政治素质的塑造功能。伊斯顿认为:"公共政策是对全社会的价值作有权威性分配。"[②]据伊斯顿的理解,这里的价值不仅包括实物、奖金,还包括权力、荣誉等有价值的东西。也就是说,公共政策不仅是物质价值的权威性分配,还包括社会精神价值的分配、整合和引导。即是说公共政策是工具理性和价值理性的统一体。从这个意义上说,单纯地将利益视为公共政策的核心价值是值得商榷的[③]。实际上,公共政策的核心价值是公平正义。这不仅体现在公共政策的制定的宗旨上,而且也体现在公共政策的实施过程中,如公共政策通过对社会特定群体(弱势主体)某种行为的支持、鼓励和优惠。显然,这其中无不包含追求社会公平和谐的价值倾向。不仅如此,公共政策由于对社会成员利益分配具有激励功能,促使人们按照政策行动,以此获得某种利益。因此,从这个意义上说,公共政策作为思想政治教育公共性的载体,对于塑造公众的思想政治素质而言起着关键性的作用。二是思想政治教育通过公共政策有助于培养社会成员的公共精神。公共政策的结果总是难免使一部分人受利,一部分人利益受损。因此,林德布洛姆指出:是否按人民要求解决公共问题,是公共政策面临的主要问题[④]。即是说公共政策只有解决公共问题,才能获得社会的认可、支持。公共政策的制定者一般是政府,但政府同样可能追求自己利益

---

① "载体本体化"这一说法是由河海大学戴锐教授提出的,戴教授在《江苏国有企业思想政治工作创新调研报告》(南京调研究组)中指出,有些企业以物质利益原则作为调节职工行为的主要杠杆,以奖励或少量惩罚措施作为调动其积极性的主要手段。在这些载体的运作过程中,缺乏对职工的思想引导和帮助,缺乏耐心细致的、有针对性的思想政治教育工作,虽然职工的积极性能得以维持或提高,但载体的教育效果由于载体本身的成功运作而放大了,实际上人们的困惑依然存在,不良思想和行为倾向也未得到纠正,只不过这些已被由物质利益激励起来的积极性、活动的丰富多彩掩盖罢了。

② 戴维·伊斯顿. 政治体系——政治学状况研究[M]. 马清槐,译. 北京:商务印书馆,1993:123.

③ 有学者将公共政策仅仅看作对人们的利益的协调与整合,如冯静,杨志云. 利益视角下的公共政策过程分析[J]. 中国行政管理,2009(1):26－30.

④ Charles E. Lindblom. The Policy-Making Process[M]. 2nd. New Jersey, 1980: 2.

的最大化，或者说政府同样可能是自利的[①]。而要防止政府制定公共政策不偏离公共性，最有效的办法就是公众参与到公共政策的制定和实施中来。公众参与有利于避免公共政策的失误，增强公共政策的科学性。因此，政府在公共政策的制定和执行过程中需要引导公众积极参与，一方面是提高公共政策的公共性、科学性、透明性；另一方面政府在通过引导公众的政治参与中，培养他们对公共生活的热爱，并教育和规范公众的政治参与，培养其公共精神。三是公共政策不仅是思想政治教育者和社会公众之间交流沟通的纽带，而且是促进社会成员达成政治共识的重要载体。随着时代的变迁，以人为本的核心价值观念、公共利益为本质特征、目标可持续为政策的基本理念代替了传统的政策制定模式，大众民主进入公共政策的制定视野，成为政治生活的一种常态。从这个意义上说，"解放政治"实现了向"生活政治"的转变。"解放政治"是一种生活机会的政治，只关注正式的政治制度和体制，没有把与生活相关的各种决策包括进去，因此失去了对选民的吸引力，而"生活政治"是认同政治、选择的政治，它要解决的是集体人面临的挑战[②]。生活政治中的政府公共政策必须以社会公众的需求为旨归，这就要求作为思想政治教育主体之一的政府在公共政策制定中去掉主体中心主义，使参与活动的各方能够通过交互作用而达到共同的理性认同。公共政策的制定只有获得公众的理性认同，才能较容易执行。信息技术的日新月异，知识经济时代的到来和电子政府建设的深入，打破了传统的政策制定过程中的信息不对称的格局，公众也越来越便捷地在公共政策的制定过程中获得发言机会，而不再是作为传统政策的客体而存在。恰恰相反，民意是合法或违禁、真理或谬误的最可靠的仲裁者[③]。因此，政府和公众在公共政策的制定过程中沟通越来越频繁，通过公共政策这一平台，政府和民众之间不同的意见和利益可以进行讨论、交换，进而缩小分歧，增进共识。因此，公共政策不仅要反映民意，政府还要对民意中的分歧、不满做耐心细致的沟通、说服工作。不难看出，信息化社会中的公共政策无论是在政府和公众之间沟通，还是在促进政治共识的达成方面都扮演着极为重要的角色。

第二，中间团体。如果在公与私之间画一道辅助线，那么这一辅助线应该就是中间团体。"中间团体是在国家与个人之间生成、作用、活动、发展的多种媒介集团、团体、组织、机构的总称。"[④]中间团体在总体社会中显然是不存在的。因为，总体社会中国家是直接面对群众，党和政府通过严密的城市中的单位组织、农村中的

① 这一问题已经在学界引起越来越多的讨论，如金太军，张劲松. 政府的自利性及其控制[J]. 江海学刊，2002(2)；李学. 公共政策中的政府利益分析[J]. 行政论坛，2002(1)：9－10.

② 安东尼・吉登斯. 失控的世界[M]. 周红云，译. 南宁：江西人民出版社，2001：164－165.

③ 塞缪尔・P 亨廷顿. 失衡的承诺[M]. 周端，译. 北京：东方出版社，2005：25.

④ 佐佐木毅，金泰昌. 中间团体开创的公共性[M]. 王伟，译. 北京：人民出版社，2009：420.

人民公社吸纳了整个社会。不过，中国的中间团体和西方的中间团体又有着明显的不同。具体而言，当下中国的中间团体主要包括两大类：一类是靠政府补助运营维持的民间（市民）团体和组织的活动网络；一类是非政府、（非）管理民间（市民）团体和组织的活动网络。前者如人民团体等，后者如 NGO（非政府组织）、NPO（非营利组织）等。毫无疑问，在领域分离的社会中，中间团体在思想政治教育公共性实现过程中作用甚大。但问题在于，中间团体在思想政治教育公共性过程中扮演着何种角色？是思想政治教育者？抑或思想政治教育载体？从一定意义上说，中间团体可能是三种角色兼而有之。如中间团体在服务社会的过程中向公众传递的民主、自由、友爱、宽容、公正价值诉求，自觉或不自觉地在社会公共空间中扮演着思想教育和政治宣传的角色。不过，由于中间团体的自发性和松散性，其思想政治教育者角色是不牢靠的，为了国家的长治久安，党组织、政府常常需要加强对其团体成员的思想政治教育。如果说中间团体的思想政治教育者是自觉或不自觉的，那么中间团体作为思想政治教育载体则是思想政治教育者自觉选择的。而中间团体之所以是思想政治教育者自觉的选择，更主要的还是由中间团体自身的特点决定的。

首先，中间团体是制度化的利益表达的渠道。思想政治教育公共性着眼于对各种社会思潮的引导，以促进多元主体的政治共识。中间团体开辟了社会沟通和表达通路，吸纳和弱化了社会运动的表达力。通过中间团体的组织，使分散化利益表达得以组织化，从而进入政府公共政策视野。即是说，中间团体作为制度化的利益表达渠道不仅使作为思想政治教育主体的政府了解了民意，懂得了民心，而且也是政府通过做中间团体的成员的思想政治工作赢得民心、民意的过程，从而为建构和谐社会理念下的政治和社会秩序提供了可能。其次，中间团体在思想政治教育公共性实现过程中具有“黏合剂”与“整合器”的功能，有助于促进政治共识的达成。随着中国社会的转型进程加快，“离散”和“聚合”的社会状态表现得日益明显。传统社会的人们在文化、信仰、习俗、居住、交往和生产等方面无不体现出连续和趋同的特征，人们聚集的地方就是一个活动“单位”，所有的这些“单位”都是趋同的。因此，传统的社会关系起到了重要的黏合和整合的作用。现代社会由于斩断了这一天然的社会关系，使得每一个人都是一个独立的活动“单位”，所以说现代社会是离散的社会。但独立的个人作为活动的“单位”又可以在不同的时间和空间条件下聚合（这与传统社会的人们聚合有着本质差异），这种独立性个体的社会聚合即是我们所熟知的中间团体①。但问题在于，中间团体为何能在思想政治教育公共性的实现过程中起到黏合剂和整合器的作用？主要原因有两个方面：其一，思想政治教育主体能通过中间团体这个纽带，与民众进行情感沟通、文化沟通，以达到政治沟通的目的，不断扩大团结的范围，不断强化团结的紧密度。离散社会中，每一个个体都有不同的“孤独”情境，政府要通过做千千万万的中间团结细致深入的思想政治工作，关爱并激发他们的情感。其二，通过思想政治教育主体与中间团体民主机制，促进离散社会的整合。离散社会的整合是以社会成员的认同为基础的社会团结，一方面这离不开思想政治教育者和社会成员的情感沟通；另一方面更离不开民主机制。因为思想政治教育主体和公众之间的传播、协商、对话、竞争等元素在内都离不开民主机制作为保障。再次，中间团体不仅是国家和社会之间的纽带，更具有传播主流价值观的天然优势。从历史角度看，中间团体在国家与社会之间起着关键性作用。如人民团体“这些组织在实践党的‘从群众中来，到群众中去’的群众路线方面起了关键的作用。它们为群众意见提供了安全的表达园地，沟通了国家和党的机构中的代表，并动员人民的各个部分支持中共”②。社会转型致使国家与社会之间的分离，原先国家对社会的自上而下的控制模式就不再适用，如在中国广大农村地区，“随着国家对农村经济依赖性的减弱和农村市场经济的发展，以及传统的权利文化向现代权利文化的转变，国家的行政权力逐渐退出农村的政治领域”③。虽然国家行政权力已经从农村或城市社区的政治领域中退出，但并不意味着主流价值观也要从城市社区或乡村治理中退出。但是，主流意识形态要嵌入到社会治理中，就不得不通过中间团体这一载体。更重要的，中间团体还具有传播主流价值观的独特的资源和优势。例如，农村的“红白理事会”这一中间团体对于乡村的婚丧嫁娶的习俗影响甚大，在村民的婚丧嫁娶中具有无形的权威和很强的动员能力，可以说是推进社会主义新农村精神文明建设的重要抓手。思想政治教育主体要想改变腐朽落后的婚丧嫁娶习俗，就必须要正确使用和科学改造“红白理事会”的这些独特资源，由此有效地实现主流意识形态的传播。

第三，公共活动。早在古希腊城邦时代，城邦公民参与意识、集体观念和民主意识的培养无不和公共活动紧密相关。从城邦广场的集会到城邦公民的宴会活动，从戏剧的观看、表演到节日的庆典，无不反映了公共活动在塑造城邦的公民团体精神、民主意识、平等观念方面的作用。但由于长期以来，思想政治教育被界定

① 在现代社会中存在着三个既相互关联，又各自独立的组织。一是政府，它通过行政权力为公民提供公共服务，属于政治领域；二是企业，它通过市场机制为公民提供私人物品和服务，属于经济领域；三是中间团体（或称之为公民社会组织），相对于企业而言，它是非营利组织，相对于政府而言，它是非政府组织。

② 詹姆斯·R 汤森，布兰特利·沃马克. 中国政治[M]. 董方，顾速，译. 南京：江苏人民出版社，1995：98.

③ 于建嵘. 岳村政治：转型期中国乡村政治结构的变迁[M]. 北京：商务印书馆，2001：610 - 611.

为“一定阶级、政党、社会群体用一定的思想观念、政治观点、道德规范，对其成员施加有目的、有计划、有组织的影响，使他们形成符合一定社会、一定阶级所需要的思想品德的社会实践活动”，即思想政治教育活动归结为教育者的活动，或者说是教的活动。但是，即便是将思想政治教育看作一种特殊的教育活动，它也不只是由片面的教的活动构成，“教育并不是一件‘告诉’和被告知的事情，而是一个主动的和建设性的过程，这个原理几乎在理论上无人不承认，而在实践中又无人不违反”①。所以说，思想政治教育是由教和学的活动两方面共同构成的。如果将思想政治教育看作片面的教的活动，那么作为社会成员参与的公共活动就可能工具化，而不是把公共活动视作为社会公众提供的一个集中而有效的共建平台。毫无疑问，不论是思想政治教育者对教育对象的公共精神的培养，还是教育者和教育对象之间政治共识的达成，都离不开公共活动这一有效的共建平台。正如杜威所说：“只有通过从事联合的活动，一个人在这种活动中运用材料和工具，有意识地参照别人如何运用他们的材料和工具，有意识地参照别人如何运用他们的能力和器具，他的倾向才会获得社会的指导。”②思想政治教育公共性的实现除了要重视官方举办的公共活动以外，更要注重对传统的民间活动资源，乃至国际公共活动资源的挖掘和运用。具体而言主要有两类：一是传统节日和重大纪念日庆祝活动。传统节日是一个民族的综合和终极价值观的载体，是民族精神最鲜明的“DNA”和集中表现，也是一个民族集体的文化创造③。因此，思想政治教育主体可以通过开展传统节日活动，有效地将民族精神和个人情感融为一体，发挥群体的自我教育功能，增强民族团结。重大纪念日的庆祝宣传既要重视本国的历史纪念日，又要重视国际公益纪念日。前者有助于公共活动参与者重新回顾历史，反思历史，增强社会成员的民族责任；后者有助于培养世界公民，培养广大参与者的人文关怀意识。二是民俗文化活动。中国作为一个历史悠久的文明古国，无论是从古老的乡村，还是到现代化的都市无不有着大量的民俗文化资源。民俗文化一般来说是传承于民间，具有世代相袭的特点。民俗文化的范围极广，并不只是局限于民谣、民间故事、民间神话、民间信仰。从物质生活（衣、食、住、行）到社会组织（如农户、村落及种种固有的民间结社）、从岁时风俗到人生礼仪，无不是民俗文化。不过，我们这里讨论的重点不是民俗文化，而是民俗文化活动。民俗文化活动的参与者主要是由民众构成，但民众并不是一个均质的整体。实际上，在其内部，普通民众和民间精英不论是在民俗文化活动的作用上，还是关心的问题上都存在着很大的不同。如普通民众一般并

① 约翰·杜威. 民主主义与教育[M]. 王承绪，译. 北京：人民教育出版社，2001：46.

② 约翰·杜威. 民主主义与教育[M]. 王承绪，译. 北京：人民教育出版社，2001：47.

③ 冯骥才. 文化批评[M]. 郑州：中州古籍出版社，2005：337－346.

不关心民俗文化活动的合法性，而民间精英对此则比较重视。民间精英为民俗活动的合法性辩护，实际上是和官方（政策）进行博弈。而作为思想政治教育主体之一的政府要发挥民俗文化活动的教育民众功能，又必须要重视和民间精英的沟通和对话。而且，这种沟通和对话的质量直接影响着思想政治教育公共性的实现。

必须指出的是，除了对公共活动的资源加以挖掘和运用，思想政治教育主体同样需要对和公共活动资源关系紧密的公共空间的设计和塑造予以充分的重视。

6.5 思想政治教育环体的公共性

思想政治教育环体又称为思想政治教育环境，它指的是能够影响思想政治教育活动的一切外部因素的总和。思想政治教育环境影响着思想政治教育系统要素的有效开展。通过适应、利用和改造有利的思想政治教育，发挥思想政治教育的系统合力，提升思想政治教育的有效性。

6.5.1 思想政治教育环体及其公共性的内在依据

一般而言，环境是生态系统中的重要因素，具有有机性、系统性以及开放性等基本特征。对于思想政治教育而言，由于思想政治教育环境负载了思想政治教育的独特内涵，因而体现出自身独具的特点。

第一，思想政治教育环境具有系统性。思想政治教育环境是指能够影响思想政治教育的外部因素的总和。思想政治教育环境的系统性指的是思想政治教育是一个由不同的系统要素构成的，具有内在复杂、稳定结构的系统。一方面，思想政治教育环境构成思想政治教育系统的重要因素，成为思想政治教育系统的一个子系统，于思想政治教育系统而言，思想政治教育环境是一个具体要素；另一方面，思想政治教育环境自身是一个具有相对独立性的系统，内部是由多重要素构成的结构，在思想政治教育系统中承担着条件性、支撑性的功能。一般认为，思想政治教育环境是由宏观环境、中观环境、微观环境构成的整体。宏观环境主要是指社会政治、文化、经济环境；中观环境介于宏观环境、微观环境之间，主要是指社区环境；而微观环境主要包括家庭环境、工作环境、学校环境以及人际环境等。思想政治教育环境是实体环境和虚拟环境的统一体。实体环境包括物质环境、制度环境、文化氛围、社会建制等；虚拟环境主要指网络环境、多媒体环境等。思想政治教育环境是由国际环境、国内环境以及社区环境共同构成的系统[①]，其中，国际环境包括了时代主题、国际格局、强国因素、国际重大事件、文化传播、国际交往，国内环境主要有

① 孙其昂.社会学视野中的思想政治工作[M].北京：中国物价出版社，2002：62.

政治环境、经济环境和文化环境。

第二，思想政治教育环境具有动态性。思想政治教育环境是一个动态系统，随着社会大环境的“母体”不断发生改变。在不同的历史时期，思想政治教育所依凭的环境是不同的，对于思想政治教育有效开展所发挥的作用也是殊异的。“社会经济、政治、文化的变革会引起思想政治教育在内容和形式上的嬗变，在社会发展的不同时期社会对思想政治教育的要求也不同，二者同构才可能增强思想政治教育的有效性。”①同样的道理，随着社会系统的政治、经济、文化环境的改变，思想政治教育环境也发生变化。在传统社会环境，社会的同质性程度高，政治权力主导性强，社会结构稳固，思想观念呈现一元化的神圣权威，而到了现代社会，社会结构体现出异质性，社会环境的风险性、不确定性、复杂性加强，社会主体的思想观念出现多元化。环境的变化对思想政治教育的内容、方式、载体等都产生了巨大的冲击。

第三，思想政治教育环境具有属人性。思想政治教育环境并不是所有环境的总和，而是那些被纳入思想政治教育情境之下，能够为思想政治教育活动所用，有助于提升人的思想道德水平提升的环境。环境是指围绕着某一事物(通常称其为主体)并对该事物产生某些影响的所有外界事物(通常称其为客体)，即环境是指相对并相关于某项中心事物的周围事物。而思想政治教育环境是那些影响人的思想道德品质形成和发展的外部因素的总和。思想政治教育环境属人性是指思想政治教育环境围绕人、服务人，体现出人的主体性和目的性。思想政治教育是一项强烈主体性的活动，是人的思想道德品质建构活动，凡是对人的思想活动产生影响的外部因素都称为思想政治教育环境。

思想政治教育环境是思想政治教育系统的重要构成要素，是思想政治教育获得公共性的重要载体。思想政治教育公共性通过思想政治教育各系统要素表现出公共性的属性。那么，思想政治教育环体为何具有公共性呢？笔者以为思想政治教育环体公共性的内在依据在于思想政治教育环体的公共性是思想政治教育系统公共性在环境要素上的具体呈现。

系统论可以成为揭示这一内在依据的方法论依据。由系统论观之，思想政治教育是一项系统化的社会实践活动。“现代思想政治教育相异于以往时代思想政治教育的一个突出特点就是它已经形成了一个空前庞大的整体系统，它的全面协调发展可以说是一个名副其实的和具有相当典型性的社会系统工程。思想政治教育系统无论从宏观还是微观上说，都已形成了一个由众多要素构成的、在一定结构形式下按照一定的机制运行并同外部环境发生着互动关系的、具有特定功能的社

① 孙其昂.思想政治教育学基本原理[M].南京：河海大学出版社，2004：85.

会有机系统，它具有十分典型和鲜明的系统特征。”①思想政治教育系统涵纳了思想政治教育主体、客体、内容、环境、载体等系统要素，思想政治教育环境是思想政治教育系统的重要组成部分。公共性是作为系统存在的思想政治教育所具有的属性，通过思想政治教育各系统要素体现出来。

6.5.2 思想政治教育环体公共性的“现象学”呈现

思想政治教育环体公共性是思想政治教育公共性在思想政治教育上的表现，主要揭示的是思想政治教育环境领域如何表现出公共性。思想政治教育环体公共性就是要指出思想政治教育环境系统体现出公共性的方式，社会系统的公共性如何通过思想政治教育环境要素渗透其中。就呈现方式而言，思想政治教育环体公共性是思想政治教育主体在利用思想政治教育环境过程中表现出的公共性。只有思想政治教育主体在利用环境的过程中才称得上是思想政治教育环境。这一动态的利用和改造的过程既是思想政治教育环境的生产方式，也是思想政治教育环体公共性的呈现方式。具体而言，表现为以下几个方面：

第一，思想政治教育环境本身就是具有公共性的“思想政治教育者”。思想政治教育的环境丰富且多元，既有宏观的社会大环境，也有微观的社会小环境；既有实体化的环境，也有虚拟的网络、多媒体环境。但不论怎么样，那些被思想政治教育关系或情境吸纳，称得上是思想政治教育环境内容的要素，自身都发挥着的思想政治教育功能。思想政治教育环境本身就具有公共性的“思想政治教育者”。思想政治教育环境自身是社会系统的组成部分，而社会系统自身就是体现出公共性的“思想政治教育者”。“社会系统本身就具有思想政治工作的功能。……社会系统及其要素首先在履行自身的职能，在此过程中发挥了思想政治工作的功能。”②思想政治教育环境作为社会系统的子系统，与社会系统一样，发挥着思想政治教育的功能，成为一个隐形的“思想政治教育者”。思想政治教育环境所发挥的这种“思想政治教育者”功能直接地面向思想政治教育活动中的社会成员（包括教育者和教育对象），构成思想政治教育公共活动的重要环节。这样，作为系统要素，思想政治教育环境分有了思想政治教育的公共性。

第二，思想政治教育主体以开放化的方式利用思想政治教育环境。思想政治教育环境是在被思想政治教育活动中加以利用的外部条件的总和。既然思想政治教育环境的公共性是在利用外部条件的过程中体现出来的，那么，利用外部条件的

---

① 毕红梅.论现代思想政治教育系统特征与思想方式的转变[C].思想政治教育桂子山论坛.武汉：华中师范大学，2003.

② 孙其昂.社会学视野中的思想政治工作[M].北京：中国物价出版社，2002:41.

方式则成为是否体现出思想政治教育环境公共性的重要标识。利用环境从根本上说是选择环境的过程，思想政治教育环境利用应当是开放式的，那些能够为思想政治教育活动开展所采用的，并能够积极地提升思想政治教育实际效果的外部条件都可以成为思想政治教育环境的要素。开放化的利用方式赋予思想政治教育主体以广阔的开放、利用以及改造思想政治教育环境的余地，而非固守相对确定、保守的环境边界意识。“特别是在现代社会，科学技术的进步为人们跨区域、跨国界的交往提供了快速便捷的工具，以互联网和其他资讯工具为基础的现代信息交流，扩大了人与人交往的空间，这样，影响人的思想品德的环境在空间上已经没有了固定的界限。”①这种开放化的利用方式认为只要思想政治教育主体可以根据需要加以利用，并不是对于环境的依赖，或者是对于环境的盲目选择，就能体现出思想政治教育主体自主、自觉的选择意识。

第三，思想政治教育环境构成的社会性体现出思想政治在教育环境结构中的公共性。如果将思想政治教育环体视作一个整合性的系统的话，思想政治教育环体的公共性也应当分散于这一小系统的各个要素、结构配置以及具体作用过程中。思想政治教育环境的系统性主要是指思想政治教育环境结构的复杂性、开放性与社会性，思想政治教育环境系统呈现出面向社会，让大众参与的社会化、敞开式的社会化结构。每一项思想政治教育活动的完成都需要借助各种层次的思想政治教育环境的相互配合，即需要国家的政治大环境、制度环境、社会思想舆论环境等中观环境以及人际交往等微观环境的系统支撑。随着社会转型的日趋推进以及全球化进程的加深，思想政治教育环境发生变化，思想政治教育活动的有效开展越来越借助不同的社会资源，利用社会条件，整合不同地域、空间，思想政治教育开展所亟须的环境系统也日渐复杂，内部的结构化、系统化趋向更加明显。

第四，思想政治教育环境的创造过程就是一个思想政治教育公共性实现的过程。它是一个动态实现思想政治教育公共性的过程。思想政治教育公共性体现在创造思想政治教育环境的过程中。思想政治教育环境的生成不仅仅是一个对既有社会环境利用的过程，而且也是一个建构的过程。“思想政治教育环境的创造过程不是一个单一的过程，而是一个多维的过程。它是一个由思想政治教育环境的创造者、作用对象和环境因素三个基本要素相互联系、相互作用构成的有机系统。”②这个过程是思想政治教育主体根据自身的活动需求，对社会系统环境所采取的利

---

① 张耀灿，等. 现代思想政治教育学[M]. 北京：人民出版社，2006：299.

② 姜正国. 试论思想政治教育环境创造过程的基本因素及特点[J]. 湖南师范大学社会科学学报，2004(6)：37 - 40.

用活动，是一项社会化的社会实践过程。“思想政治工作的过程就是一个把某种宏观的社会思想体系内化为工作对象的思想政治道德，工作对象进而以自己的行为作用于社会，形成一种整体的社会运动。”①思想政治教育环境创造过程的基本要素具有社会性。无论是自然环境因素，还是人为环境因素，都存在于社会大环境之中，都在不同程度上是人们有目的的社会实践活动的产物，都具有鲜明的社会性。社会环境中的各种因素都会对思想政治教育环境的创造过程产生影响。

由以上论述可以看出，思想政治教育环体公共性所呈现出的公共性面相是在动态地利用思想政治教育环境要素过程中系统地绽放的过程。换言之，思想政治教育环体的公共性是在思想政治教育主体利用思想政治教育环境要素的过程中实现的。它渗透于思想政治教育环境系统的各个环节，贯穿于思想政治教育环境运行的各个环节，广布于思想政治教育环境系统的各个要素，具体地、系统地以及动态地分有了思想政治教育系统的公共性。

6.5.3 传统·社会·时代：思想政治教育环体公共性的塑造三维路标

塑造思想政治教育环体公共性是思想政治教育环体公共性实现的必经之途。思想政治教育环体公共性塑造是基于对传统思想政治教育环体公共性的历史资源的基础上开展的时代转化活动。社会系统是思想政治教育环体公共性创生的“母体”，依赖并立足于这一“母体”进行路径上的创新也是实现思想政治教育环体公共性的重要方式。此外，面对社会环境的变化，尤其是网络环境、多媒体环境的涌现和拓深，思想政治教育环体公共性必然遭遇如何立足新的时代背景开拓思想政治教育环体公共性创新路径的问题。这样，传统资源、社会系统、时代境遇成为思想政治教育环体公共性创生的三路向。

第一，传统“公共性”环境资源的时代转化。思想政治教育环体公共性的塑造离不开对优秀传统环境资源的关照。中国传统社会结构尽管未能开放出与西方社会结构相一致的结构性领域——公共领域，但“公”作为中国文化的重要价值理念一直绵延不绝，“准公共因素”②也充斥于社会领域，并构成完满的社会结构。思想政治教育公共性的创生需要对传统社会环境中那些有益的具有历史传承性的元素进行创造性转化，以发掘思想政治教育环体公共性的历史资源。林毓生曾提出过中国传统的“创造性转化”(creative transformation)，就是“把一些中国文化传统中的符号与价值系统加以改造，使经过创造的转化的符号和价值系统，变成有利于变

① 孙其昂.社会学视野中的思想政治工作[M].北京：中国物价出版社，2002：68.

② 这一表称以近代西方社会的公共性作为参照，将中国社会元素中那些类似于西方公共性的要素称为“准公共因素”。

迁的种子，同时在变迁过程中，继续保持文化的认同"①。在笔者看来，中国文化中传统环境的"准公共因素"包括诸如茶馆、戏楼等社会结构要素，祠堂、庙宇等物质环境以及报刊、社团组织等社会舆论氛围。在传统社会中，茶馆、江湖、游侠等社会空间成为补充性的社会结构要素，但其内蕴的社会交往机制以及环境利用设计都可以为思想政治教育环体公共性的开发提供借鉴。而清末民初的刊物、学会等所开放出公共的舆论阵地提供了公共性的社会氛围，为思想政治教育的开展起到了推动作用。

第二，对社会系统"大环境"的公共性吸纳。从思想政治教育与社会系统之间关系来看，思想政治教育系统作为社会系统的子系统，其环境系统必然是社会系统大环境的一部分，相互之间具有极强的互渗作用。思想政治教育环体的公共性就是赋予那些可以为思想政治教育所汲取的社会系统环境以公共性的过程。如果将思想政治教育环体视为"小环境"的话，那么，社会系统的环境则是"大环境"。通过对社会系统"大环境"加以公共性的改造、利用以及转化是思想政治教育环体这个"小环境"公共性创生的重要路径之一。比如，对社会环境中的公共环境进行利用与开发，吸纳社会系统中的开放性的社会空间，如市政建筑、高校空间、城市广场等公益性、开放性的环境都可以成为思想政治教育环境的一个重要组成部分。

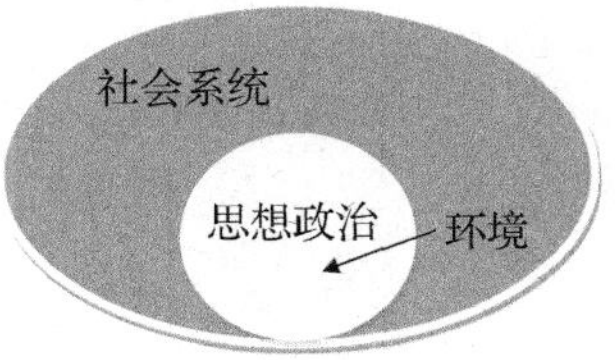

图 6 - 2

第三，不断开拓、利用新媒体环境，赋予思想政治教育环体公共性以新的创生形式。思想政治教育（环体）公共性是一个动态的实现过程，其动态性表明思想政治教育公共性的实现必然要依据不断变化发展的社会形势。社会系统环境的变迁必然引起思想政治教育系统环境的变化，这是由思想政治教育与社会之间的关系得出的必然结论。当下的时代是以多种媒体、资讯相互影响、整合的多媒体时代，"是建立在计算机信息处理技术和互联网基础之上，发挥传播功能的媒介总和"②。新媒体时代的多种媒介包括了公交车视频、楼宇视频、博客、论坛、播客、E-mail、微博、网络论坛等。它们在信息社会中成为思想政治教育环体需要储备的环境资源，

① 林毓生. 中国传统的创造性转化[M]. 北京：生活 · 读书 · 新知三联书店，1988：291.
② 刘刚. 危机管理[M]. 北京：中国经济出版社，2004：3.

并发挥着巨大的能量，同时也是思想政治教育环体公共性必须面对的时代课题。在网络化、民主化的新时代，新兴媒体呈现出愈来愈强烈的公开性和开放性，可以为思想政治教育有效吸纳，成为思想政治教育环境，并彰显出公共性。与此同时，这些新兴的媒介环境需要予以适度的调适和转化，对其进行必要的监管，制度上进行规约使之有效地转化为思想政治教育环境。在新的时代背景下，思想政治教育环境公共性应当体现出新的特点，表现出新的形式。

第 7 章 思想政治教育公共性的实践推进

思想政治教育要素的公共性创新，一方面从思想政治教育系统内部反映了思想政治教育公共性的时代特征；另一方面通过要素的创新又促进了思想政治教育公共性的实现。但在问题的另一方面，如果仅仅停留于思想政治教育要素的公共性的创新，仍然难以在实践中推进思想政治教育公共性。思想政治教育公共性作为一种动态的属性，其表现当然离不开对其内部各要素加以创新，思想政治教育要素的公共性创新实际上是从思想政治教育系统入手来推进其公共性的实现。但是，思想政治教育公共性的实践推进却需要跳出思想政治教育系统来看思想政治教育公共性，这样才可能避免“不识庐山真面目，只缘身在此山中”的困境。从系统论的角度说，思想政治教育公共性的实践推进是“无数的平行四边形”合力作用的结果。显然，要对思想政治教育公共性实践推动的每种力量加以分析是不可能的。但是，思想政治教育公共性实践推进中总有些力量是不可或缺的。毫无疑问，思想政治教育公共性实践推进不能离开制度支撑。思想政治教育公共性实践推进同样离不开话语革新。需要指出的是，思想政治教育话语革新丝毫不亚于制度支撑的重要性。因为思想政治教育在面向社会成员的过程中，最主要的就是通过话语来展开。不论是理性沟通，还是促进政治共识的达成，引领多种社会思潮而言，话语的重要性是不言而喻的。相较于思想政治教育话语革新、思想政治教育公共性的制度支撑，思想政治教育公共性空间的拓展同样是不可或缺的。思想政治教育公共性既在社会公共空间中开展，又对公共空间产生着重要影响。对思想政治教育公共性的空间加以拓展，是思想政治教育公共性实践推进的题中之意。

7.1 思想政治教育公共性的制度支撑

思想政治教育作为在思想领域内展开的政治实践，毋庸讳言，这种政治实践的开展需要一定的制度来保驾护航。公共性作为思想政治教育的固有属性，当然也不例外。而且，一定的制度支撑对于思想政治教育公共性的实现而言异常重要。

正如毛泽东指出的："光从思想上解决问题不行，还需要研究解决制度问题。"①不重视从制度上解决思想政治教育公共性所面临的问题，思想政治教育公共性就很难在实践中予以推进。思想政治教育公共性的制度建设主要的制度安排包括法律、法规、政策、机制等。那么，思想政治教育公共性又需要加强何种制度建设？思想政治教育公共性的实现过程始终以面向大众为基础，而且必须要进入大众的思想领域，这实际上是对思想政治教育的从业人员提出了要求。他们不仅要掌握思想政治教育的方式方法，更要明确大众的思想领域中哪些思想是思想政治教育从业人员需要关注的，以及怎样关注，等等。不仅如此，思想政治教育公共性的实践推进还需要加强对大众的政治参与的制度建设。在现代社会中，大众作为现代政治主体，随着他们的政治意识的提高，产生了政治表达的迫切需要。因此，如何引导大众进行有序的政治表达就成为一个亟待解决的问题，即政治参与的有序化。毫无疑问，这种政治表达对于实现政治共识有着极大的推动作用。因为政治表达使思想政治教育主体更加确切地知晓大众的政治思想动态，从而有针对性地对其展开思想政治教育工作。不过，由于分化了的大众在其政治表达当中力量并不均衡，因此建构利益表达均衡的机制就显得异常重要。

7.1.1 从制度入手加强思想政治教育学科队伍建设

思想政治教育是面向社会成员的思想的政治实践，思想政治教育公共性正是要在面向社会成员的思想过程中，思想政治教育从业人员不断地与其进行沟通、讨论、商谈、妥协等，以促进政治共识的达成。这同时也是培养社会成员公共精神的重要过程。这对思想政治教育从业人员提出了很高的要求。但问题在于，思想政治教育从业人员的现实状况和思想政治教育公共性对从业人员的要求之间还有着相当大的差距。如高校的思想政治理论课教师很少在公共领域中发表言论，違论说服民众，促进政治共识的达成。他们对政治活动不热情，甚至不参与。高校教师很大程度上是以个体方式从事脑力劳动，思想政治理论课教师也不例外。这种劳动方式使他们片面地以为劳动成果是个人成果，和集体、群众没有关系。因而，很容易脱离集体、脱离群众。有的思想政治教育从业人员甚至还存在着立场和信仰问题，这对于思想政治教育公共性的实现而言简直是不可想象的。在这种情况下，急需从制度入手加强思想政治教育学科队伍的建设。具体而言，主要包括三个方面：

首先，把好思想政治教育学科从业人员的"入口"。邓小平指出："选贤任能也是革命。"由于思想政治教育从业人员直接面向社会成员的思想，他们在社会公共

① 薄一波.若干重大决策与事件的回顾：下卷[M].北京：人民出版社，1997：783.

空间中的话语能力、沟通与协调能力、从业人员的政治素质和政治信仰、个人作风等，就显得特别重要。正因为如此，早在1987年，《中共中央关于改进和加强高等学校思想政治工作的决定》(简称《决定》)就明确指出：要建设一支坚强的马克思主义理论队伍和思想政治工作队伍。《决定》指出："一定要将一些品学兼优的教师和毕业生选拔到思想政治工作队伍中来……从事学生思想政治的专职人员，是教师队伍的组成部分，应列入教师编制，实行教师聘任制。"①随着思想政治教育学科近三十年的快速发展，把好思想政治教育学科从业人员的"入口"，不能仅仅满足于师资管理上的聘任制度，更要从学科角度来把好"入口"。

从思想政治教育学科角度把好"入口"，具体而言包括两方面：一是从学科知识制度入手来把好"入口"；二是从教学制度入手来把好"入口"。所谓思想政治教育学科的知识制度是指思想政治教育学人"秉承确定的职业伦理体系和知识行动者，在特定的学科知识生产和知识创新过程中建构的制度体系"②。思想政治教育学科知识制度的存在和发展有助于廓清知识边界、整肃知识体系、划分知识范围。因此，可以从这一制度入手来把好"入口"关，明确"入口"人才知识领域、范围等。思想政治教育学科的教学制度囊括了教学内容、教学对象、教学目标、教学时间、教学过程等诸要素的教学设计或设置在内的有关范式或章制。从教学制度入手，以考察进入思想政治教育学科的人员是否掌握了思想政治教育教学的规律，是否具有了思想政治教育工作者教学技能等。毋庸讳言，只有那些较好地掌握了思想政治教育学科知识、熟练地使用思想政治教育教学技能的从业者，才可能在与教育对象之间的论辩中获得话语的主导权。

其次，抓好培训制度，提高思想政治教育理论与教学水平。目前，思想政治教育从业人员的构成水平参差不齐，既有专业水平较高的思想政治理论课教学人员，又有理论水平有待提高的辅导人员。培训不仅要对思想政治教育理论和教学水平有待提高的人员进行，同样还包括思想政治教育学科已经引入的人才，因为各单位引进人才同样也存在需要培养的问题。只是因培训对象的差异，培训的内容、方法等都有着较大差异。当前，高校党委应该将培养思想政治教育工作骨干纳入整体培训规划和年度培训计划之中。

思想政治教育从业人员的培训不能关起门来搞培训，要积极选派一批思想政治教育从业人员到国家行政学院、中央党校等接受培训。各单位对思想政治教育从业人员的培训不能有毕其功于一役的想法，要坚持打持久战。因为思想政治教

① 中共中央关于改进和加强高等学校思想政治工作的决定[M]//教育部社会科学司.普通高等学校思想政治理论课文献选编.北京：中国人民大学出版社，2008：127.

② 方文.后学的养成、评价和资助[J].中国社会科学，2002(3)：74-76.

育队伍建设绝非一日之功，而是一个长期的过程。在培训的内容上，要侧重现时代大众对思想政治教育从业人员的要求。要培训思想政治教育从业人员追踪和把握思潮脉搏和公共事件，同时要培训思想政治教育从业人员形成有意识有目的地嵌入到企业、学校等工作单位的公共生活中去，从而了解本单位职工的思想动态。简言之，对思想政治教育从业人员的培训要反映本专业特色。不能将思想政治教育从业人员和非思想政治教育专业人员在培训内容、方法、理念上进行"一锅煮"。

最后，强化锻炼，重视考核评价制度。思想政治教育从业人员不同于纯理论研究工作者，思想政治教育从业人员既要理论研究，更要有做社会成员思想政治工作的能力。因此，要重视对思想政治教育从业人员的锻炼。鼓励并建立思想政治教育从业人员采取交流轮岗制度，通过挂职锻炼等方式，增长思想政治教育从业人员的知识水平、获取一线工作经验，提高他们的工作能力。

不仅要通过锻炼的方式使思想政治教育从业者实践能力得到切实提高，更要建立科学的考核评价制度。考核评价既要包括过程监督，又要包括思想政治教育学科检查和淘汰制度。因此，一要引入竞争机制。把思想政治教育专职队伍、兼职队伍，特别是班主任的聘任，纳入《专业技术职务聘任管理暂行办法》来落实。要落实教书育人管理条例，要求每位思想政治理论课的教师在聘期内从事班主任工作，并将班主任工作的绩效作为专业技术人员的解聘、续聘、高聘、低聘的重要依据。二要建立表彰奖励制度。有监督、有检查，就有结果评价。要定期对优秀的思想政治教育工作者、优秀的思想政治教育工作集体予以表彰。

7.1.2 建立健全大众政治参与制度

在亨廷顿看来："政治参与的扩大是政治现代化的标志。"[①]确实，随着社会主义政治文明水平的提高，大众参与政治的人数越来越多。政治参与又称参与政治，它是指："参与制定、通过或贯彻公共政策的行动。这一宽泛的定义适用于从事这类行动的任何人，无论他是当选的政治家、政府官员或是普通公民，只要他是在政治制度内以任何形式参加政策的形式过程。"[②]大众政治参与的目的主要是表达他们的意图和利益，从而试图影响国家决策和国家行为。改革开放以来，大众政治参与日趋扩大，同改革开放之前的大众政治参与相比，新时期的政治参与不仅有动员式参与，还有自主式参与。随着社会主义政治文明的进步，动员式的政治参与越来越让位于自主式参与。但必须警惕的是，当下中国大众的政治参与非制度化倾向越来越突出。自主式参与意味着思想政治教育主体需要更加自觉地和自主参与的

---

① 塞缪尔·P 亨廷顿，琼·纳尔逊. 难以抉择：发展中国家的政治参与[M]. 汪晓寿，等，译. 北京：华夏出版社，1989：1.

② 戴维·米勒，等. 布莱克维尔政治学百科全书[M]. 北京：中国政法大学出版社，1992：563.

大众进行沟通、引导，以防止自主式参与朝无序化方向发展。思想政治教育者只有更为积极地介入到自主式参与中，才可能使大众在自主式参与过程中养成公共精神，进而有利于促进政治共识的达成。所谓非制度化参与是指采取不符合宪法、法律、规章、政策和条例所规定的制度和程序而从事影响政治决策过程的活动。大众的非制度化参与主要是由于政治参与的渠道较为有限。非制度化的参与意味着政府对民众对政府提出的要求无法在现有的政治体系中得到满足，政治参与的制度供给不足势必导致非制度化政治参与，造成政治不稳定，甚至引发政治动乱①。思想政治教育作为在思想领域内展开的政治实践，这种政治实践的开展前提是人们更愿意以非暴力的方式来解决利益冲突，这就需要将大众的非制度化参与转化为制度化参与。因此，建立健全大众政治参与制度能够保持政治稳定；满足公民日趋强烈的政治参与愿望和要求；规范大众政治参与行为，实现社会不同利益群体、利益个体的政治表达；增强全体社会成员对政治权威的认同，奠定政治共识的基础。建立健全大众政治参与制度包括两方面：一方面是改革与完善现有的大众政治参与渠道；另一方面是随着经济、政治和社会的发展，开辟新的大众政治参与渠道。

建立健全大众政治参与制度，主要包括三方面：首先，进一步完善人民代表大会制度。人民代表大会制度是我国根本的政治制度，这一制度反映了人民当家作主的政治理念和宪法理念。但是，目前人民代表大会制度还不能很好地代表民意，人大选举制度的宏观层面缺乏竞争。如农民阶层选举权的不平等、人大代表间接选举层次过多，不利于民意的表达和实现。因此，需要引入竞争机制，实现人大代表选举的竞争性参与。所谓竞争性选举，是指在投票选举之前，候选人通过发表选举演说，以说服选民，争取选票的活动。举行竞争性选举一方面有助于选民了解候选人的素质和能力，另一方面有利于在激烈的竞争性选举中增强候选人的代表意识。

要进一步完善人民代表大会制度，还需要提供更加公开、透明的选民知情环境。这就需要建立健全选民和候选人之间的沟通渠道，使整个选举过程保持公开性等。候选人和选民之间的沟通渠道应该多样化，不能仅仅局限于候选人在选民投票前作一次演讲，候选人还可以与选民之间进行直接的对话，深入选民生活并了解他们的生活情况，候选人要对选民提出的问题作出论据充分、论证有力的回应。进一步拓展选民直接的知情渠道，从而使选民提出的问题更加具有针对性。完善人大代表制度，还必须要增设下岗失业人员、农民工、靠社会救济生活的残障人士的代表，以使人民代表大会更加具有代表人民的性质，切实反映民意。

其次，完善公民听证会制度。所谓听证，是指政府组织在作出直接涉及公众或

---

① 塞缪尔·P 亨廷顿. 变化社会中的政治秩序[M]. 王冠华，等，译. 上海：上海人民出版社，2008：5.

公民利益的公共决策时，应当听取利害关系人、社会各方及有关专家的意见及实现良好治理的一种必要的规范性程序设计①。听证会制度反映了社会主义政治文明的表现之一，党的十六大报告第一次明确地将听证会制度纳入到民主决策机制当中。听证会制度一方面使执政党更加有保障地了解社情民意，另一方面调动了民众参政议政的积极性。由于听证会制度是个舶来品，目前我国听证会还比较散乱、部分听证会流于形式，不少地方的价格听证会变成了涨价会等，因此，需要对目前的听证会制度加以完善，从而为达成政治共识奠定良好的基础。完善听证会制度，主要包括三方面内容：一是健全遴选听证代表机制。为了实现听证会的公平公正，进行科学的讨论和论证，听证会的代表遴选应包括专家学者代表、职能部门代表、律师代表、对立双方的代表(要具有较强的参政议政能力)。政府主管部门要根据利益群体的规模来确定代表人数。由于专家代表参与听证会的使命是对政府的方案作出专业性、权威性的解读，因此，专家代表的遴选不能简单地通过政府指定，而是要建立专家库，通过随机抽取的方式产生。二是增强听证会的公开性。举行听证会要通过媒体提前发布，告知民众听证时间、地点，并向社会公布所拟定的听证草案；听证会代表的简历也要公开，以确保听证代表在听证会上的发言真实代表了其所属群体；听证会应允许一定数量的公民旁听；重大听证会，只要不涉及国家机密等不宜公开的内容，还应通过网络或电视媒体直播。三是在听证范围上要进行逐步扩大。听证作为协商层次最为广泛的公民政治参与，只要不涉及国家安全和不宜听证的公共政策，都应举行听证。

最后，完善大众参与公共政策执行制度。公共政策是思想政治教育公共性的重要载体之一，要使思想政治教育主体通过公共政策来教育与引领大众，大众不仅要参与公共政策的制定，更要参与公共政策的执行，以防止公共政策在执行过程中因主客观原因导致执行上的偏离。只有通过参与公共政策的执行，以充分反映民意，才能真正实现人民当家作主，从而使公共政策更加容易执行。大众参与公共政策的执行主要包括公共政策的执行计划、公共政策的执行沟通、公共政策的执行监督、公共政策的评估等环节。要使大众参与公共政策执行的各环节得到保障，必须要建立相关公共政策执行的制度。一是建立公众议程制度。目前我国的政策议程中正式的议程仍占据主导地位，政策输入具有“内输入”的特征，即中国政策问题的提出更多地使用内在提出模型和动员模型②。党和政府对正式议程的过于倚重导致对许多公共问题的反映较慢，结果往往是问题在爆发后才被提上议程。因此，需要建立公众议程制度，这种制度本身又具有培养大众向公众转变的功能。公众议

① 尹洁，杨文选.论作为行政管理积极创新的听证会制度[J].学术界，2006(4)：194.

② 胡伟.政府过程[M].杭州：浙江人民出版社，1998：242.

程制度让公众对他们自己关心的利益需求和关心的社会问题进行讨论，这也是社会各种不同的力量之间相互博弈和互动的过程，提出的不同方案供政府选择，政府在作出抉择前当然要和公众进行讨论、交流等。二是建立大众参与政策的执行机构。一方面组织大众参与政策执行计划；另一方面组织大众参与政策执行的沟通。执行机构应具有很好的信息处理能力，并有科学的数据统计能力，从而使公民参与政策的规定变为具体的操作运行。

7.1.3　促进均衡的利益表达机制的形成

建立健全政治参与制度，应该说，为执政者更好地了解民意提供了制度保障。但是，社会大众在政治参与过程中，因社会阶层、经济收入、受教育水平等方面的差异，在利益表达方面存在着显著的差异。例如，农民阶层虽然人数众多，但不可否认的事实是他们的政治影响力非常小。没有均衡的利益表达机制，大众的政治参与就可能变成由强势利益集团所支配，政治共识的建立因丧失了社会基础，故很难被大多数民众所认同，从而导致思想政治教育公共性很难实现。

因此，必须提高社会组织化程度，以形成均衡的利益表达机制。中国的利益集团"内生化"的生长不但是自然演进过程，缺乏制度化支持，而且这种自然演进是非均衡的[①]。强势利益集团往往基于自身有利的资源介入利益竞争过程，较少考虑其他利益集团和公共利益，从而造成社会利益的失衡。因为，一般来讲，"政策的导向取决于政治收益的激励，即社会各利益群体之间的博弈。博弈后的均衡点就是政府政策的最佳选择。在强、弱群体间权利失衡状态下，政府的政策更倾向于强势群体的利益"[②]。这样就会导致利益集团政治资源之间的不均衡而出现马太效应，即强势群体更强，弱势群体更弱。另一方面，中国不受制约的权力结构使强势利益集团获得更大的竞争力。强势利益集团很容易在具体领域的政府机构或官员被"捕获"，使本来具有公共性的国家权力遭到严重腐蚀。这时，无处表达利益诉求的弱势利益群体往往通过"社会抗争"来表达自己的权益。要促进政治共识的达成，就必须要提高社会组织化程度，发展能相互制衡的利益集团。"多元利益集团之间的平衡是社会政治过程的重要政治制衡价值，政治均衡过程的实质是利益平衡过程，只有当各种利益集团有较好的发展，且势均力敌，相互制衡时，利益集团参与政策过程实质才体现出民主参与，才可能避免损害某种利益以增进另一种利益，公共政策才能体现出公共性和正义性。"[③]从这个意义上说，只有势力相当的利益集团

---

① 陈水生. 中国利益集团的成长逻辑与动力机制研究[J]. 南京社会科学，2011(7)：83－89.

② 林龙. 权利失衡与利益协调：城市弱势群体利益表达现状与对策——关于杭州市社区贫困群体的一项实证研究[EB/OL]. http://www.sociology.cass.cn/shxw/shjgfyc/P020040628483457810912.pdf.

③ 尹艳红. 当代中国利益集团结构失衡与重构[J]. 华东经济管理，2011(8)：34－37.

相互竞争，才能实现公共政策过程中的公平公正。必须指出的是，公共政策的公平公正不仅仅是思想政治教育载体的公共性的要求，更是整个思想政治教育公共性实现的社会基础。因为只有发展相互的利益集团，才能有效减少弱势利益群体转向制度之外寻找利益表达渠道的可能性。

政府要发展促进相互制衡的利益集团的形成，为公众利益表达提供合法的组织基础，需要鼓励和扶持社会团体的发展。但是，“在威权主义或转型体系中，对政府绩效和公共物品的提供来说是合适的社会集团，并不一定能从国家那里获得更多的信任或自治权力”①。从现有的相关制度安排看，所有的社团必须挂靠一个行政主管部门，接受其监督和领导，一切社团只有在取得行政挂靠后才可能到民政部门注册登记。由于国家还保持着对社团组织的警惕性，因此我国相当数量的社团组织是靠行政手段组建的，很多社团性组织的办公场所和办公经费也是由政府提供的，领导层具有很强的行政科层色彩，其活动也因受业务主管部门业务指导而行政职能化，具有很强的“二政府”色彩②。更为严重的是，一些特殊的利益集团凭借资源优势、组织优势，在改革和市场经济中进行寻租活动③，严重损害了党和政府的信誉和形象。应该说，国家对那些抱有“颜色革命”目的的政治性组织，需要保持足够的警惕④。但在另一方面，如果对那些代表特定人群社会福利和权益的民间组织保持警惕，则显得多余。因此，党和政府既需要拿出执政者的胆识、智慧和勇气，更需要改革和完善现有的社会组织管理制度。对社会组织来说，政府要全过程监管，而不是通过提高门槛使社会组织变成党政机关的附属。同时，要积极拓宽现有的制度化渠道。如改革中国现有的具有政府背景的社团，因为这种社团主要是非强制型的代表模式。所谓非强制型代表模式，是指政府领导人并不考虑沟通过程的本质，而认为代表是领导者与委托人具有共同的背景特征与政策偏好。这和强制性代表模式正好相反。在强制性代表模式中，领导者要寻求满足政治上活跃的公民在政策偏好方面的需求，以换取民众的支持⑤。因此，地方政府的社团制度安排要致力于由非强制型向强制型代表模式转变，以增加代表性。一言以蔽之，政府要从习惯于为人民作主，改为由人民作主。

---

① Lily Tsai. Solidary Groups, Informal Accountability, and Local Public Goods Provision in Rural China[J]. The American Political Science Review, May, Vol. 101, No. 2, pp355 - 372.

② 吴玉章. 社会团体的法律问题 [M]. 北京：社会科学文献出版社，2004：380.

③ 鲁篱. 行业协会经济自治权研究[M]. 北京：法律出版社，2003：245.

④ 不可否认，转型期的一些利益集团存在着一定的违规违法活动，如超出利益集团章程规定的宗旨业务范围进行活动，未经登记擅自开展活动、从事非法活动等。仅北京市就先后查处了 400 余个非法结社的社团组织。参见谢海定. 中国民间组织的合法性困境[J]. 法学研究，2004(2)：80 - 89.

⑤ James L Franke. Interest Groups: The Problem of Representation[J]. The Western Political Quarterly, Vol 38, No 2. pp224 - 237.

7.2　思想政治教育公共性话语的革新

近年来，思想政治教育在社会公共空间中的失语、退却，凸显了思想政治教育话语公共性的困境。然而，思想政治教育公共性的实践推进首要的是要重视思想政治教育话语。思想政治教育的教育者能否在社会公共空间中教育、引导、说服公众，或者说与公众之间达成共识，思想政治教育话语起着举足轻重的作用。不过，这里我们首先需要厘清何谓话语，以及什么是思想政治教育话语。只有弄清这些，我们才能对思想政治教育话语的公共性困境、为何要实行思想政治教育话语创新获得一个比较完整的认识。

7.2.1　思想政治教育话语及其历史变迁

"话语"一词在学术研究中并没有一个确切的定义，目前的研究多数是把它看作语言学范畴的概念。话语作为语言学范畴的概念又有两种含义：其一是将话语等同于语言，即"静态"的在"句子"中运用"语词"的规范性意义表达[①]。罗兰·巴特在法兰西学院的演讲，就不对话语和言语(parole)进行区分。这一定义是目前社会科学中占据主导性地位的定义，现在的一个趋向是在这一语言学取向的定义中，纳入福柯的知识考古学视角。其二是将话语等同于文本，这主要为语用学和修辞学等语言学科所采用[②]。据百度百科中对话语所作的定义：话语是特定社会语境中人与人之间从事沟通的具体言语行为，即一定的说话人与受话人之间在特定社会语境中通过文本而展开的沟通活动，包括说话人、受话人、文本、沟通、语境等要素[③]。不难看出，百度百科中将话语看作语言学范畴。在思想政治教育话语研究中，有学者将思想政治教育话语等同于语言，思想政治教育话语是指"思想政治教育活动主体在思想政治教育实践中通过一定方式表达出来的指向思想政治教育目的的话语"[④]。但笔者以为，思想政治教育话语还应该包括文本，这些文本不仅包括马克思主义理论的经典著作，历史上所有政治学、教育学、伦理学等领域关于社会教化的著作都应当构成思想政治教育话语的文本[⑤]。需要看到，思想政治教育

---

① 话语最基本最常用的乃是语词。按照哈贝马斯的说法，"语言"乃是为了形式表达而建立的规则系统，其基本要素为"句子"；而"言语"或"言说"则是在话语中使用句子的语言行为，其基本要素为"话语"或"言语行为"。参见艾四林. 哈贝马斯[M]. 长沙：湖南教育出版社，1999：60－61.

② 乔纳森·波特，玛格丽特·韦斯雷尔. 话语和社会心理学：超越态度与行为[M]. 肖文明，等，译. 北京：中国人民大学出版社，2006：5.

③ http://baike.baidu.com/view/664430.htm.

④ 董世军，孙玉华. 现代思想政治教育话语及其困境分析[J]. 长春大学学报，2007(1)：85－87.

⑤ 戴锐. 思想政治教育学科的"中国气派"之路[J]. 思想理论教育，2009(13)：53－58.

话语的语言层面和文本层面不是割裂的，而是紧密联系在一起的。思想政治教育话语的文本为思想政治教育语言的丰富提供了可能，思想政治教育的文本正是通过这种转换推进了自身的发展。因此，从语言学范畴看，思想政治教育话语可视为一定社会条件下的教育者和教育对象之间从事沟通的具体言语行为，而这种言语的沟通行为又是通过一定的文本展开的。因此，从语言学范畴看，思想政治教育话语要素包括发话者、受话者、语境、信息、文本、目的和欲望等。有学者在些基础上将思想政治教育话语要素概括为五个方面：思想政治教育话语间性、话语内容、话语语境、话语预设和话语交往①。

改革开放以来，社会环境的变迁和思想政治教育学科建设的加快，致使思想政治教育话语也随之发生了重大的历史变迁，主要表现在以下三个方面：

第一，思想政治教育话语从作为工具性载体的角色中游离出来，逐渐成为一门独立的学科话语。不论是我们党的革命斗争时期，还是从新中国成立到改革开放的初期，对思想政治教育话语的认识基本停留于工具理性阶段。新中国成立初期，思想政治教育话语虽没有完全政治化，但基于服务当时的政治稳定的需要，思想政治教育话语毫无疑问是扮演着政治稳定的工具角色。“文化大革命”时期，思想政治教育话语高度的政治化，政治话语霸权的空前膨胀，使思想政治教育话语彻底被工具化，教育者和教育对象的民主平等关系异化为权威服从关系。改革开放以来，思想政治教育话语发生了大转折、大转向：从抛弃阶级斗争为纲转向以经济建设为中心，从坚持“两个凡是”到实践是检验真理的唯一标准，中共中央逐渐摒弃了“文革”时期一些错误的斗争性条例、文件和通知等文本话语，而务实的经济建设成了党的各级政府文件的中心话语。

不仅思想政治教育文本话语发生了大转折，思想政治教育话语方式和形态同样出现了一个大转向。十一届三中全会在彻底结束了“文革”斗争路线后，随着拨乱反正的展开，思想政治教育话语逐渐回归常态。改革开放使新的话语资源不断涌现，话语资源可谓异常丰富，这极大地推动了思想政治教育话语方式与形态的变迁。十一届三中全会后的一段时间(1978—1990)，思想政治教育话语基本上适应了改革开放的需要，适应了中心任务的大转移，但思想政治教育话语基本上处于工具性阶段。思想政治教育话语功能停留在工具性地传播、传导、输送思想政治教育内容阶段，即载体阶段②。

随着 20 世纪 80 年代中期思想政治教育学科的建立，思想政治教育话语开始由工具性阶段向思想政治教育学科话语转变，这一转变在 20 世纪 90 年代由于思

① 邱仁富.思想政治教育话语理论探要[D].上海大学博士学位论文，2009.

② 邱仁富.改革开放三十年思想政治教育话语理论发展探微[J].求实，2008(11):70－73.

想政治教育学科的快速发展而加快。或者说思想政治教育学科的发展使思想政治教育话语问题日益受到重视，从而使思想政治教育话语从政治话语中游离出来，不再成为政治斗争的工具，使之回归理性、有章可循、找到其合适的价值坐标①。如果说思想政治理论课教材是思想政治教育话语的重要载体，那么思想政治理论课教材体系的历史变迁则能反映出思想政治教育话语的学科化过程。改革开放以来，思想政治理论课教材体系相继经历了"85"方案、"98"方案、"05"方案三个阶段。思想政治理论课的课程体系也经历了相当大的变化，从"85"方案为思想政治理论课的奠基，到"98"方案思想政治理论课的成熟，再到"05"方案的改革与完善，思想政治理论课体系不仅实现了从无到有的转变，而且不断科学化。这也大大推进了思想政治教育话语的学科化进程。

第二，思想政治教育话语的二元特征越来越突出。思想政治教育话语的学科化自然使思想政治教育话语的学科色彩愈加浓厚。思想政治教育学科具有理论与实践相结合的学科属性，决定了思想政治教育话语是理论话语(学科话语)和实践话语的统一。应该说，思想政治教育学科话语和实践话语是紧密联系的。有学者指出："思想政治教育学话语是思想政治教育的文本话语分析学和说事话语运用学，是探究思想政治教育和理论教育术语，形成特定文本话语，研究说事话语的运用，并使其更具针对性、实效性和理论说服力的学术话语观点群。"②然而，思想政治教育学科话语和实践话语又是相对分离的。并且这种分离随着思想政治教育学科建设的发展表现得越来越突出，即思想政治教育话语日趋二元化。

从思想政治教育话语的实践主体看，他们是思想政治工作的一线工作者。由于目前思想政治教育理论研究缺乏应用性，致使思想政治工作的一线工作者普遍对理论研究漠视，甚至缺乏对理论研究的信任。但思想政治工作的一线工作者为了适应自己的工作需要，又常常通过归纳、总结、交流的方式来建构他们自己的话语体系。由于这些话语来自思想政治工作的一线工作者，往往较为琐碎、零散，而且基本上是经验式的，具有很大的局限性。而思想政治教育学科话语则表现得恰恰相反，即以思辨性话语占据主导。思想政治教育学科话语具有思辨性主要是由于两个方面原因：一是思想政治教育学科话语的主体过于注重学理化的演绎和推理，缺乏对思想政治教育学科的实践性的重视；二是思想政治教育学科的建立历史还较为短暂，致使思想政治教育的理论研究的主要精力不得不放在学科建设上。众所周知，思想政治教育学科范畴、学科体系、学科史的建立都是以思辨性为主的理论研究为基础才能建立起来。于是，思想政治教育话语的二元性色彩日趋鲜明。

---

① 邱仁富.论新中国60年来思想政治教育话语发展的曲折历程[J].求实，2010(1)：77-80.

② 林宁，李宪伦.思想政治教育话语学构想与探析[J].学校党建与思想教育，2007(8)：43-45.

不可否认，现实生活中的思想政治教育两种话语时常是交织在一起的，但思想政治教育两种话语主体之间却存在着隔阂。理论研究者认为实践工作者过于注重经验，理论素养差；实践工作者则认为理论研究者不仅缺乏实践能力，而且理论研究同样缺乏实践性。思想政治教育话语主体之间的隔阂不可避免地导致思想政治教育的学科话语和实践话语之间的交流减少。

第三，思想政治教育话语理论内涵大大拓展，但总体而言思想政治教育话语还处于转型期。改革开放以来，思想政治教育话语资源日趋丰富，这些话语资源大大促进了思想政治教育话语理论的发展。如随着网络话语成为一股新兴的话语力量，许多网络话语光明正大地进入思想政治教育话语殿堂。不仅如此，网络还为思想政治教育话语的实践提供了新的方式、载体，同时又构成了思想政治教育话语实践的新空间。当然，思想政治教育话语理论的大大拓展主要还是由社会变迁所推动。社会变迁使人们的思想观念、生活方式、价值理论都发生了深刻的变革，思想政治教育话语要获得发展，只有不断从社会变迁中的话语资源中加以吸纳、整理和提炼，并用之于思想政治教育话语实践，才能适应社会成员的巨大变化。

虽然思想政治教育话语的理论内涵大大拓展，但思想政治教育话语总体上还是处于转型阶段。不论是思想政治教育话语内容，还是思想政治教育话语思维都带有转型期的烙印。思想政治教育话语处于转型阶段，与其说思想政治教育话语正处于某一种目的先导的从一种话语系统转向另一种话语系统，毋宁说是思想政治教育话语的传统与现代之间一种持久并存以及产生新颖话语现象的混合，如思想政治教育革命话语和建设话语的并存。尤其需要注意的是，思想政治教育话语的控制性思维和辩护与引导性思维的并存。因为思想政治教育话语思维决定着话语功能、方法乃至内容的选择等。思想政治教育话语的控制性思维主要表现为思想政治教育发话者和受话者之间地位的不平等，言说者与听说者之间不是平等地交流与沟通，思想政治教育话语场域充斥着“控制性”的话语霸权。思想政治教育话语的辩护性和引导性思维则不仅认识到了思想政治教育话语的言说者和听说者之间地位的平等，而且看到了社会群体的分化，不同意识形态之间的冲突。而冲突的化解不是通过单向的控制式话语，而是通过思想政治教育话语的引导，在沟通中增进共识。就现阶段而言，思想政治教育话语的这两种思维都存在。

7.2.2 思想政治教育话语的公共性困境

在生活日趋信息化和网络化的今天，思想政治教育者常常感到困惑，他们的职业话语在社会公共空间中鲜有回应。“尽管他们在不断言语，但无人倾听，没有对话”[①]，社会公众对思想政治教育话语兴趣锐减、冷漠，甚至抵触，于是思想政治教育话语在社会公共空间中不断消退，致使思想政治教育话语场域日益窄化。并且，思想政治教育话语场域的日益窄化和思想政治教育理论研究场域的窄化之间相互强化。当下的思想政治教育理论研究场域主要局限于高校思想政治教育，狭隘的研究场域使思想政治教育理论话语囿于象牙塔之中，即蜕化为与社会实践相隔离的话语体系。日益局限于学校（主要是高校）的思想政治教育话语体系反过来又强化了思想政治教育话语场域的窄化，进而导致思想政治教育丧失了在社会公共空间中的感染力和影响力。但是，要分析思想政治教育话语的公共性的困境不能只看到思想政治教育话语的窄化，即思想政治教育话语窄化不过是思想政治教育公共性困境的一个方面；也不能将思想政治教育话语的窄化停留在思想政治教育话语研究场域的窄化的表象分析之中。进言之，思想政治教育话语的公共性的困境还需要从历史的、社会的视角进一步分析。具体来说，主要包括三个方面：

第一，思想政治教育话语中的痼疾阻碍了思想政治教育公共性的实现。在思想政治教育话语中主要有三类话语系统，一类是由党的宣传机构、行政管理者发出的权力话语；一类是思想政治教育理论研究者使用的理论话语；一类是思想政治教育实践工作者使用的工作话语[②]。前面我们已经指出，思想政治教育学科建立过程中的“思想酵素”过多地来自其他学科资源，思想政治教育学科话语自然也是如此。由于较少地从实践中提炼出具有原创意义的话语，使思想政治教育学科话语缺乏特色。又因为思想政治教育学科是新建立的学科，思想政治教育的理论研究过多地依赖思辨性，思想政治教育理论话语也被打上了浓厚的思辨性烙印，有些研究和论文咬文嚼字，随意生造概念或简单移植西方学术话语，距离公众生活的通俗和直白特点越来越远，日益呈现出经院化、小众化。思想政治教育理论话语这一特点不仅和社会公众生活联系越来越松散，而且也难以和公众之间有效沟通，致使思想政治教育理论话语在社会公共空间中不断式微。思想政治教育一线工作者话语则较多地停留在文件话语、政治话语、权力话语之中，喜好或注重用政治式、动员式的宏大的叙事来说理，思想政治教育话语方式也较为单一和死板，很容易导致社会公众的反感与抵触。而党的宣传机构、行政管理机关的思想政治教育话语则是时常充满着假话、空话、大话、套话、“雷人”的话。如民间舆论对宣传机构的套话的调侃：“会议没有不隆重的，闭幕没有不胜利的；讲话没有不重要的，鼓掌没有不热烈的；领导没有不重视的，看望没有不亲切的；接见没有不亲自的，进展没有不顺利的；完成没有不圆满的，成就没有不巨大的；工作没有不扎实的，效率没有不显著

① 王卫东，冉杰，等. 当代语境中的思想政治教育[M]. 长沙：湖南人民出版社，2004：1.
② 吴琼，纪淑云. 马克思主义大众化语境中的思想政治教育话语变革 [J]. 求实，2010(10)：81－84.

的；决议没有不通过的，人心没有不振奋的；班子没有不团结的，群众没有不满意的；领导没有不微笑的，问题没有不解决的。”这充分显示公共权力机构的思想政治教育话语的单调、死板，久而久之，致使和社会公众之间产生隔膜。近年来，由于行政管理机构工作人员时不时冒出“雷人”的话语，更是让公众无法接受。如“你是替党说话，还是替老百姓说话”深深刺痛了民众的心。如果不能有效改变党的宣传机构、行政管理机构话语的思想政治教育话语中的套话、假话、大话、“雷人”的话的局面，就难以避免如习近平同志对一些领导干部的批评：“和新的社会阶层说话，说不上去；与困难群众说话，说不下去；与老同志说话，被顶了回去。”

第二，思想政治教育话语的人文关怀缺乏阻碍了思想政治教育公共性的实现。不论是革命年代，还是新中国建立的相当长的一段时间，思想政治教育工作对人的重视应该说是不够的。但“思想政治工作说到底是做人的工作，必须坚持以人为本。既要坚持教育人、引导人、鼓舞人、鞭策人，又要做到尊重人、理解人、关心人、帮助人”①。因此，思想政治教育公共性离不开思想政治教育话语的人文关怀。然而，反思我们思想政治教育工作话语，虽已经发生了较大变化，但在一定程度上还残存着计划经济体制下的僵化特征，缺乏人文关怀，突出表现为思想政治教育话语与社会公众交往过程中的真实性的缺失、正确性的缺失、真诚性的离场。

“我们只有进入到交谈与对话的交互性关联域中，才能形成互相制约的关系。一方面听者对说话者的话语提出了有效性要求，希望它能得到兑现；另一方面说话者也对听者提出了有效性要求，希望自己的话语能说服、影响听者，并得到积极响应。”②然而，由于思想政治教育领域长期存在的教育话语并未根据现实的思想政治教育语境作出及时的更新，即思想政治教育话语过多停留于“过去式”，远离客观的生活世界，结果使思想政治教育话语在社会公共空间推动真实性遭到冷遇。不仅如此，思想政治教育虽然得到快速发展，但思想政治教育话语并没有与思想政治教育学科同步发展，致使思想政治教育实践话语和思想政治教育学科话语发展之间产生矛盾，甚至产生隔阂。由于思想政治教育实践话语难以得到思想政治教育学科话语的指导，思想政治教育实践话语常常因为肤浅而失去公众（因为不同阶层的社会公众的知识水平在不断提高），思想政治教育实践话语又因为肤浅而常常被公众认为正确性不足。再者，世俗理性的高涨导致社会公众对情感因素的排斥，使思想政治教育话语言说者常常忽视社会公众的独立人格和情感需要，在与社会公众交往过程中也缺乏耐心和包容，无视社会公众当下的切身体验。缺乏情感因素的思想政治教育话语难以使公众认同，即便思想政治教育话语是真实和正确的。

① 胡锦涛.在全国宣传思想政治工作会议上的讲话[N].人民日报，2003-12-5.

② 盛晓明.话语规则与知识基础——语用学维度[M].上海：学林出版社，2000：150.

第三,思想政治教育话语的主导性不足阻碍了思想政治教育公共性的实现。改革开放前,党的思想政治教育在社会体制中不仅是广覆盖的,而且以强大的话语优势传播主导文化,协调各方关系。但是随着经济全球化、社会的大转型、社会的信息化浪潮和政治民主化浪潮的出现,使得那种封闭系统中一元化的思想政治教育话语优势不复存在。在价值观领域,我们进入了一个"诸神竞争"的时代,思想政治教育话语的主导性在社会公共空间中遭到前所未有的挑战。主要表现在三个方面:一是思想政治教育话语的主导性的权威遭到挑战。公众对思想政治教育话语所主导的"权威"的质疑,一方面反映了思想政治教育话语自身存在的问题;另一方面也反映了社会中一部分成员对社会主流文化的抗争与反叛。"不相信任何单一的理论框架、大叙事,或终极性基础"①,这在一定意义上是思想政治教育话语的主导性权威遭到挑战的一个集中反映。近年来,网络空间中流行的对传统的、经典的、权威的话语或文本的"恶搞"现象,如大众文化中对雷锋的恶搞,从一定意义上说是一部分社会成员对主导的话语权威的反叛与挑战。但人们从一个极端又走向了另一个极端:从怀疑那个原先不可怀疑的信仰,走向怀疑一切的信仰;从警惕那个过时了的宏大理想,走向嘲笑一切理想。二是思想政治教育话语主导价值的消解。思想政治教育话语在社会公共空间中主导的价值主要在于对社会成员的世界观、价值观和人生观的培养与引导,以促进达成社会成员的政治共识。思想政治教育话语的主导价值的本质是向公众传播社会主流价值观,或者说是社会主流文化的"游戏规则"。社会公共空间中主流价值观遭到消解,在一定意义上是对社会主流文化的"游戏规则"的拒斥,长此以往,"不按套路出牌"就可能成为通行的"游戏规则"。必须看到的是,思想政治教育在社会公共空间中主导话语价值的消解与大众传媒自身有着密不可分的联系。市场经济的利益驱动使大众传媒和资本"合谋",为了吸引大众的眼球,刺激和扩大大众的消费欲望,有意或无意迎合了大众的社会主流文化的反叛,并围绕这些反叛大造舆论,使大众文化走向庸俗化,如"门"事件的舆论宣传。不仅如此,大众传媒对相对主义价值观的容忍和传播使玩世不恭的"人生哲学"在大众文化中广泛传播,并获得了一部分社会成员的认同,大大消解了思想政治教育话语的主导价值。三是思想政治教育话语的教化方式遭到拒斥。在社会公共空间中,如果思想政治教育话语仍是单向度的灌输,或者思想政治教育者认为自己掌握着话语权威,从而对社会公众加以教化,那么这种方式不仅行不通,而且很可能遭到拒斥。因为媒介方式的变化,尤其是网络的崛起,改变了印刷媒介垄断话语的局面,网络使信息在全社会、全球共享。思想政治教育话语如果要获得公众的认同,不仅要改变高高在上的地位,还要认真向公众的话语学习。

① 特里·伊格尔顿.历史中的政治、哲学、爱欲[M].北京:中国社会科学出版社,1999:109.

7.2.3 思想政治教育话语的公共性创新

思想政治教育话语要赢得公众认同，以接受思想政治教育所传播的主流价值观，不仅要实现思想政治教育话语方式的创新，更要对思想政治教育话语思维进行创新，以扩大思想政治教育者和教育对象之间的“共识域”。具体来说，主要包括以下三个方面：

第一，建构思想政治教育内容的话语转换程序，提升思想政治教育话语效力。思想政治教育内容可以划分为两个层面：第一个层面即特定的社会和阶级要求、所确定的思想政治教育内容（思想政治教育内容Ⅰ）；第二个层面即在具体的思想政治教育活动中，思想政治教育者根据相应的思想政治教育目的，按照思想政治教育规律的要求，对思想政治教育内容Ⅰ进行组织、编制，以直接用于思想政治活动的内容（思想政治教育内容Ⅱ）[①]。思想政治教育有效性有赖于思想政治教育内容Ⅰ的有效性；有赖于思想政治教育内容Ⅰ向思想政治教育内容Ⅱ的科学转换；有赖于思想政治教育内容Ⅱ的有效性。

从思想政治教育话语角度来说，思想政治教育话语对于公众的影响力和公众达成共识的程度的关键在于思想政治教育内容Ⅰ向思想政治教育内容Ⅱ的转化。因为如果不能实现第一个层面向第二个层面的转化，将导致思想政治教育话语传播传而不通。进一步来说，思想政治教育内容Ⅰ相对于内容Ⅱ而言，是强势话语，如政治话语直接影响着学术话语、教材话语、工作话语等。但强势话语又不能直接替代其他话语，所以需要建立一定的转换程序。长期以来，思想政治教育内容体系的话语转换主要是直接转换，甚至是机械地嫁接，如把某些政治话语直接转化为实践话语或学术话语。应该承认，直接转化在当下仍然有存在的合理性，但直接转化往往使思想政治教育话语过于宏大化、程式化、单一化，很容易使思想政治教育话语在社会公共空间中失去吸引力。因此，思想政治教育内容体系的话语需要更多的间接转换。思想政治教育内容话语的间接转换简单而言，是指将简单转换为复杂，或相反；将抽象转化为具体，或相反。思想政治教育内容Ⅰ向思想政治教育内容Ⅱ转化除了直接与间接的转换方式，还包括释义转换。释义转换就是对思想政治教育内容Ⅰ加以解释、诠释和注释，不仅包括政治话语、权力话语，还包括思想政治教育内容Ⅰ的经典文本的释义。相比于直接转换、间接转换，释义转换更强调个人的主观性。

第二，以交往理性来变革思想政治教育话语思维。思想政治教育话语方式的控制式、劝导式，话语内容上对生活世界的疏离等，从根本上说都与思想政治教育

---

① 沈壮海. 思想政治教育有效性研究[M]. 武汉：武汉大学出版社，2008：81.

话语思维有着密切的联系。维特根斯坦曾就思维方式的转换对新旧理论更替的重大意义作过精辟论述，而思维方式转换总是和语言联系在一起的。"……难以确立的正是这种新的思维方式。一旦新的思维方式得以确立，旧的问题就会消失；实际上，人们很难再意识到这些问题，因为这些问题与我们的表达方式是一致的，一旦我们用一种新的形式来表达自己的观点，旧的问题就会连同旧的语言外套一起被抛弃。"①不论是思想政治教育话语方式的控制式，还是话语内容中对生活世界的疏离，无不透露出思想政治教育话语思维场域的权力偏好。话语总是和权力联系在一起，福柯对此阐述深刻，"现代人所谈论的'疯癫'并非一个'本来如此'的对象，而是一个不断被疯癫话语所构建的对象"②。布迪厄曾形象地把话语中权力现象称为"温和的暴力"③。思想政治教育话语场域的霸权思维，使思想政治教育者总是习惯于独白，凭借自己的知识优势试图在话语体系中处于绝对的支配地位，结果使思想政治教育话语空间不断萎缩。因此，思想政治教育话语要想在社会公共空间中取得影响，必须克服话语场域的权力偏好，即以交往理性来代替思想政治教育的话语霸权思维。

思想政治教育公共性的实现离不开教育者和公众之间在交往中的相互理解、相互认同和相互承认，并能够相互之间承认保持距离，维护自我的同一性。在哈贝马斯看来，理解是思想政治教育交往活动的本质所在。"达成理解的目标就是导向某种认同。认同归属于相互理解，共享知识，彼此信任，两相符合的主体间相互依存。……不难发现，理解这个词是含混不清的，它最狭窄的意义是表示两个主体以同样方式理解一个语言学表达；而最宽泛的意义则是表示在彼此认可的规范性背景相关的话语的正确性上，两个主体之间存在着某种协调；此外还表示两个交往过程的参与者能对世界上的某种东西达成理解，并且彼此能使自己的意向为对方所理解。"④哈贝马斯认为，真理是由共识构成的，而共识是人们在没有内外压力和制约下的理想情景中达成的，人们在交往过程中会追求一种平等而真诚的人际关系，对这种道德理想的追求先验地存在于语言使用过程中。任何语句的真假值都是由共识决定的，并非建基于人对外在世界的纯感官触觉的客观性上，也不存在于不用演绎的基本现象，任何对外在世界的了解都必须涉及了解者的演绎，即"价值介入"⑤。因此，思想政治教育者只有改变行政化的教育模式为对话、商谈的教育模式，经过相互的理解与解释，才能和公众达成一致。思想政治教育话语所促成的不

① 邓正来. 国家与社会：中国市民社会研究[M]. 北京：北京大学出版社，2008.

② 吴猛. 福柯话语理论探要[D]. 复旦大学博士学位论文，2004：36.

③ 皮埃尔·布迪厄. 艺术的法则：文学场的生成与结构[M]. 北京：中央编译出版社，2001：204.

④ 哈贝马斯. 交往与社会进化[M]. 张博树，译. 重庆：重庆出版社，1989：3.

⑤ 哈贝马斯. 交往行为理论(第 1 卷) [M]. 曹卫东，译. 上海：上海人民出版社，2004.

同主体之间的政治共识，并非是所有参与对话的主体的话语或意见的总和，而是让不同的观点、意见在平等的交流与争辩中，寻找其话语或意见的共同性因素。当然，这一过程必须要克服预设式话语的藩篱，只有如此，才能在这一过程中培养公众理性的探讨精神，努力实现思想政治者和公众的协调和融合，促进思想政治教育公共性的实现。

第三，增强思想政治教育话语交往的人文关怀，提升思想政治教育话语热度。丧失人文关怀的思想政治教育话语传递的只可能是言语的表层信息，不仅无法打动公众，还会导致公众对思想政治教育话语所传递的冷冰冰的信息的怀疑。正如苏霍姆林斯基所说："只有当行为给学生带来真实感，激动着儿童，在他心里留下愉快、兴奋、精神充沛的情感时，知识才能变成信念。"①从这个意义上说，思想政治教育话语交往的人文关怀是教育交往过程中的核心。只有充满人文关怀的思想政治教育话语，才能调动社会公众内在的积极情感，为思想政治教育主体之间交往的顺利进行提供必不可少的推动力。首先，思想政治教育话语者要充分关注公众在现实生活世界的困惑，充分尊重和理解公众的道德情感和政治需求。关注公众的现实生活世界的困惑，不仅要丰富思想政治教育话语内容，而且要实现思想政治教育话语方式的变革、拓宽思想政治教育话语领域。丰富思想政治教育话语内容一方面要及时补充随着社会发展而涌现出的新话语，要注意筛选出普遍为社会所接受，又在一定程度上反映社会发展需要并提升其学术内涵的话语；另一方面要进行思想政治教育话语学术概念的创造和学术语言的创造，而且要与原有的思想政治教育话语实现某种程度的对接，做到继承与创造相统一。变革思想政治教育话语方式，关键是立足公众的主体地位，既要用合乎教育规律的方式来表达教育内容，又要实现思想政治教育话语方式的通俗化。毛泽东在《反对党八股》一文中指出："党八股的第一条罪状是：空话连篇，言之无物……因为长且空，群众见了就摇头，哪里还肯看下去呢？"②对此，毛泽东一针见血地指出："如果我们没有学会说群众懂得的话，那么广大群众是不会领会我们决议的。"杜威也说："沟通信息，必须运用言词。但是，如果所沟通的知识不能组织到学生已有的经验中去，这种知识就变成纯粹言词，即纯粹感觉刺激，没有什么意义。"③所以说，思想政治教育者不仅"随时都善于简单地、具体地，用群众熟悉和懂得的形象来讲话"④，要运用适合不同公众风格、种类丰富的普及化、大众化的话语方式，消除不同公众群体接受思想政治教育

① 苏霍姆林斯基.关于全面发展教育的问题[M].王家驹，等，译.长沙：湖南教育出版社，1984：177.
② 毛泽东选集（第3卷）[M].北京：人民出版社，1991：833-834.
③ 约翰·杜威.民主主义与教育[M].王承绪，译.北京：人民教育出版社，2001：204.
④ 毛泽东选集（第3卷）[M].北京：人民出版社，1991：843.

理论的障碍，更要拓宽思想政治教育话语领域，主要是针对社会转型期不同的群体在思想观念、价值观念、生活方式上发生的变化，吸收这些群体在社会变迁中的话语资源，考察他们在社会转型期的生活经验，将思想政治教育话语领域从宏观拓展到微观。其次，重视思想政治教育交往话语过程中的情感的作用。情感是人对客观事物是否符合主体需要而产生的指导性心理体验对主体的认识活动产生积极或消极的作用。毋庸置疑，情感在思想政治教育者和公众的交往过程中扮演着相当重要的角色。思想政治教育交往话语要让公众充分体验到教育者的温暖与关爱，营造温暖和舒适的话语场域，减少思想政治教育者与公众之间的话语冲突，从而认同思想政治教育者的理念。再次，思想政治教育的人文关怀要重视叙事话语，少用说理话语。思想政治教育者在与公众的交往中，喜欢用说理性的话语，说理话语的逻辑思辨色彩浓厚，但由于价值倾向过于明显，容易使人反感。相反，叙事话语中叙事者的观念和立场往往是悬置的、内隐的，是不张扬的，因此，它对公众的影响是润人无声的。重视叙事话语有利于思想政治教育者更多地关注和尊重社会成员生命的丰富性和多样性，尊重他们的日常经验的独特性，避免抽象化、标准化、知识化、唯一化的思维对教育内容的伤害。思想政治教育的叙事话语说到底不仅是其包含的情感，更因为它是一种情境性思维，它"竭力将一般的人类状况置于特殊的经验之中，并试图把经验置于时间和空间之中"①，通过故事情境，使讲故事的人和听故事的人产生了心灵共鸣，这显然是将抽象的政治理论命题落实到公众心灵中的一种好办法。

7.3 思想政治教育公共性的空间拓展

改革开放以来，思想政治教育公共性的空间发生了深刻变革。改革开放之前，社会结构可表述为国家—单位（人民公社）—人民，国家通过城市的单位制度和农村的人民公社制度浑然一体。改革开放以后，城市的单位制功能被削弱或弱化，农村的人民公社制度随着政社分开，也不再存在。城市单位制的消解、农村人民公社的撤销，使原先组织起来的群体走向分化，中国社会也由此走向了个体化进程。随着社会个体化进程的加快，各种社会组织如雨后春笋般涌现，社会空间日趋丰富多彩，既有有形的空间，又有无形的空间，前者如城市社区、农村自治空间等，后者如大众传媒和网络空间。这些空间都昭示着一个信息交流和思想活跃、以公共意见和公共舆论为中心的公共空间的出现。思想政治教育作为在思想领域内展开的政治实践，显然不能离开这些社会空间。然而，思想政治教育由于没能随着社会结构

① Bruner. Actual Minds, Possible Words. Harvard University Press. Boston, 1986: 11 - 13.

的变革做迅速转型、过于强调学校领域等方面的原因，致使思想政治教育并没能真正占领这些社会空间。因此，思想政治教育需要扩大覆盖面，这对于思想政治教育公共性实践推进而言，更是不可或缺的方面。众所周知，思想政治教育公共性颇为强调面向社会大众的这一面，并且在面向大众过程中培育大众的公共精神，促使大众向公众转变。那么，思想政治教育公共性的空间该如何拓展？在空间拓展中又需要注意些什么呢？这些问题都是思想政治教育公共性在空间拓展中不得不面对的问题。

7.3.1 民俗文化的利用与改造

民俗是一个国家或民族在自己的历史发展中逐渐形成的、反复出现并且一般经历三代以上的传承的生活文化事务。因此，不能将流行较为短暂的歌曲、服饰等作为民俗来看待。民俗的“民”的内涵也随着历史的发展而发生着变化，从最初的“农民和下层民众”“单民族”[①]，发展到“全民甚至全人类”[②]。“俗”是指知识和学问，狭义的民俗是指普通百姓的知识学问；广义的民俗是指以口头、物质、风俗或行为等非正式和非官方形式创造和传播的文化现象，是一种约定俗成的东西，是人们在日常生活中自觉和无意地遵守和维护的一种行为规范、道德伦理、认知方式和思维模式[③]。从民俗文化的产生来说，它产生于民族群体共同的生活模式或生活方式，不仅包括人们的衣食住行，还包括岁时节日、文学艺术，乃至共同的思维方式。因此，民俗事务具体又可分为：物质性的民俗、社会性的民俗、精神性的民俗、语言性的民俗[④]。

之所以要重视对民俗文化的利用，原因主要有两个方面：一是民俗是和民族精神紧密联系在一起的。因为，民俗首要展现了民族民众的精神走向。依据现代民俗学理论，民俗是一个国家、一个民族共同文化的基础层或基石，其间代表了民众群体的精神意愿和立场观念[⑤]。这也正是思想政治教育公共性和民俗文化的契合之处。或者说，民俗文化本身就具有很好的思想政治教育功能。利用好民俗文化，对于增强民族的凝聚力可以说是事半功倍。虽然我们生活中展现的民俗光怪陆离、五彩缤纷，但在其深层却都有着这一民俗的承受者群体民众所特有的、共同的、活生生的文化基因。民俗是与人俱来，与族相连的，民族自它诞生起，就被烙上了群体的标记。民俗可以说是一个国家或民族千百年来积淀下来的固有的传承性生

① 高丙中. 民俗文化与民俗生活[M]. 北京：中国社会科学出版社，1994：2－11.

② 王娟. 民俗学概论[M]. 北京：北京大学出版社，2002：7.

③ 王娟. 民俗学概论[M]. 北京：北京大学出版社，2002：11.

④ 钟敬文. 话说民间文化[M]. 北京：人民日报出版社，1990：3.

⑤ 柳田国男，关敬吾. 民俗学研究的出发点[J]. 民间文学论坛，1982(1)：10.

活文化，反映了一个国家民族特有的文化心理和生存智慧。二是民俗文化反映了人民大众的立场，这和思想政治教育公共性的立足点是一致的。众所周知，人类文化有两个层面：一是表层文化；二是基层文化。表层文化即精英文化，基层文化就是与民众生活息息相关的民俗文化。在中华帝国统治时期，严格的社会等级制度使人们的文化立场观念浸透为“唯上”为好的等级观念。1919 年新文化运动颠覆了这样一种文化观念，民俗文化被推上了前台。以毛泽东为首的中国共产党人更是明确人民群众是文化的创造者，他们将马克思主义与中国实际问题——民众立场上的利益和理想——结合起来，建立了新中国。从这个意义上说，重视民俗文化的利用就是重视人民群众是文化的创造者，思想政治教育者只有尊重人民群众的主体地位，促进政治共识的达成才会有群众基础。实际上，民俗文化不仅要重视对其利用，更要注意对其改造。众所周知，民俗文化并不是天生就是先进文化，民俗文化中也不乏落后的，难以适应社会发展需要的方面，如愚昧、落后的禁忌迷信，粗俗、丑陋的言行，等等。因此，只有对民俗文化既加以利用，又注意对民俗文化不足的方面加以改造，才能有助于思想政治教育公共性的空间拓展。

具体而言，民俗文化的利用和改造主要包括以下三个方面：一是通过大众媒体与街道、居委会举办墙报、黑板报等方面的宣传，发扬良俗，鞭挞陋俗，树立社会主义新风。对于陋俗，借助大众媒体、居委会的墙报等方面的力量，予以充分揭露和鞭挞，特别是陋俗所造成的恶果进行大力度的报道和宣传，让人们从这种陋俗中走出来。不仅要鞭挞陋俗，更要对良风良俗加以积极的报道，因为良风良俗有利于民众树立正确的价值观。二是导入主流文化与精英文化，发展先进的民俗文化。精英文化和基层文化并不是割裂式的存在。这种上层和下层的文化在美国人类学家魏斐德看来，前者是“大传统”，即上层的士绅文化；后者是“小传统”，即社会大众文化。“这两个传统是互动互补的，大传统引导文化的方向，小传统却提供真实文化的素材。”[①]三是党和政府要加大对民俗改革的力度，出台相应的规章、政策等。对于民俗中的那些陋俗，不能简单地用行政的手段加以制止，而是要视具体情况，顺应民心，适时调整政策。

7.3.2　公共环境与设施的利用与改造

思想政治教育公共性的实践推进需要利用和改造公共环境与设施。公共环境与设施本身就体现出思想政治教育的功能，成为思想政治教育的有效承载者。“社会环境本身就是思想政治工作的影响源，具有思想政治工作的重要功能。”“社会环

① 李亦园. 人类学的视野[M]. 上海：上海文艺出版社，1996：143 - 145.

境中的各个要素通过一定的方式影响着社区成员的思想品德和生活方式。”①公共环境和设施不仅具有物质、空间意义上的静态结构，而且具有价值性、伦理性的意蕴。“空间不是沉默不语的，而是会说话，它深刻地诉说着人际关系和伦理规范。”②环境营造渗透着浓郁的人文意蕴和价值寓意，承载思想文化观念的环境与设施构成思想政治教育文化的重要组成部分。通过环境、设施等物质性的载体表达着统治阶级的价值观念以及国家主导性的思想意识，这些具有政治性的设施、建筑等也就成了静态的意识符号，成为国家、政权官方的意识形态表达。

通过改造公共环境与设施推进思想政治教育公共性，在具体落实上可以从以下三个方面予以着力：

第一，筛选和甄别现有的公共环境和文化设施，对其实现思想政治教育公共性的功能进行转换。公共环境与文化设施是社会基础文化设施、城市建筑市政景观设计的重要组成部分，其规模和利用率往往是评判一个城市建设水平以及文明程度的重要标准。然而，并不是所有的公共环境与文化设施都负载了思想政治教育的功能，顺利地成为思想政治教育公共性推进可以依凭的环境支撑。在对公共环境、设施利用的时候存在着一个是否符合思想政治教育的要求(包括价值取向、交流可能性等方面的要求)的问题。也就是说，公共环境、设施的利用需要突出思想政治教育的内在精神，表达出思想政治教育公共性的价值蕴涵。

第二，拓展可供利用和改造的环境与设施，赋予其思想政治教育公共性的特质。在这一点上，可以从如下两点着手：一是在现有的公共环境以及设施中“添加”思想政治教育功能使之发挥出公共性价值。比如对城市公共环境(广场、园林、建筑、公共艺术等)、具有教育意义的纪念地(或场馆)、各级各类学校的校园环境和教育设施等，在提供资源的同时加强教育引导，从而充分实现公共环境、设施的思想政治教育价值。二是将原先处于“非公共性”状态但本应具有公共性的社会环境与设施开放出来。通过公共物品的提供，拓展资源领域，丰富思想政治教育资源，同时，要求学校、社区以及非单位化或后单位时代的政府或国有单位在资源上放弃其单位所有制的旧习，增强单位的开放性和资源的共享性，将这些资源以免费共享的方式提供给受教育者。

第三，新建具有景观性质、主题趣味的公共环境与文化设施。公共环境与设施是思想政治教育公共性的重要载体。通过新建具有思想政治教育趣味的公共环境与设施无疑直接而又鲜明地表现出思想政治教育的公共性蕴涵。思想政治教育的本质在于政治性，在对公共设施与文化环境设计中赋予政治性的内涵，是器物文化

① 孙其昂.社会学视野中的思想政治工作[M].北京：中国物价出版社，2002：62.

② 高德胜.生活德育论[M].北京：人民出版社，2005：197.

样态、环境载体形式体现思想政治教育公共性品格的最佳形式。实践中，可以新建、设计出具有思想政治教育主题式的景观以艺术性地将政治取向、生活价值取向等融于其物质载体之中，使设计出的环境与设施呈现出美感。艺术性的装点、设计加上配图、文字、搭配、构景等景观方式无疑从更高层次上通达思想政治教育公共性的实现境界。这种主题式、艺术化的方式能够有效地传达思想政治教育信息，表达出思想政治教育的价值取向。在“真、善、美”的意义与境界上实现思想政治教育公共性的完美呈现。

第 8 章 研究结论与展望

8.1 研究结论和主要创新点

随着社会主义政治文明的发展、社会空间日益开放等，思想政治教育公共性将会展现出更为复杂的面相。显然，对这种复杂面相的揭示程度直接影响着思想政治教育公共性能否顺利表现出来。在这个意义上，本书的如下研究结论只是一个初步的小结。具体而言，主要包括以下几个方面：

（1）思想政治教育公共性不应理解为仅仅是思想政治教育的一种属性，相反，它应被看作思想政治教育学科根本的价值诉求。长期以来，思想政治教育的意识形态性或政治性被认定为思想政治教育的本质，但仅仅视其为工具性的本质时，这种颇有代表性的观点忘了这样一个基本事实：工具是可以替代的。就此而言，思想政治教育的某一属性被认定为本质属性，但这一属性却只是一种工具性，那么思想政治教育就可以为其他学科所替代，甚至可以说思想政治教育没有存在的必要。思想政治教育公共性的研究旨在阐明思想政治教育学科的合法性所在。在此意义上，思想政治教育公共性为我们重新认识思想政治教育提供了一个新的维度。通过对思想政治教育公共性研究的理论基础的剖析，勾勒了政治文明理论、社会空间理论、公共性理论和思想政治教育公共性之间的关系，阐述了思想政治教育及其公共性是什么、思想政治教育公共性产生和发展的"土壤"，超越了当前人们对思想政治教育认识的工具性和价值性（"人学范式"）的二元割裂。换言之，通过对思想政治教育公共性的阐述旨在阐释思想政治教育该向何处去这一重大理论问题。

（2）从历史上看，中国共产党的思想政治教育不仅有阶级性的一面，还蕴含思想政治教育公共性。前者是我们一直以来所强调的，在革命年代，这一点更是被不断突出，从意识形态的角度看，特别是在革命语境下，强调思想政治教育的阶级性并没有错。而从社会历史领域来看，正是思想政治教育本身所蕴含的价值理性，才决定其符合并服从无产阶级的需要和利益——阶级性，符合并服从无产阶级奋斗的共产主义事业——类特性或人类性，这里的"阶级性"实际上是无产阶级框架内的公共利益或公共性，这里的"人类性"包括了无产阶级利益在内的全人类的公共利益或公共性。因此，无产阶级的思想政治教育公共性不同于资产阶级的思想政治教育公共性。或者说，中国共产党的思想政治教育公共性远远地超越了西方资产阶级国家所宣称的公共性，因为资产阶级的思想政治教育公共性始终未能突破资产阶级本身的利益框架。基于此，本书对中国共产党的思想政治教育公共性历史作了梳理，而且为了使这一梳理更为明确，主要从思想层面、公共空间、统一战线三个方面加以展开。通过梳理，阐释了三大历史时期思想政治教育公共性经历了怎样的历史发展。

(3) 思想政治教育公共性的时代境遇不仅表明思想政治教育公共性的社会环境发生了变化，更说明思想政治教育公共性本身的变化。社会的大转型给思想政治教育公共性在新的时代条件下提供了历史机遇，但社会大转型过程中为各方提供的利益表达平台的缺失、渐渐形成的既得利益集团和社会结构的定型化使实现思想政治教育公共性困难重重。而中国传统文化中的自我主义和社会主义市场经济中所带来的物质利益至上相结合，致使中国国民的唯私主义综合征表现得日益疯狂。多种社会思潮，特别是那些给人以消极的、错误的社会思潮的兴起，更是思想政治教育公共性不得不面对的现实。思想政治教育学科虽于 20 世纪 80 年代已经建立，但其在理论与实践中的公共性不足，对思想政治教育公共性实现而言更是雪上加霜。总的来说，这一时代对于思想政治教育公共性而言，犹如一把双刃剑。若想尽可能发挥这把剑给思想政治教育公共性带来的机遇，首要的问题是我们必须认真分析这一时代发生了什么，它们又是怎样发生的，更重要的是，这一时代的变革对思想政治教育公共性内部又带来怎样的变化，等等。

(4) 思想政治教育公共性遭遇到的挑战不仅有外部的，更包括思想政治教育学科自身的公共性不足。从思想政治教育公共性这一系统来说，应通过对思想政治教育系统公共性的要素创新，以应对思想政治教育系统公共性所遭遇到的挑战。对于思想政治教育公共性所处的社会系统而言，思想政治教育话语则充当了其自身与社会外界的重要桥梁。从制度入手来讨论思想政治教育公共性的实践推进，不论是对思想政治教育公共性所反映的目标而言，还是其根本的价值诉求而言，都是不可或缺的。

思想政治教育公共性作为思想政治教育学科的一个根本性的维度，虽极其重要，但其关注度和其重要程度在思想政治教育学科内则微不足道。从这个意义上说，本书的研究只能算是初步性的尝试，并在以下问题上取得了一些突破：

(1) 对于思想政治教育学科基本问题作了新的阐述，阐明了思想政治教育是什么、思想政治教育公共性是什么。立足于思想政治教育公共性研究的理论基础，剖析了思想政治教育公共性产生和发展的主观要件、主体要件和社会要件。从而，厘清了思想政治教育公共性为何是嵌入现代性政治的土壤之中的。

(2) 基于历史唯物主义方法论，对中国共产党思想政治教育公共性历史作了追溯。即梳理了新民主主义革命时期中国共产党思想政治教育公共性传统、社会主义革命和建设时期党的思想政治教育公共性的特殊历史实践、改革开放以来党的思想政治教育公共性的新探索。这也是对思想政治教育公共性嵌入中国现代性政治土壤的一次历史叙事。

(3) 对思想政治教育公共性的研究既有宏观层面，又有微观层面，突破了以往思想政治教育研究过程中过于强调微观视角的格局。如对于思想政治教育主体的公共性不仅强调具体的思想政治教育活动的教育者，而且也没有忽视宏观主体的国家和群体性组织(如政府)。

(4) 对思想政治教育系统的公共性作了分析，讨论了思想政治教育要素如何在新时期加以创新，以回应思想政治教育公共性的时代境遇，并从思想政治教育话语和思想政治教育制度支撑的角度讨论了思想政治教育公共性的实践推进问题。在讨论这些问题时，结合了笔者自己对江苏省属国有企业思想政治工作、江苏省农村地区的宗教工作、基层党建工作所作的调研。因为思想政治教育公共性不仅是个理论问题，更是个实践问题。

8.2 研究展望

思想政治教育公共性的研究不仅是一个前沿性问题，更是一个特别需要加强研究的领域。可以说，任何一位有志于思想政治教育基础理论研究的学者都无法绕开这一领域。但很遗憾的是，这一问题并没有引起多少思想政治教育领域从业人员的重视。而且随着中国社会大转型的继续，思想政治教育公共性将会日益引人注目。笔者以为，以下这些问题都是需要进一步加以研究和思考的：

(1) 通过对思想政治教育公共性历史的追溯，我们已经发现西方国家的思想政治教育公共性同样是不可忽视的。但问题在于，如何从他国特有的政治文化传统中考察他国的思想政治教育公共性实现过程，而不是仅仅看到他国的一些思想政治教育公共性实现方式方法，即不能满足于“问题意识＋他国思想政治教育公共性专题比较＋比较的方法”这一分析框架。这些显然都需要进一步做深入研究。

(2) 从目前的学科划分来看，思想政治教育作为马克思主义理论一级学科下的一个二级学科，如何充分挖掘马克思主义的理论资源，特别是马克思主义分析的方法论，是思想政治教育学科发展中不得不重视的问题。就本书的研究主题而言，对于马克思主义的公共性理论的研究以及马克思主义的公共性理论和思想政治教育公共性之间的关系都是需要进一步考察的。当然，对于马克思主义的公共性理论，特别是马克思主义创始人的公共性理论思想更要将其置于西方思想传统中考察、梳理，而不是简单地将马克思主义的公共性理论资源比附于思想政治教育公共性之中。

(3) 思想政治教育公共性的研究，还需要思想政治教育理论研究者的学术自觉。基础理论研究显然不是某个思想政治教育理论工作者通过单兵作战所能完成的，特别是在思想政治教育学科发展还不成熟时更是如此。因此，这就需要思想政治教育理论研究者加强学术交流，如建立学术团体或组织，开展专题研讨活动等。思想政治教育理论研究者开展的学术交流活动，本身也是思想政治教育公共性的一种形式。进言之，思想政治教育学术公共领域的健康发展，不仅对于思想政治教育公共性的理论研究有意义，对于思想政治教育公共性的实践展开同样有着重要意义。

主要参考文献

(一) 主要著作类

[1] G 阿尔蒙德,S 维巴. 公民文化:五国的政治态度和民主[M]. 马殿君,译. 杭州:浙江人民出版社,1989.

[2] G 阿尔蒙德. 比较政治学:体系、过程和政策[M]. 曹沛霖,郑世平,等,译. 上海:上海译文出版社,1987.

[3] 阿尔都塞. 保卫马克思[M]. 顾良,译. 北京:商务印书馆,2007.

[4] 阿兰·邓迪斯. 民俗解析[M]. 户晓辉,编译. 桂林:广西师范大学出版社,2005.

[5] 埃德加·博登海默. 法律哲学与法律方法[M]. 邓正来,译. 北京:中国政法大学出版社,2004.

[6] 艾尔·巴比. 社会研究方法[M]. 邱泽奇,译. 北京:华夏出版社,2009.

[7] 爱德华·希尔斯. 论传统[M]. 傅铿,吕乐,译. 上海:上海人民出版社,2009.

[8] 安东尼·吉登斯. 现代性的后果[M]. 田禾,译. 南京:译林出版社,2000.

[9] 安东尼·吉登斯. 现代性与自我认同[M]. 赵旭东,方文,等,译. 北京:生活·读书·新知三联书店,1998.

[10] 昂格尔. 现代社会中的法律[M]. 吴玉章,周汉华,译. 南京:译林出版社,2008.

[11] 邦雅曼·贡斯当. 古代人的自由与现代人的自由[M]. 阎克文,刘满贵,译. 上海:上海人民出版社,2003.

[12] 卞绍斌. 马克思的"社会"概念[M]. 济南:山东人民出版社,2010.

[13] 查尔斯·泰勒. 现代性之隐忧[M]. 程炼,译. 北京:中央编译出版社,2001.

[14] 陈立思. 比较思想政治教育[M]. 北京:中国人民大学出版社,2011.

[15] 陈立思. 当代世界的思想政治教育[M]. 北京:中国人民大学出版社,1999.

[16] 陈立思. 社会思潮与青年教育[M]. 北京:北京大学出版社,2011.

[17] 陈万柏. 思想政治教育载体论[M]. 武汉:湖北人民出版社,2003.

[18] 陈越. 哲学与政治——阿尔都塞读本[M]. 长春:吉林人民出版社,2003.

[19] 程天君."接班人"的诞生:学校中的政治仪式考察[M]. 南京:南京师范大学出版社,2008.

[20] 川崎修. 阿伦特:公共性的复权[M]. 斯日,译. 石家庄:河北教育出版

社,2002.
[21] 戴钢书.德育环境研究[M].北京:人民出版社,2002.
[22] 戴维·伊斯顿.政治生活的系统分析[M].王浦劬,译.北京:华夏出版社,1999.
[23] 丹尼尔·贝尔.资本主义文化矛盾[M].赵一凡,等,译.北京:生活·读书·新知三联书店,1989.
[24] 邓小平文选(1—3卷)[M].北京:人民出版社,1993,1994.
[25] 邓正来,杰弗里·亚历山大.国家与市民社会:一种社会理论的研究路径[M].上海:上海人民出版社,2006.
[26] 费尔南·布罗代尔.十五至十八世纪的物质文明、经济和资本主义(第二卷)[M].北京:生活·读书·新知三联书店,1993.
[27] 费尔南·布罗代尔.资本主义的动力[M].杨起,译.北京:生活·读书·新知三联书店,1997.
[28] 费孝通.乡土中国 生育制度[M].北京:北京大学出版社,1998.
[29] 丰子义.走向现实的社会历史哲学:马克思社会历史理论的当代价值[M].武汉:武汉大学出版社,2010.
[30] 弗里德里希·沃特金斯.西方政治传统[M].黄辉,杨健,译.长春:吉林人民出版社,2001.
[31] 傅安洲,阮一帆,彭涛.德国政治教育[M].北京:人民出版社,2010.
[32] 高丙中,袁瑞军.中国公民社会发展蓝皮书[M].北京:北京大学出版社,2008.
[33] 高全喜,等.现代中国的法治之路[M].北京:社会科学文献出版社,2012.
[34] 葛兰西.狱中札记[M].曹雷雨,译.北京:中国社会科学出版社,2000.
[35] 哈贝马斯.公共领域的结构转型[M].曹卫东,译.上海:学林出版社,1999.
[36] 哈贝马斯.交往行为理论(第1卷)[M].曹卫东,译.上海:上海人民出版社,2004.
[37] 哈贝马斯.现代性的哲学话语[M].曹卫东,等,译.南京:译林出版社,2008.
[38] 哈贝马斯.在事实与规范之间:关于法律和民主法治国的商谈理论[M].童世骏,译.北京:生活·读书·新知三联书店,2003.
[39] 哈罗德·J伯尔曼.法律与革命[M].贺卫方,等,译.北京:中国大百科全书出版社,1993.
[40] 汉娜·阿伦特.马克思与西方政治思想传统[M].孙传钊,译.南京:江苏人民出版社,2007.
[41] 汉娜·阿伦特.人的境况[M].王寅丽,译.上海:上海人民出版社,2009.

[42] 黑格尔. 精神现象学(上下册)[M]. 贺麟,王玖兴,译. 北京:商务印书馆,1979.
[43] 黄平,王晓毅. 公共性的重建:社区建设的实践与思考[M]. 北京:社会科学文献出版社,2011.
[44] 黄仁宇. 中国大历史[M]. 北京:生活·读书·新知三联书店,2008.
[45] 黄宗智. 华北的小农经济与社会变迁[M]. 北京:中华书局,2000.
[46] 黄宗智. 长江三角洲小农家庭与乡村发展[M]. 北京:中华书局,2000.
[47] 黄宗智. 中国研究的范式问题讨论[M]. 北京:社会科学文献出版社,2003.
[48] 基思·福克斯. 政治社会学[M]. 陈崎,等,译. 北京:华夏出版社,2008.
[49] 加藤节. 政治与人[M]. 唐士其,译. 北京:北京大学出版社,2003.
[50] 贾英健. 公共性视域——马克思哲学的当代阐释[M]. 北京:人民出版社,2009.
[51] 江泽民文选(1—3卷)[M]. 北京:人民出版社,2006.
[52] 金观涛. 观念史研究:中国现代重要政治术语的形成[M]. 北京:法律出版社,2009.
[53] 金观涛. 探索现代社会的起源[M]. 北京:社会科学文献出版社,2010.
[54] 金观涛. 问题与方法集[M]. 上海:上海人民出版社,1986.
[55] 金观涛. 西方社会结构的演变:从古罗马到英国资产阶级革命[M]. 成都:四川人民出版社,1985.
[56] 金耀基. 从传统到现代[M]. 广州:广州文化出版社,1989.
[57] 卡尔·曼海姆. 意识形态与乌托邦[M]. 黎鸣,李书崇,译. 北京:商务印书馆,2000.
[58] 卡尔·曼海姆. 重建时代的人与社会:现代社会结构的研究[M]. 张旅平,译. 北京:生活·读书·新知三联书店,2002.
[59] 卡尔·施米特. 政治的概念[M]. 刘宗坤,译. 上海:上海人民出版社,2004.
[60] 卡尔·雅斯贝斯. 时代的精神状况[M]. 王德峰,译. 上海:上海译文出版社,2005.
[61] 康德. 纯粹理性批判[M]. 邓晓芒,译;杨祖陶,校. 北京:人民出版社,2004.
[62] 康德. 历史理性批判文集[M]. 何兆武,译. 北京:商务印书馆,1990.
[63] 柯林武德. 历史的观念[M]. 何兆武,等,译. 北京:北京大学出版社,2010.
[64] 李德芳,李辽宁,杨素稳. 中国共产党思想政治教育史料选编[M]. 武汉:武汉大学出版社,2009.
[65] 李德芳. 思想政治教育与近现代社会变革[M]. 北京:中国社会科学出版社,2007.

[66] 李佃来. 公共领域与生活世界:哈贝马斯市民社会理论研究[M]. 北京:人民出版社,2006.
[67] 李合亮. 思想政治教育探本——关于其缘起及本质的研究[M]. 北京:人民出版社,2007.
[68] 李强. 政治的概念[M]. 北京:北京大学出版社,2008.
[69] 李友梅,孙立平,等. 转型社会的研究立场和方法[M]. 北京:社会科学文献出版社,2009.
[70] 李友梅. 社会的生产:1978 年以来的中国社会变迁[M]. 上海:上海人民出版社,2008.
[71] 梁漱溟. 中国文化要义[M]. 上海:上海世纪出版集团,2005.
[72] 列奥·施特劳斯,约瑟夫·克罗波西. 政治哲学史[M]. 李天然,等,译. 石家庄:河北人民出版社,1993.
[73] 列宁选集(1—4 卷)[M]. 北京:人民出版社,1995.
[74] 林尚立,等. 政治建设与国家成长[M]. 北京:中国大百科全书出版社,2008.
[75] 林尚立. 统一战线与国家建设[M]. 上海:上海人民出版社,2008.
[76] 林尚立. 中国共产党与国家建设[M]. 天津:天津人民出版社,2009.
[77] 刘鑫淼. 当代中国公共精神的培育研究[M]. 北京:人民出版社,2010.
[78] 刘泽华. 公私观念与中国社会[M]. 北京:中国人民大学出版社,2003.
[79] 罗峰. 嵌入、整合与政党权威的重塑:对中国执政党、国家和社会关系的考察[M]. 上海:上海人民出版社,2009.
[80] 马长山. 国家、市民社会与法治[M]. 北京:商务印书馆,2002.
[81] 马丁·李普塞特. 一致与冲突[M]. 张华青,林恒增,等,译. 上海:上海人民出版社,1995.
[82] 马俊峰. 价值论的视野[M]. 武汉:武汉大学出版社,2010.
[83] 马骏,等. 国家治理与公共预算[M]. 北京:中国财政经济出版社,2007.
[84] 马克思. 1844 年经济学哲学手稿[M]. 北京:人民出版社,2000.
[85] 马克思恩格斯全集第 46 卷(上下册)[M]. 北京:人民出版社,1979.
[86] 马克思恩格斯选集(1—4 卷)[M]. 北京:人民出版社,1995.
[87] 马克斯·韦伯. 经济与社会(第一卷)[M]. 阎克文,译. 上海:上海人民出版社,2010.
[88] 马克斯·韦伯. 社会科学方法论[M]. 朱红文,等,译. 北京:中国人民大学出版社,1992.
[89] 马立诚. 当代中国八种社会思潮[M]. 北京:社会科学文献出版社,2012.
[90] 迈克尔·欧克肖特. 政治中的理性主义[M]. 张汝伦,译. 上海:上海译文出版

社，2003.
[91] 毛泽东选集(1—4卷)[M]. 北京：人民出版社，1991.
[92] 梅因. 古代法[M]. 沈景一，译. 北京：商务印书馆，1959.
[93] 孟繁华. 传媒与文化领导权：当代中国的文化生产与文化认同[M]. 济南：山东教育出版社，2003.
[94] 孟繁华. 众神狂欢：世纪之交的中国文化现象(最新版)[M]. 北京：中国人民大学出版社，2009.
[95] 明恩溥. 中国人的气质[M]. 刘文飞，译. 上海：三联书店，2007.
[96] 齐格蒙·鲍曼. 寻找政治[M]. 洪涛，等，译. 上海：上海人民出版社，2006.
[97] 乔治·弗里德里克森. 公共行政的精神[M]. 张成福，等，译. 北京：中国人民大学出版社，2003.
[98] 乔治·霍兰·萨拜因. 政治学说史(上下册)[M]. 盛葵阳，等，译. 北京：商务印书馆，1986.
[99] 秦德君. 政治设计与政治发展[M]. 北京：商务印书馆，2009.
[100] 秦晖，金雁. 田园诗与狂想曲：关中模式与前近代社会的再认识[M]. 北京：语文出版社，2010.
[101] 邱伟光，张耀灿. 思想政治教育学原理[M]. 北京：高等教育出版社，1999.
[102] 让-马克·夸克. 合法性与政治[M]. 佟心平，等，译. 北京：中央编译出版社，2002.
[103] 任平. 当代视野中的马克思[M]. 南京：江苏人民出版社，2003.
[104] 塞缪尔·P 亨廷顿. 变化社会中的政治秩序[M]. 王冠华，等，译. 上海：上海人民出版社，2008.
[105] 沈国权. 思想政治教育环境论[M]. 上海：复旦大学出版社，2002.
[106] 沈壮海. 思想政治教育有效性研究[M]. 武汉：武汉大学出版社，2008.
[107] 石书臣. 现代思想政治教育主导性研究[M]. 上海：学林出版社，2004.
[108] 孙立平. 守卫底线：转型社会生活的基础秩序[M]. 北京：社会科学文献出版社，2007.
[109] 孙立平. 现代化与社会转型[M]. 北京：北京大学出版社，2005.
[110] 孙立平. 转型与断裂：改革以来中国社会结构的变迁[M]. 北京：清华大学出版社，2004.
[111] 孙其昂. 社会学视野中的思想政治工作[M]. 北京：中国物价出版社，2002.
[112] 孙其昂. 思想政治教育学基本原理[M]. 南京：河海大学出版社，2004.
[113] 唐士其. 西方政治思想史(修订本)[M]. 北京：北京大学出版社，2008.
[114] 腾尼斯. 共同体与社会：纯粹社会学的基本概念[M]. 林荣远，译. 北京：商务

印书馆,1999.
[115] 托克维尔.论美国的民主[M].董果良,译.北京:商务印书馆,1988.
[116] 托马斯·海贝勒,君特·舒耕德.从群众到公民:中国的政治参与[M].张文红,译.北京:中央编译出版社,2009.
[117] 万俊人.现代性的伦理话语[M].哈尔滨:黑龙江人民出版社,2002.
[118] 汪晖,陈燕谷.文化与公共性[M].北京:生活·读书·新知三联书店,2005.
[119] 王邦佐.执政党与社会整合:中国共产党与新中国社会整合实例分析[M].上海:上海人民出版社,2007.
[120] 王承绪,赵祥麟.西方现代教育论著选[M].北京:人民教育出版社,2001.
[121] 王南湜.从领域合一到领域分离[M].太原:山西教育出版社,1998.
[122] 王南湜.社会哲学:现代实践哲学视野中的社会生活[M].昆明:云南人民出版社,2001.
[123] 王勤.思想政治教育学新论[M].杭州:浙江大学出版社,2004.
[124] 王瑞荪.比较思想政治教育学[M].北京:高等教育出版社,2001.
[125] 王天一,等.外国教育史[M].北京:北京师范大学出版社,2005.
[126] 王天一,夏之莲,朱美玉.外国教育史(修订本)[M].北京:北京师范大学出版社,2005.
[127] 文史哲编辑部.国家与社会:构建怎样的公域秩序?[M].北京:商务印书馆,2010.
[128] 沃尔特·李普曼.公众舆论[M].阎克文,译.上海:上海人民出版社,2006.
[129] 西塞罗.论共和国 论法律[M].王焕生,译.北京:中国政法大学出版社,1997.
[130] C 谢·弗兰克.社会的精神基础[M].北京:生活·读书·新知三联书店,2003.
[131] 徐贲.通往尊严的公共生活:全球正义和公民认同[M].北京:新星出版社,2009.
[132] 徐贲.在傻子和英雄之间:群众社会的两张面孔[M].广州:花城出版社,2010.
[133] 徐勇.现代国家乡土社会与制度建构[M].北京:中国物资出版社,2009.
[134] 许纪霖.公共性与公共知识分子[M].南京:江苏人民出版社,2003.
[135] 许纪霖.公共性与公民观[M].南京:江苏人民出版社,2006.
[136] 许纪霖.共和、社群与公民[M].南京:江苏人民出版社,2004.
[137] 许纪霖.近代中国知识分子的公共交往:1895—1949[M].上海:上海人民出版社,2008.

[138] 许启贤,刘建军.中国共产党思想政治教育史[M].北京:中国人民大学出版社,2004.
[139] 亚当·弗格森.文明社会史论[M].林本椿,王绍祥,译.杭州:浙江大学出版社,2010.
[140] 亚里士多德.政治学[M].颜一,秦典华,译.北京:中国人民大学出版社,2003.
[141] 晏辉.现代性语境下的价值与价值观[M].北京:北京师范大学出版社,2009.
[142] 杨桂华.转型社会控制论[M].北京:北京师范大学出版社,2009.
[143] 杨继绳.中国当代社会阶层分析[M].南昌:江西高校出版社,2011.
[144] 杨仁忠.公共领域论[M].北京:人民出版社,2009.
[145] 仰海峰.形而上学批判:马克思哲学的理论前提及当代效应[M].南京:江苏人民出版社,2006.
[146] 于建嵘.抗争性政治:中国政治社会学基本问题[M].北京:人民出版社,2010.
[147] 余仰涛.思想关系学[M].武汉:武汉测绘科技大学出版社,2000.
[148] 俞可平.中国公民社会兴起与治理变迁[M].北京:社会科学文献出版社,2002.
[149] 俞吾金.问题域的转换——对马克思和黑格尔关系的当代解读[M].北京:人民出版社,2007.
[150] 俞吾金.意识形态论(修订版)[M].北京:人民出版社,2009.
[151] 俞吾金.重新理解马克思:对马克思哲学的基础理论和当代意义的反思[M].北京:北京师范大学出版社,2005.
[152] 袁祖社.权力与自由:市民社会的人学考察[M].北京:中国社会科学出版社,2003.
[153] 约翰·杜威.民主主义与教育[M].王承绪,译.北京:人民教育出版社,2001.
[154] 约翰·基恩.公共生活与晚期资本主义[M].马音,等,译.北京:社会科学文献出版社,1999.
[155] 约翰·麦克里兰.西方政治思想史[M].彭淮栋,译.海口:海南出版社,2003.
[156] 张东荪.理性与民主[M].长沙:岳麓书社,2010.
[157] 张东荪.思想与社会[M].长沙:岳麓书社,2010.
[158] 张凤阳.现代性的谱系[M].南京:南京大学出版社,2004.

[159] 张国良. 新闻媒介与社会[M]. 上海：上海人民出版社，2001.
[160] 张康之，张乾友. 公共生活的发生[M]. 北京：高等教育出版社，2010.
[161] 张昆. 大众媒介的政治社会化功能[M]. 武汉：武汉大学出版社，2003.
[162] 张文喜. 颠覆形而上学：马克思和海德格尔之论[M]. 北京：中国社会科学出版社，2004.
[163] 张文喜. 历史唯物主义的政治哲学向度[M]. 南京：江苏人民出版社，2008.
[164] 张耀灿，等. 思想政治教育学前沿[M]. 北京：人民出版社，2006.
[165] 张耀灿，等. 现代思想政治教育学[M]. 北京：人民出版社，2006.
[166] 张一兵，周嘉昕. 资本主义的理解史（第一卷）[M]. 南京：江苏人民出版社，2009.
[167] 张一兵. 马克思历史辩证法的主体向度[M]. 南京：南京大学出版社，2002.
[168] 张一兵. 问题式、症候阅读与意识形态：关于阿尔都塞的一种文本学解读[M]. 北京：中央编译出版社，2003.
[169] 张再兴. 网络思想政治教育研究[M]. 北京：经济科学出版社，2009.
[170] 赵鼎新. 社会与政治运动讲义（第二版）[M]. 北京：社会科学文献出版社，2012.
[171] 赵晖. 社会转型与公民教育[M]. 北京：人民教育出版社，2007.
[172] 赵可金，孙鸿. 政治营销学导论[M]. 上海：复旦大学出版社，2008.
[173] 赵汀阳. 论可能生活（修订本）[M]. 北京：中国人民大学出版社，2010.
[174] 赵汀阳. 每个人的政治[M]. 北京：社会科学文献出版社，2010.
[175] 郑杭生，杨敏. 社会互构论：世界眼光下的中国特色社会学理论的新探索：当代中国“个人与社会关系研究”[M]. 北京：中国人民大学出版社，2010.
[176] 郑永廷. 思想政治教育方法论[M]. 北京：高等教育出版社，1999.
[177] 周葆华. 效果研究：人类传受观念与行为的变迁[M]. 上海：复旦大学出版社，2008.
[178] 周作宇. 问题之源与方法之镜：元教育理论探索[M]. 北京：教育科学出版社，2000.
[179] 祝灵君. 社会资本与政党领导：一个政党社会学研究框架的尝试[M]. 北京：中央编译出版社，2010.

(二) 党的文献资料

[1] 中共中央统一战线工作部. 新时期统一战线文献选编[M]. 北京：中共中央党校出版社，1985.
[2] 中共中央文献研究室. 建国以来重要文献选编（第十二册）[M]. 北京：中央文献出版社，1996.

[3] 中共中央文献研究室.建国以来重要文献选编(第一册)[M].北京:中央文献出版社,1992.
[4] 中共中央文献研究室.三中全会以来重要文献选编[M].北京:人民出版社,1982.
[5] 中共中央文献研究室.十六大以来重要文献选编(上)[M].北京:人民出版社,2005.
[6] 中共中央文献研究室.十六大以来重要文献选编(中)[M].北京:人民出版社,2006.
[7] 中共中央文献研究室.十四大以来重要文献选编(上)[M].北京:人民出版社,1996.
[8] 中共中央文献研究室.十五大以来重要文献选编(上)[M].北京:人民出版社,2000.
[9] 中共中央文献研究室.中国特色社会主义理论体系形成与发展大事记[M].北京:中央文献出版社,2011.
[10] 中共中央文献研究室.周恩来统一战线文选[M].北京:人民出版社,1984.
[11] 中共中央文献研究室综合研究组.新时期宗教工作文献选编[M].北京:宗教文化出版社,1995.

(三)主要期刊论文

[1] 戴锐.论思想政治教育学科建设的十大关系[J].思想政治教育研究,2010(6).
[2] 戴锐.思想政治教育的公共化转型[C].全国思想政治教育前沿论坛(北京大学),2011:143-153.
[3] 戴锐.思想政治教育现代性与现代化[J].理论与改革,2004(2).
[4] 戴锐.思想政治教育学科的“中国气派”之路[J].思想理论教育,2009(13).
[5] 戴锐.思想政治教育研究范式的回顾与前瞻[J].思想政治教育研究,2009(3).
[6] 金林南,管志明.创制思想政治工作的公共性——通过与企业文化建设的比较[J].江西师范大学学报(哲学社会科学版),2004(4).
[7] 金林南,施宪.社会结构变迁与思想政治工作新模式的构建[J].求实,2002(11).
[8] 金林南.从政治的意识到意识的政治——思想政治教育起源的政治哲学探析[J].思想理论教育,2010(19).
[9] 金林南.思想政治教育视阈研究的反思与建构[J].思想理论教育,2009(3).
[10] 李景治.中国社会形态的基本特征与社会管理创新[J].学术界,2011(10).

[11] 廖申白. 交往生活的公共性转变：两个世纪的主题[J]. 北京师范大学学报，2006(5).
[12] 刘泓. 谁在控制公众表达？——对西方传播理论的一种解读[J]. 福建师范大学学报(哲学社会科学版)，2002(4).
[13] 刘涛. 网络造句：公共议题构造的社会动员与修辞艺术[J]. 江淮论坛，2012(1).
[14] 马俊峰，袁祖社. 中国"公民社会"的生成与民众"公共精神"品质的培养与化育[J]. 人文杂志，2006(1).
[15] 沙金. 论哈贝马斯公共领域理论及对我国社会构建的启示[J]. 求索，2011(11).
[16] 沈壮海. 改革开放以来思想政治教育研究的学术版图[J]. 思想理论教育导刊，2008(11).
[17] 沈壮海. 宏观思想政治教育初论[J]. 思想理论教育导刊，2011(12).
[18] 沈壮海. 思想教育、政治教育、道德教育过程之分析[J]. 教学与研究，2004(6).
[19] 沈壮海. 思想政治教育学科的依托发展[J]. 中国高等教育，2006(18).
[20] 孙其昂. 关于思想政治教育本质的探讨[J]. 南京师范大学学报(社会科学版)，2002(5).
[21] 孙其昂. 论思想政治教育的现代转型——基于社会、历史、系统视野的考察[J]. 思想教育研究，2007(8).
[22] 孙其昂. 论思想政治教育基本精神与实现形式[J]. 思想政治教育研究，2011(3).
[23] 孙其昂. 思想政治教育发展的多维探析[J]. 马克思主义研究，2008(11).
[24] 孙其昂. 政治性：思想政治教育的内容本质[J]. 南京社会科学，2006(3).
[25] 谭和平. 论思想教育载体发展[J]. 理论与改革，2008(2).
[26] 许纪霖. 近代中国的公共领域：形态、功能与自我理解——以上海为例[J]. 史林，2003(2).
[27] 袁祖社. 文化"公共性"理想的复权及其历史性创生——马克思哲学的一种新的解释视域[J]. 学术界，2005(5).
[28] 赵付科，于艳艳. 新时期中国共产党纪念活动与马克思主义中国化[J]. 马克思主义与现实，2011(6).
[29] 朱思丞，蒋薇薇. 试析马克思主义大众化的现实困境及对策[J]. 东南学术，2012(2).

(四) 学位论文

[1] 陈炜. 公共危机传播的媒介景象:从政治问责性到公众问责性[D]. 复旦大学,2008.
[2] 邓露. 思想政治教育视阈下的社会公共性问题探析[D]. 苏州大学,2011.
[3] 敬海新. 在理想和现实之间:社会转型期我国公共领域理论研究[D]. 中共中央党校,2007.
[4] 李昕. 公共领域建构中的公民精神重塑——中国公共领域的可能性与现实性研究[D]. 上海师范大学,2010.
[5] 刘保. 论思想政治教育在公共领域的拓展[D]. 中国青年政治学院,2007.
[6] 卢迎安. 当代中国电视媒介公共性研究(1978—2008)[D]. 复旦大学,2009.
[7] 吕方. 单位社会变革与社会基础秩序重构——以东北某超大型国企组织变革为个案[D]. 吉林大学,2010.
[8] 赵大全. 公共财政的公共性与透明度问题研究[D]. 财政部财政科学研究所,2011.
[9] 郑谦. 公共性视角下的"公共物品"多中心供给:兼论我国公共物品供给[D]. 华东师范大学,2008.
[10] 周建东. "公共性"视野下的政府信息公开研究[D]. 山东大学,2007.

(五) 英文文献

[1] Jurgen Habermas. Further Reflections on the Public Sphere[J]. Cambridge: Polity Press,1992.
[2] Pierre Vidal-Naquet. The Black Hunter:Forms of Thought and Forms of Society in the Greek World[M]. Baltimore: The Johns Hopkins University Press,1998.
[3] Sandel. Democracy's Discontent[M]. Cambridge: Harvard University Press, 1996.
[4] T F Hoad. The Concise Oxford Dictionary of English Etymology[M]. Oxford: Oxford University Press,1996.